两岸产业比较研究丛书

本丛书是"2011 计划"——"中国特色社会主义经济建设协同创新中心"的
子平台"区域协调与产业发展"研究团队的阶段性成果

两岸新材料产业发展比较研究

肖兴志　李少林　主编

南开大学出版社

天　津

图书在版编目(CIP)数据

两岸新材料产业发展比较研究 / 肖兴志，李少林主编. —天津：南开大学出版社，2015.10
（两岸产业比较研究丛书）
ISBN 978-7-310-04945-5

Ⅰ.①两… Ⅱ.①肖… ②李… Ⅲ.①海峡两岸－材料工业－产业发展－对比研究 Ⅳ.①F426

中国版本图书馆 CIP 数据核字(2015)第 216608 号

南开大学出版社出版发行
出版人：孙克强
地址：天津市南开区卫津路 94 号　　邮政编码：300071
营销部电话：(022)23508339　23500755
营销部传真：(022)23508542　　邮购部电话：(022)23502200

＊

河北昌黎太阳红彩色印刷有限责任公司印刷
全国各地新华书店经销

＊

2015 年 10 月第 1 版　　2015 年 10 月第 1 次印刷
240×170 毫米　16 开本　17 印张　4 插页　275 千字
定价：41.00 元

如遇图书印装质量问题,请与本社营销部联系调换,电话:(022)23507125

编委会名单

编委会主任：龚　克　潘维大

执 行 主 编：刘秉镰　詹乾隆　邱永和　白雪洁　贾凯杰

编委会成员（按汉语拼音排名）：

白仁德　曹小衡　陈富良　陈世圯　冯正民

傅祖坛　过晓颖　胡均立　胡凯杰　黄台生

焦志伦　李　扬　李保明　李兰冰　李文智

李　月　庞瑞芝　王　玲　王　燕　吴天诚

肖兴志　徐顺宪　杨静蕾　杨永忠　赵一夫

周呈奇

序一

经历了 2009 年国际金融危机的冲击，当前世界经济进入新一轮的调整和转型期，以美国为代表的发达国家虽然经济探底趋稳，但财政悬崖、主权债务危机的阴影犹存；新兴经济体和部分发展中国家虽然经济保持较高的增速，但面临的挑战和风险也很大。从世界经济格局来看，世界经济中心向亚太地区转移的趋势有所增强，在刚刚过去的 2012 年，全球经济复苏放缓，而亚太新兴经济体总体上保持了难得的增速，成为世界经济的一抹"亮色"。在亚太地区，中国大陆与中国台湾作为"大中华经济圈"中实体经济发展各具千秋的两个重要经济体，彼此之间活跃的产业合作和日益紧密的经济联系会增强双方的实力，达到合作共赢、共同增强在亚太地区的主导力量的效果。

自 2008 年两岸关系出现历史性转折后，两岸双方在反对"台独"、坚持"九二共识"的共同政治基础上，本着"建立互信、搁置争议、求同存异、共创双赢"的精神，致力于两岸关系的和平发展。目前我们已经签署了空运、海运、通邮等协议，实现了两岸全面直接双向"三通"，促成了大陆居民赴台旅游，取得了两岸人员往来的又一次重大突破，在众多领域建立了两岸交往与合作机制，解决了两岸同胞关心的一系列经济、社会、民生等问题，特别是签署了《海峡两岸经济合作框架协议》以及投资保护、海关合作两项后续协议后，更推进了两岸经济一体化的进程。"三通"开放至今，两岸贸易总额已突破 5 600 亿美元，大陆累计批准台商投资项目 8.7 万个，台商实际投资金额 565.3 亿美元。同期，共有 133 家大陆企业在台设立分公司或代表处，投资金额达 7.22 亿美元。2008 年两岸携手直面国际金融危机的冲击，风雨同舟，共渡难关，为两岸产业与企业界的更深入、具体、全面的交流与合作奠定了坚实的情感基础。两岸发展的历史充分证明，分则两败，合则共赢。

我们惊喜地发现，在两岸经济、社会、文化、教育等领域日益频繁而密切的交流中，两岸的高校发挥了重要而独特的作用。不仅通过教师和学生的交流互访学习，取长补短，加深了理解和友谊；而且更有一些眼光深邃、做法务实的两岸高校，各取所长，为两岸的产业和企业合作发展发挥着智力支持作用。由南开大学和台湾东吴大学发起，联合了两岸十几所高校的专家学者编写出版的"两岸产业比较研究丛书"，恰逢其时，将适应两岸经济交流与合作的新形势，为两岸产业和企业加深了解、建立互信、寻求商机、互利互惠开启一扇机会之窗。

未来"大中华经济圈"的不断崛起将可能成为影响国际经济格局变化的重要力量，两岸的经济和产业合作也将不断由初期的贸易往来和直接投资向立足于两岸需求、资源、技术的全方位深层次的产业对接与合作转移。两岸内部市场的新经济增长点在哪里？两岸产业各自的竞争优势是什么？两岸产业进一步深入合作的制度政策和机制需求是什么？相信"两岸产业比较研究丛书"的出版将有助于我们寻找相关问题的答案。也希望通过这套丛书的出版，能进一步推进两岸官、产、学、研的更加深入持久的战略性合作。

目前两岸科技、文化、教育等领域交流与合作议题的正式商谈虽然还未开始，但两岸一些心系两岸和平发展之大计、脚踏实地的高校和学者已经开始他们扎实而富有成效的探索，虽然这些成果还不尽善尽美，但他们精诚合作，为两岸发展贡献绵薄之力的赤诚之心可见。愿他们的开拓性工作不断深入，结出更多更美的硕果。愿两岸产业界和企业界携手合作，共赢共荣的美好日子愈久绵长。

陈云林

2015 年 6 月

序二

　　全球经济已经进入成长速度放缓、竞争加剧、深度转型的调整期，未来发展充满了复杂性、不稳定性和不确定性。已开发国家经济进入缓慢复苏的阶段，低速成长可能成为长期的趋势。开发中国家或地区尤其是新兴经济体具有较高的成长速度，已经成为世界经济成长的主要动力，但成长速度不如以往的压力也逐渐显现。世界经济格局正发生明显的变化，亚洲的地位与作用日益重要。为因应全球经济高度不确定性的挑战，掌握全球经济重心向亚洲转移的机会，海峡两岸应加强合作、优势互补，共同采取更为积极有效的措施以稳定、发展、繁荣两岸经济。

　　2008 年以来，两岸关系迈入和平发展的一个新的阶段。至 2012 年底为止，海基会与海协会共举行了 8 次高层会谈，签署了 18 项协议，涉及两岸直航、大陆观光客来台、投资保障等，为两岸经济共同繁荣与发展奠定了坚实的基础。其中，2010 年 6 月，海基会和海协会签署了《海峡两岸经济合作框架协议》（ECFA），进一步增进了双方的贸易与投资关系，建立了有利两岸经济繁荣与发展的合作机制，为台湾与大陆的经贸交流与合作揭开了新的里程碑。

　　世界经济进入全新的发展阶段，新的形势给两岸经济交流与合作创造了新的机会，也产生了新的需求。当前，两岸经济均进入调整期，新阶段的产业合作可以基于两岸内部市场新经济成长机会的创造与成长方式的改变；如何从两岸经济发展的特色出发，选择两岸产业合作的领域与重点备受关注。就现阶段而言，两岸产业合作特别要注重对两岸内部市场的培育。两岸关系进入后 ECFA 时期，机制与制度的建构已经成为两岸产业合作的重中之重。两岸关系的改善以及 ECFA 的签署，应该在已有的架构协议层面，积极地完成相关的配套政策、机制、制度的建设，才能更深化产业的合作。在两岸合作由初级贸易往来转向深层次产业合作的关键时刻，如何从两岸的共同利益出发，实现两岸经济与产业的合作共赢，在全球经济格局中共同实现经济再发展，已经成为两岸官方、产业界和学术界共同关心的重大课题。

　　欣闻东吴大学和南开大学共同发起建立专业化、开放化和国际化研究平台，吸引海峡两岸的优秀学者，在两岸产业合作与对接这一新兴重要领域进行兼具创建性、开拓性与系统性的研究，共同编撰"两岸产业比较研究丛书"，深感其正逢其时、意义深远。这是第一部两岸学者携手完成的两岸产业比较研究丛书，这一系列丛书全方位剖析了两岸产业发展现状与未来对接的机会和挑战，涉及物流产业政策、港口发展等多个不同经济发展领域，研究成果兼具深度与广度。我相信这套丛书的出版问世，将为两岸产业合作与对接提供可参考、可采纳、可使用的产业发展对策，切实有效地为两岸经济共同繁荣与发展作出贡献。

　　这套丛书的问世，倾注了两岸学者的卓越智慧，期盼两岸学者能够继续精诚合作，竭尽所能地进一步加强两岸教育与科研资源的交流，建立高效、稳定、可持续的合作机制，产出更多、更好的硕果，为共同提升两岸经济发展贡献力量。

江丙坤

2015 年 8 月

前　言

当前，海峡两岸均面临经济转型升级与亟待增强产业竞争力的挑战，加强两岸在新兴产业发展方面的合作，符合全面深化两岸经济合作的目标。作为七大战略性新兴产业之一，新材料的开发与利用已成为两岸重点发展的新兴产业，两岸新材料产业的合作已开展多年，并在诸多领域取得显著成效。进一步密切相关合作，有着广阔的发展前景。

《两岸新材料产业发展比较研究》从全球新材料产业发展环境与两岸合作交流的实践出发，首先分析了两岸新材料产业发展在国际竞争格局中的地位和特征，剖析了两岸新材料产业发展的热点问题，并对其合作基础与前景进行了展望；其次从典型新材料的细分产业和市场视角对两岸新材料产业发展进行了综合评价；随后分别就两岸新材料产业发展的技术状况、市场培育与商业模式、财税政策、金融支持和科技政策进行了详细的比较分析。

本书认为，尽管两岸新材料产业发展与合作取得了长足的进展，但从技术发展状况比较来看，两岸新材料产业在自主开发能力和应用技术研究方面仍较为滞后，成果转化率偏低且投融资体系不完善，应进一步加强新材料产业的自主创新激励机制与两岸创新合作平台建设；从全国商业模式创新比较结果来看，台湾岛内新材料企业发展遵循"因地制宜"原则，培育多元化市场主体，注重基础设施建设，管理职能由"主导"变为指导，可为大陆提供有益借鉴；从新材料产业财税体制比较结果来看，台湾岛内完善的税收体系、丰富的税收优惠种类等可为大陆新材料产业发展提供政策启示；从金融支持比较结果来看，两岸新材料产业须进一步深化投融资体制改革，建立金融支持与财税政策相配合的激励机制；从科技体制比较结果来看，重视科技发展战略、引领中小企业技术创新、重视人才培养等，可为两岸新材料产业的合作发展提供创新驱动力。具体而言，《两岸新材料产业发展比较研究》具有以下特点。

第一，本书着眼于两岸新材料产业发展现状与问题分析、体制比较等内容，以分析技术创新、市场培育、财税、金融、科技体制等的差异性，尤其注重产业现实情况和数据的支撑。

第二，本书除了对全球背景、子行业领域、机制体制的历史存量进行分析对比外，重点关注前沿问题，即在技术、市场、政策等领域出现的新态势、新问题。

第三，本书风格，一是在于"实"，基于大量充分的资料、数据、案例，深入总结、分析产业发展的现实情况比较，力图全面反映两岸关于新材料产业的现实轮廓；二是在于"新"，大胆设想与规划两岸新材料产业未来的合作与交流。

《两岸新材料产业发展比较研究》是教育部人文社科重点研究基地——东北财经大学产业组织与企业组织研究中心和南开大学经济与社会发展研究院专家学者积极投入、共同努力的成果。在 7 个月的编写过程中，从规划提纲、收集数据资料到完成初稿、修订校对，经过了编写团队的反复讨论和改进。本书的编写得到了著名经济学家、中国工业经济学会理事长、中国社会科学院学部委员吕政教授的亲切指导。本书的编写得到了国家社会科学基金重大项目"世界产业发展新趋势及我国培育发展战略性新兴产业跟踪研究"（批准号：12＆ZD068）、教育部哲学社会科学发展报告培育项目"中国战略性新兴产业发展报告"（批准号：11JBGP037）和辽宁特聘教授专项经费的资助。本书分工如下：肖兴志、李少林担任主编；第一章：李少林、刘洋；第二章：杜丽、崔敏；第三章：姜晓婧、范梦琪；第四章：何文韬、涂宗华；第五章：田露露、安淑文；第六章：朱扬军、李思源；第七章：郭启光、李沙沙。

本书的编写，汲取和引用了许多专家学者的研究成果，在此对这些专家学者表示诚挚的谢意。书中存在的不足之处，恳请学界同仁和读者批评指正。

肖兴志

2015 年 8 月

目 录

第一章 全球新材料产业发展环境与两岸合作交流

作为第三次工业革命的物质基础，新材料的开发与应用日益成为现代科技发展之本。美国、日本、欧盟等主要发达经济体均在新材料产业研发领域投入大量资源。我国《国务院关于加快培育和发展战略性新兴产业的决定》和《新材料产业"十二五"发展规划》指出，新材料是材料工业发展的先导，是重要的战略性新兴产业。在海峡两岸步入大交流、大合作和大发展的新时期，及时把握国际环境和趋势、分析两岸新材料产业发展的动态和热点问题，对于促进两岸经济发展转型和产业结构升级、推动两岸经济合作，具有重要的现实意义。

第一节 全球新材料产业技术沿革与竞争态势

本节首先从新材料产业的地位与分类、重大技术历史变革与应用领域等维度系统透视新材料产业的基本内涵与发展轨迹；其次分别从碳纤维产业、三维（英文为 3 Dimensions，简称 3D）打印产业、半导体材料产业等新材料产业代表性子行业的发展规模、研发方向与政策扶持等方面深入刻画和描绘了全球主要发达经济体新材料产业的竞争格局；最后对中国新材料产业在国际产业链中的地位进行了定位和分析，为新材料产业的发展态势、主要热点问题剖析与两岸新材料产业合作交流提供细致的国际背景。

一、全球新材料产业技术突破与应用领域

新材料产业最重要的属性就是其技术的基础性、前沿性和应用的广泛性。

人类文明的发展史就是材料不断革新、新材料源源不断涌现的历史，在全球发达经济体不断追求材料创新的趋势下，新材料产业技术突破不断发生，对工业革命和人类社会进步产生了不可磨灭的重大推动作用。本章主要从新材料的产业地位与分类、历史重大技术变革以及新材料的应用领域等方面对新材料产业进行了纵览式分析，为分析全球新材料产业的竞争格局奠定基础。

1. 新材料的产业地位与分类

（1）新材料的产业地位

新材料是指新发现或者通过人工合成产生的拥有优异性能或特殊性能的材料，也包括使用新技术对传统材料进行物理或者化学改性处理之后，所形成的较原有材料性能更加优良，并且具有可替代潜力的新型材料，具体包括：新材料本身所形成的产业、新材料技术及其装备制造业、传统材料技术提升的产业等。与传统材料相比，新材料具有技术高度密集、研究与开发投入高、产品附加值高、生产与市场的国际性强、应用范围广和发展前景好等特点，其研发水平及产业化规模成为衡量一个经济体的经济社会发展、科技进步和防务实力的重要标志。

新材料产业是从事新材料生产和加工、新材料研发的机构的统称，处于材料工业的高端位置，具有基础性、朝阳性和战略性等明显特性。全球主要经济体都高度重视新材料科学的发展，尤其是工业发达经济体，为保持其经济和科技的领先地位，都十分重视新材料在经济和防务安全中的基础地位和支撑作用，把发展新材料作为科技发展战略的目标，在制定重点科技与产业发展计划时，将新材料列为 21 世纪优先发展的关键技术之一，并予以重点发展。新材料产业作为战略性新兴产业中最重要的一极，是"基础的基础"，并且已经成为高端装备制造产业、节能环保产业、新一代信息技术产业、生物产业、新能源产业和新能源汽车产业发展的动力与支柱，是七大战略性新兴产业不可或缺的组成部分。作为重点发展的战略性新兴产业之一，由于技术高端与应用领域广泛，新材料产业被定性为"经济的先导产业"。

（2）新材料产业的范围界定

新材料产业范围的界定标准较多，可分为大类及子类、子行业等，产品种类繁多，应用领域广泛。2012 年，国家工业和信息化部发布《新材料产业"十二五"重点产品目录》，将新材料划分为新型功能材料、高性能结构材料和先进复合材料等三大类；新材料产业还可具体分为高性能结构材料、先进复合材料、电性和磁性材料、光学功能材料、信息功能材料、新能源材料、智能材料、生物医用材料、纳米材料和生态环境材料等10个小类，具体包括的材料种类如表1-1所示。

表1-1 新材料产业"十二五"重点产品分类

新材料产品分类	具体包含的材料种类
特种金属功能材料	稀土功能材料、稀有金属材料、半导体材料、其他功能合金
高端金属结构材料	高品质特殊钢、新型轻合金材料
先进高分子材料	特种橡胶、工程塑料、有机硅材料、高性能氟材料、功能性膜材料
新型无机非金属材料	特种玻璃、先进陶瓷、新型建筑材料、人工晶体
高性能纤维及复合材料	高性能纤维及材料、树脂基复合材料、陶瓷基复合材料
前沿新材料	超导材料、纳米材料、生物材料、智能材料

资料来源：根据《新材料产业"十二五"重点产品目录》相关内容整理。

《新材料产业"十二五"重点产品目录》将新材料的范围界定为六大领域：①特种金属功能材料：具有独特的声、光、电、热、磁等性能的金属材料；②高端金属结构材料：较传统金属结构材料具有更高的强度、韧性和耐高温、抗腐蚀等性能的金属材料；③先进高分子材料：具有相对独特物理化学性能、适宜在特殊领域或特定环境下应用的人工合成高分子新材料；④新型无机非金属材料：在传统无机非金属材料基础上新出现的具有耐磨、耐腐蚀、高强度、导电性、透光性等特殊性能的材料；⑤高性能复合材料：由两种或两种以上异质、异型、异性材料（一种作为基体，其他作为增强体）复合而成的具有特殊功能和结构的新型材料；⑥前沿新材料：当前以基础研究为主，未来市场前景广阔，代表新材料科技发展方向，具有重要引领作用的材料。

2. 全球新材料产业的重大技术变革与应用领域

新材料产业技术领域的重大突破，新材料的应用领域遍布能源、信息、生物技术、生命科学等经济的重要行业，并作为第三次工业革命的重要物质基础，在推动人类文明和社会进步中发挥着越来越重要的作用。

（1）全球新材料产业技术的历史重大变革

从人类诞生开始，材料的利用就成为人类赖以生产与生活的物质基础，形形色色的材料的出现及应用，在带来生产方式和生活方式巨大改观的同时，也将人类文明推向前进,加快了社会生产力发展进程。因此,可以说,人类发展史就是一部发现、使用和革新材料的历史①。

材料的发展史可以分成三个主要阶段:第一,是从形状上加以改变的天然材料,例如石斧、石刀等;第二,是冶炼、浇铸形成的材料,例如铜器、铁器等;第三,是使用"合成"方法制成的自然界中所不存在的材料,典型的有酚醛树脂、尼龙纤维等。伴随着科技的飞速发展,新兴的信息、生物工程、新能源、空间技术等高技术群不断产生,这些高技术群的物质基础便是新材料。目前,新材料正以高速度、多种类和大规模的扩张为特征,对科技、经济与社会产生深远的影响,成为技术革命与创新的基础,同时成为经济社会发展可持续性的有力保障。

新材料是高新技术的重要组成部分:正是有了液晶,才会出现平板显示工业;正是有了光导纤维,才会拥有当今的光纤通信和高速互联网;正是有了半导体工业化生产,才会有高速发展的计算机和信息技术。因此,可以说历史上每一次重大新技术的出现和某种新产品研制的成功,都有赖于新材料的发明与应用(图 1-1 显示的是 20 世纪以来材料领域的重大发现历史轨迹)。

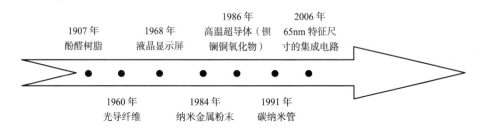

图 1-1 20 世纪以来材料领域的重大发现

资料来源:安信证券研究中心。

(2)新材料产品的应用领域

新材料作为高新技术的基础和先导,应用范围极其广泛。同传统材料一样,新材料可从结构、功能和应用领域等多维度进行分类,且不同的分类间相互交叉或嵌套。按照应用领域来分,新材料可分为信息材料、能源材料、生物材料、

---

① 王天睿、李孔逸:《新材料产业系列报告之一——旭日东升的新材料产业》,安信证券行业专题报告,2010 年 8 月 30 日。

汽车材料、纳米材料、超导材料、稀土材料、新型钢铁材料、新型有色金属合成材料、新型建筑材料、新型化工材料、生态环境材料和军工新材料等 13 个类别。从新材料的具体应用领域来看，新材料产业主要涉及风能、通信、航空、汽车和生物医药等多个领域，表 1-2 显示的是三大类新材料产业细分领域的代表性产品、对应的应用产业和国内外代表性企业。

表 1-2 新材料重要应用领域

分类	细分领域 （代表产品）	对应的应用产业	国内代表企业	国外代表企业
新型功能材料	稀土功能材料 （稀土永磁材料）	风电产业、电池产业	包钢稀土	美国钼公司
	高温超导材料 （超导电缆材料）	电力、医学、技术、运输和能源	永鼎股份	美国超导公司
	高分子材料 （高性能膜材料）	电子、建筑、服装	碧水源	美国通用电气公司
	节能环保材料 （聚氨酯）	建筑、交通	烟台万华	德国巴斯夫股份公司
高性能结构材料	特种玻璃材料 （低辐射玻璃）	建筑、交通	蓝星玻璃	美国康宁公司
	高品质特殊钢	汽车、建筑	西宁特钢	德国蒂森克虏伯公司
	高性能轻质合金材料 （铝合金材料）	飞机、汽车	利源铝业	日本旭硝子玻璃公司
先进复合材料	碳纤维材料 （聚丙烯腈基碳纤维）	化工、高铁、冶金	中材科技	日本东丽公司
	覆膜滤材	化工、环保、冶金	中材科技	日本东丽公司
	改性塑料 （氯化聚乙烯）	汽车、家电	金发科技	美国陶氏化学公司
	硅橡胶 （笼型倍半硅氧烷）	建筑、日化	宏达新材	美国道康宁公司

资料来源：张兰英、郭衍志、权圣容：《中国新材料产业投资机会》，中国三星经济研究院专题报告 14-1 号，2014 年 2 月。

二、全球主要发达经济体新材料产业竞争格局

以下就全球主要发达经济体新材料产业的主要子产业——碳纤维、纳米材料、超导材料、3D 打印和半导体材料等产业发展概况、研发方向和竞争格局，以及中国新材料产业链在国际分工中的地位等方面进行全面分析，以此为两岸新材料产业合作交流提供国际背景。

1. 全球主要新材料产业发展情况

随着全球制造业和高新技术产业的飞速发展，新材料的市场需求日益增长，新材料产业发展前景十分广阔。2000 年，全球新材料市场规模为 4000 亿美元，2008 年全球新材料市场规模已超过 8 000 亿美元，到 2009 年已接近 10 000 亿美元。2009 年，全球半导体专用新材料市场规模为 500 亿美元，功能陶瓷的市场总规模达 800 亿美元，节能环保类新材料市场规模约为 1 800 亿美元，高速铁路及汽车用新材料约为 2 400 亿美元，生物医用材料超过 4 000 亿美元，由此带动的新产品和新技术则是更大的市场。近年来，市场需求以平均每年 10%以上的速度增长，市场潜力巨大[①]。

碳纤维产业、纳米材料、超导材料、3D 打印和半导体材料是典型的新材料重点行业，应用领域极其广泛，是驱动第三次工业革命的重要力量，世界主要发达经济体均在这些产业中投入大量的研发经费和人力物力，在此背景下，中国新材料产业迅速崛起，两岸均积极参与国际分工，竞争态势日趋激烈。

（1）碳纤维产业

碳纤维被誉为"新材料之王"。日本的碳纤维产业一直处于全球领先地位，碳纤维的主要应用领域是混凝土加固和汽车，这对日本汽车业产生巨大影响。日本东丽是全球最大的碳纤维供应商。2013 年 9 月，东丽与美国大型企业达成收购协议，从而使其全球份额提高至 30%，其后又进一步扩大量产规模，降低成本。此外，全球第二大厂商日本帝人和第四大厂商日本三菱丽阳也相继扩大产能，日本企业在碳纤维领域将继续扩大优势地位。图 1-2 显示的是全球碳纤维产业布局情况，其中，日本东丽集团公司、日本东邦集团公司和日本三菱人造丝集团公司等 3 家公司占据全球产能的 55%，美国五家公司和德国一家公司占据的市场份额之和为 29%，而中国只有台湾岛内的台塑集团公司占 9%的市

---

① 《新材料市场规模近 10 000 亿美元，需求每年递增 10%》，具体参见 http://www.instrument.com.cn/news/20101118/051347.shtml。

场份额，其他省市区所占份额极少。

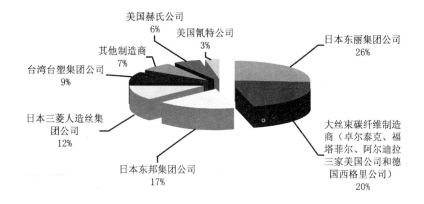

图 1-2　全球碳纤维产业布局

资料来源：金桥：《我国碳纤维发展现状研究》，《新材料产业》2014 年第 2 期：53～55。

鉴于中国碳纤维产业占国际市场份额偏低的情况。2013 年年底，国家工信部发布了《关于加快推进碳纤维行业持续健康发展的指导意见（征求意见稿）》，对碳纤维产业发展目标和重点进行了规划并提出要求。征求意见稿明确提出：到 2015 年，中国将初步建立碳纤维及复合材料产业体系，使碳纤维应用市场初具规模；同时扩大碳纤维复合材料市场，使碳纤维生产集中度进一步提高；大力推行节能减排，骨干企业能耗降低 20% 左右，实现清洁绿色发展，促进碳纤维复合材料回收再利用。该征求意见稿为碳纤维产业的健康发展指明了方向，未来行业要着重开拓和培育下游应用市场，同时严格抓好节能环保工作[①]。

（2）纳米材料

在纳米材料领域，技术创新和变革时时处处都在发生，世界各经济体对于纳米材料的研究也处于争先恐后的状态。发达经济体的竞争日趋激烈，美国工程师研制出新形式的"零维"碳纳米管，未来可用于细胞或蛋白尺度的生物医学成像、成为蛋白质或核酸疫苗载体、药品递送系统。在纳米结构制作方法方面，美国也有新的突破。2013 年 12 月，日本确立单层纳米管量产技术并开发出工业生产设备。德国开发出超级纳米疏水疏油膜，应用在医疗领域，可以减少血栓形成的风险。与发达经济体相比，中国在此方面也取得重大突破。中科

---

① 苏珍珍：《碳纤维：关键性突破进行时》，《中国纺织》2014 年第 1 期：60～61。

院合肥物质科学研究院发现一种纳米复合真空绝热材料，其导热系数极低，于2013年11月初实现规模化生产。与此同时，在医疗方面，中国科学技术大学科研人员利用肿瘤微环境和肿瘤细胞内环境的调控，发展了双重响应聚离子复合物纳米药物载体，实现了对多重给药障碍的系统克服。《2013～2017年中国纳米材料行业发展前景与投资预测分析报告》预计，2013～2017年中国纳米材料的市场规模将出现大幅度增长，年均增幅在15%以上，到2017年，纳米材料的市场规模将超过70亿。

（3）超导材料

超导材料指的是，具有在一定的低温条件下呈现出电阻等于零以及排斥磁感线的性质的材料。当前已发现28种元素和几千种合金、化合物能够成为超导体。超导材料包括低温超导材料和高温超导材料两大类。在超导材料的发展领域，美国、日本和欧洲表现出色，表1-3显示的是主要发达经济体超导材料发展大事年表。

表1–3　主要发达经济体超导材料发展大事

经济体	年份	超导材料发展大事
美国	1987年	成立非营利公司超导体商业应用联合会
	1988年	由美国能源部创建电力系统超导计划
	1993年	制定超导伙伴计划，用以加快高温超导电力设备的商业化发展
	1998年	美国能源部制定高温超导电力应用发展计划，一期投入400万美元，二期投入2 000万～3 000万美元
	2001年	美国能源部宣布开展第二期超导伙伴计划，投入1.17亿美元
	2003年	美国能源部公布了关于美国电力高温超导方面的2010、2020、2030年计划
	2005年	公布2005～2009年超导电力系统计划
	2006年	美国能源部发布超导技术基础研究需求报告，明确未来科学优先研究方向
日本	1987年9月	创建超导发电设备和材料计划，目的是发展超导电动机及相关电力应用
	1988年	成立国际超导产业技术研究中心
	2005年3月	制定国家层面的"战略技术路线图"
	2006～2007年	对"路线图"进行修订，明确了超导技术为其重要战略路线，提出在2020年实现超导技术为社会服务的前景

经济体	年份	超导材料发展大事
欧洲	1994 年	非营利性组织欧洲国家超导联盟成立
	1997 年	开展超导电性欧洲网，由欧盟提供资金，为欧洲超导技术和研讨提供平台
	1998 年	欧洲基金会发布极端尺寸和条件下超导漩涡物质项目计划
	1998 年 12 月	实施超导电力联接计划
	2007 年	欧洲基金会发布 2007～2012 年超导纳米科学与工程项目计划

资料来源：冯瑞华：《国外超导材料技术研究政策和方向》，《低温与超导》2008 年第 8 期：22～30。

（4）3D 打印产业

3D 打印，即快速成型技术的一种，在本质上并非印刷技术，而是一种制造技术，亦即"增材制造"，是运用粉末状金属或塑料等可黏合材料，通过逐层堆叠累积的方式构造物体的技术。与传统制造业通过切割打磨原料最终成型不同，3D 打印是从无到有的制造过程，几乎不产生废料。中国 3D 打印行业总体上发展态势良好，设备、材料与软件等核心领域在不同程度上可实现自给，在文化创意、工业与生物医学等领域得到广泛的应用。根据世界 3D 打印技术产业联盟秘书长、中国 3D 打印技术产业联盟执行理事长罗军的预测，大陆 3D 打印市场规模有望到 2016 年实现 100 亿元[①]。图 1-3 和图 1-4 分别显示的是 2011 年全球和亚太地区 3D 打印的市场份额情况。从图 1-4 可以看出，中国大陆在亚太地区各经济体 3D 打印市场占比仅次于日本，达到 32.9%，而中国台湾位列第四（5.8%）。

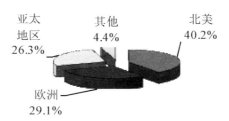

亚太地区 26.3%
其他 4.4%
北美 40.2%
欧洲 29.1%

图 1-3　2011 年全球 3D 打印市场占比

资料来源：沃勒斯报告（Wohlers Report），中原证券研究所。

————————————

① 甄书秀：《我国 3D 打印市场前景可期》，《中国质量报》2014 年 4 月 22 日，第 06 版。

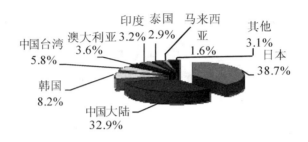

图1-4 2011年亚太地区各经济体3D打印市场占比

资料来源：沃勒斯报告（Wohlers Report），中原证券研究所。

美国是3D打印的发源地，在技术和市场占有率方面都处于领先地位。1984美国人查尔斯·赫尔（Charles Hull）发明了立体光刻技术，可以用来打印3D模型。1986年名为"3D Systems"的公司成立，开始专注发展添加制造技术，这是世界上第一家生产添加制造设备的公司。1988年，3D Systems公司推出的SLA-250液态光敏树脂选择性固化成型机，标志着快速成型技术的诞生。1988年Stratasys公司成立，成为目前3D行业的龙头。1995年Z Corporation公司获得麻省理工学院的许可，生产3D打印机。1996年3D Systems、Stratasys、Z Corporation分别推出Actua 2100、Genisys、Z402等型号的机器，第一次使用了"3D打印机"的称谓。2005年Z Croporation公司发布的Spectrum Z510，是世界上第一台高精度彩色添加制造机。2011年，奥巴马政府出台了"先进制造伙伴关系计划"；2012年2月，美国国家科学与技术委员会发布了"先进制造国家战略计划"；2012年3月，奥巴马又宣布实施投资10亿美元的"国家制造业创新网络计划"，都将添加制造技术列为重点。2009年之后，美国特别是美国军方，尤其重视以3D打印为代表的添加制造技术，一方面由于3D打印技术的特点（如可制造复杂结构零件、成本低等）能满足军工产品独特要求，另一方面美国正在实施制造业复兴战略。欧洲的各大学、企业和政府之间建立了众多添加制造技术联盟，有些甚至是跨国的。许多大型合作计划得到了数百万美元的资助，包括"大型航空航天部件快速生产计划"，面向大规模客户定制和药品生产的"自定制（Custom Fit）计划"等①。

在我国，自20世纪90年代起，清华大学、西安交通大学、华中科技大学、

---

① 黄健、姜山：《3D打印技术将掀起"第三次工业革命"？》，《新材料产业》2013年第1期：62～67。

华南理工大学等高校在 3D 打印设备制造技术、3D 打印材料技术、3D 设计与成型软件开发等方面进行探索，部分处于世界先进水平。依托高校的研究成果，很多运作的企业已形成量产。但由于缺乏宏观规划和引导、对技术研发投入不足、产业链缺乏统筹发展、缺乏教育培训和社会推广，中国和欧美发达经济体仍有较大差距。

（5）半导体材料

由国际半导体设备材料产业协会（英文为 Semiconductor Equipment and Materials International，简称 SEMI）发布的研究报告认为，在全球半导体总营业收入成长 5% 的状况下，2013 年全球半导体材料市场总营业收入为 435 亿美元，比 2012 年减少 3%。

从我国的情况看，各地发展很不平衡，其中，台湾作为全球主要晶圆制造和先进封装基地，已经连续四年成为半导体材料的最大消费经济体。受惠于晶圆厂材料的成长实力，2013 年中国和欧洲的材料市场皆成长 4%，而日本的材料市场则下滑 12%，韩国及其他地区的材料市场也存在萎缩的现象[①]。

与此同时，全球领先的信息技术研究和咨询公司高德纳（Gartner）的统计结果显示，2013 年全球半导体厂商的营业收入总计为 3150 亿美元，比 2012 年增长 5%。2013 年，前 25 大半导体厂商的合计营业收入增幅达到 6.9%，远优于市场中其余厂商的业绩，其余厂商营业收入增长率仅为 0.9%，表1-4 显示的是 2013 年全球前十大半导体厂商营业收入情况[②]。从表中可以看出，2013 年全球前十大半导体厂商营业收入占全球总营业收入的一半以上（53.1%）；英特尔、三星电子和高通三家半导体厂商的营业收入在 2012 和 2013 年稳居全球前三位；在前十位半导体厂商中，英特尔在全球份额最大（15%左右），其余厂商市场占有率均在 10% 以下，且增长率情况有升有降，显示出半导体厂商间较为激烈的市场竞争。

---

① 《2013 半导体材料市场 435 亿美元，台占 No.1》，具体参见 http://it.21cn.com/market/a/2014/0410/05/26934556.shtml。

② 《2013 年全球半导体营收总计 3 150 亿美元》，具体参见 http://www.fj136.cn/article/201404/14161.html。

表 1-4   2013 年全球前十大半导体厂商营业收入（单位：百万美元）

2012 年排名	2013 年排名	厂商	2012 年营业收入	2013 年营业收入	2012~2013 年增长率(%)	2013 年市场占有率(%)
1	1	英特尔	49 089	48 590	-1.0	15.4
2	2	三星电子	28 622	30 636	7.0	9.7
3	3	高通	13 177	17 211	30.6	5.5
7	4	SK 海力士	8 965	12 625	40.8	4.0
10	5	镁光科技	6 917	11 918	72.3	3.8
5	6	东芝	10 610	11 277	6.3	3.6
4	7	德州仪器	11 111	10 591	-4.7	3.4
9	8	博通	7 851	8 199	4.4	2.6
8	9	意法半导体	8 415	8 082	-4.0	2.6
6	10	瑞萨电子	9 152	7 979	-12.8	2.5
		其他	145 986	147 883	1.3	46.9
		市场总计	299 895	314 991	5.0	100.0

资料来源：高德纳公司（2014 年 4 月）。

2. 研发方向与投入比较

（1）重视基础研究，加大研发投入

《中国高技术产业统计年鉴 2013》的数据显示，2009 年美国高技术产业研发经费占工业增加值的比重高达 39.07%，位列发达经济体之首；高技术产业研发经费占工业增加值比重在 30% 以上的经济体还包括瑞典（2007 年，35.41%）、法国（2006 年，32.63%）、日本（2008 年，31.29%）；比重在 20%~30% 的经济体包括加拿大（2006 年，29.82%）、芬兰（2007 年，29.21%）、英国（2006 年，26.81%）、韩国（2006 年，22.06%）；比重在 10%~20% 的经济体主要包括德国（2007 年，18.05%）、西班牙（2007 年，17.13%）、挪威（2007 年，14.86%）、意大利（2007 年，11.81%）；而 2007 年中国高技术产业研发经费占工业增加值的比重仅为 6.01%，与世界主要发达经济体相比，差距十分明显。

在研发投入中，基础研究领域的投入对一个经济体创新能力起着重要作用。20 世纪 90 年代以来，美国对基础研究的投入占美国总研发费用的比例长期稳定在 15%~20%，2003 年高达 19.1%；日本则在 12%~17% 之间波动；德国和法国稳定在 20% 左右，并有不断上升的趋势。这些经济体在基础研究领域的投入态势对我国研发投入的分配具有一定的参考价值。

（2）研发经费集中在战略性重点领域

尽管主要发达经济体逐年增加研发投入，但与要达到的经济社会目标相比，经费是远远不够的。为保证有限的资金得到充分利用，各经济体均制定了重点领域的战略性发展规划，集中资金进行研发。在美国研发预算中重点支持的几大领域分别是纳米技术、国土安全、教育、气候变化和全球观察；日本政府预算中的 4 大重点领域分别是生命科学、信息通信、环境纳米技术与材料；韩国将信息技术、生物技术、纳米技术、环境技术确定为研发重点投入领域；丹麦、新西兰和加拿大的政府资助部分投入生物技术研发领域；法国和比利时则对空间研发投入力度较大。

在美国、日本、俄罗斯、欧盟等主要发达经济体，新材料产业的研发方向各有特色（参见表 1-5）。《中国科技统计年鉴 2013》的相关数据显示，中国 2012 年新材料产业国家级火炬计划项目数为 1 268 项，2012 年落实资金 290.67 亿元，其中，政府资金 2.44 亿元，企业资金 182.54 亿元。

表 1-5　新材料产业几大优势经济体比较

经济体	代表公司	重点发展方向
美国	陶氏化学、康宁公司、杜邦公司、MEMC 公司、道康宁	生物医用材料、纳米材料、信息材料、极端环境材料技术科学等
日本	TDK 公司、信越化学、住友金属、东丽、新日本制铁公司、三井化学	生命科学、环境、信息通信、纳米技术等领域材料
俄罗斯	俄罗斯铜业公司、谢韦尔钢铁集团、俄罗斯铝业联合公司	高分子材料、高纯度材料以及生物材料、超导和纳米材料、金属材料、复合材料、陶瓷材料
欧盟	拜耳材料科技、圣戈班集团、空客集团、巴斯夫集团	超导体复合材料、催化剂、光学材料材料、光电材料、有机电子学和光电学、磁性材料、仿生学材料、纳米生物技术材料、生物医学材料和智能纺织材料等
韩国	三星、浦项钢铁公司、LG 公司	下一代高密度存储、生态、生物、自组装的纳米、未来碳素、高性能高效结构材料、智能卫星传感器、仿生、控制生物功能等领域材料

资料来源：赛迪顾问。

3. 发达经济体新材料领域政策比较

纵观全世界，新材料产业已遍布各个领域，大到整体经济、防务，小到社会生活的方方面面，新一轮的争夺科技制高点的竞赛早已在发达经济体之间悄然上演。从国际视角看，国际新材料产业发展呈现出以下几个宏观特点。一是各经济体高度重视新材料发展。自 2008 年金融危机以来，各发达经济体将新材料、新能源等战略性新兴产业作为新一轮全球经济和科技竞争的制高点。二是新材料、新技术层出不穷。新材料技术与纳米技术、超导技术、生物科技等相互融合，使中间领域的发展及其功能化智能化趋势日渐明显。三是大型国际公司在新材料产业高端领域占主导地位的格局已经形成。大型跨国公司凭借其技术高、资金多、人才广的优势，在高技术含量及高附加值的新材料产品的研发和生产竞争中，占据领先位置[①]。

美国：凭借其雄厚的财力和人力资源，从国家规划层面，持续加强对新材料产业投入与发展的重视。为满足国防、能源、医疗等部门的需求，将生物材料、信息材料、纳米材料、极端环境材料及材料计算机科学列为主要前沿研究领域，支撑生命科学、环境科学等发展。在 1991～1995 年《国家关键技术报告》中，美国将材料科学与技术列为研究领域；2000 年美国将国家纳米技术计划列为第一优先发展计划；2001 年，美国兰德公司国防研究所向国家情报委员会提交的报告中，阐述了 2015 年之前生物、纳米、材料技术及其与信息技术发展的趋势。进入 21 世纪以来，美国先后制定了一系列与新材料相关的计划，包括"21世纪国家纳米纲要""国家纳米技术计划""未来工业材料计划""光电子计划""光伏计划""下一代照明光源计划""先进汽车材料计划""建筑材料计划"等。2011 年 6 月，美国总统奥巴马公布"先进制造业伙伴计划"，投入超过 5 亿美元，其中的重要组成部分包括"材料基因组计划"。2011 年 12 月 22 日，美国能源部公布"2011 关键材料战略"。2013 年 2 月，美国能源部宣布成立关键材料创新中心，负责从事关键材料的加工工艺及其在清洁能源产品中作用的研发活动。

欧盟：继续保持在航空材料等某些领域的领先优势，在其第六个框架计划中确定了 7 项优先发展计划，与新材料有关的包括信息社会技术、纳米技术、多功能材料及其新生产工艺和设施开发等。2003 年 9 月，欧盟科研总部决定推

---

① 罗贞礼：《新材料产业发展分析及策略研究》，北京：科学出版社，2013。

动"催化剂、仿生学、磁性材料、光学材料和光电材料、生物医学材料"等材料领域的发展。欧盟制定多个与新材料相关的计划，包括："欧盟纳米计划""欧洲科学和技术研究领域合作计划""尤里卡计划""欧洲新材料研究规划"等。

德国：作为欧盟最重要的成员，自 1994 年就启动跨世纪国家级新材料研究计划，实施时段为 1994～2003 年，其目标是通过产品创新和技术创新，在新材料装备制造、加工和应用三个方面确保德国的国际领先地位。进入 21 世纪后，德国将新材料列为其九大重点发展领域首位，在 80 个课题中，涉及新材料的占 24 个，研发经费方面，政府出资占 56%，通过新材料的研发减轻其环境和资源压力，并将纳米技术列为科研创新的战略领域。

日本：注重实用性、先进性及资源与环境的协调发展，把开发新材料列为国家高新技术的第二大目标，认为新材料技术是构建 21 世纪创新繁荣的社会的主导力量，提出以新材料为基础，促进其他高新技术产业发展，并将纳米技术和纳米材料列为四大重点发展领域之一，通过官民协力等方式，构筑从纳米技术研发到实用化的连续产业和技术支撑体系，建立新型纳米技术研发机制，巩固和强化其在世界上的领先地位。对新材料的研发与传统材料的改进采取了并进的策略，注重已有材料的性能提高、合理利用及回收再生，并在这些方面领先于世界。自 21 世纪以来，日本制定的发展规划包括："科学技术基本计划""纳米材料计划""21 世纪之光计划""超级钢铁材料开发计划"等。在日本第四期（2011～2015 年）"科学技术基本计划"中，重点发展的材料技术包括：分析和控制微粒、分子、原子、电子等微观结构技术；高纯化和功能组合技术；功能性结构材料技术；使材料具有特殊功能的表面处理技术；应用计算机技术和制造材料的技术等。

三、中国新材料产业链在国际分工中的地位

产业链的概念最早由赫希曼从产业前向联系和后向联系角度阐述。近年来，国内学者从不同角度对产业链下定义，将其概括为基于产业上游到下游各相关环节的由供需链、企业链、空间链和价值链四个维度有机组合而形成的链条[①]。

从我国的局部情况来看，大陆的新材料产业链存在过"粗"的问题，"粗"的含义包括产业链上某个环节的产品过分集中、企业间竞争激烈，或者某个环

[①] 费钟琳、朱玲、赵顺龙：《区域产业链治理内涵及治理措施》，《经济地理》2010 年第 10 期：1688～1692。

节的企业实力过强、造成垄断优势。在硅材料、碳纤维等方面都存在这样的问题。中国大陆的新材料产业链处于全球价值链低端，产业链高端环节的附加价值高，因此，行业内有实力的企业都会尽量占据高端环节。大型国际公司在全球布局产业链时，并非经营产业链上全部环节，而是着眼于占据"产业微笑曲线"的高端位置，如研发、市场营销、售后服务等生产以外的环节，对附加值低的生产环节则采取外包策略。在这种情况下，要尽量减少对国际直接投资的依赖，培育内生型企业，占据产业链高端。

中国大陆新材料产业自发展以来取得了令人瞩目的成绩，材料品种比较齐全，生产能力大幅度提升，技术改造力度大、投入多，生产设备及基础设施不断完善，一些领域已经达到国际先进水平甚至国际领先水平。由于中国经济发展和国防建设需要的新材料，在国内还有很多空白，已有的新材料品质不能完全适应社会发展需求，先进设备缺乏和生产能力薄弱，产业发展的完整性和协调性失衡。这些状况急需产业链科学升级和创新。应建立新材料产业体系，即新材料的生产应按照一定的秩序和内部联系，通过不同的新材料生产子系统，组合布局成为一个整体。对于产业链上游的原始资源、中游的加工技术以及下游的建设应用，都要进行全面的升级创新。在该过程中，我们需要产业政策的支持，需要企业家的创新支持，更需要产业联盟的共同发展，实行"一材多用"，并与先进的制造工艺结合并进。

产业价值链是产业链背后所蕴藏的价值组织及创造的结构形式，完整的产业价值链包括技术研发、原料采购、物流供应、加工组装、订单处理、市场销售、品牌服务七大主要环节，形成一条两端高中间低的"U"形"微笑曲线"，其中处于曲线两端的是研发、设计、专利和品牌、销售，这两部分属于高附加值环节，占有整个产品利润的 90%～95%。国际产业价值链正向研发和营销"微笑曲线"两端延伸，产业高端化、智能化、服务化特征明显。高科技产业和现代服务业成为强势产业。在经济全球化的背景下，新材料企业在不断积累大量经验和能力后，要实施多元化产业价值链创新，向高附加值环节移动，实现企业长足发展。

第二节　大陆新材料产业发展动态与特征

在分析全球新材料产业发展环境与新材料的国际分工地位之后，为探讨如何促进两岸新材料产业合作发展，本节将主要从大陆的新材料产业发展规模、技术研发状况、产品情况、产业结构等维度展开分析，力图刻画两岸新材料发展的历史轨迹与趋势特征，为分析其存在的问题与展开合作的实践奠定现实基础。

一、大陆新材料产业发展现状分析

本部分主要从大陆新材料产业的发展规模、产权性质、技术研发、市场结构动态、区域布局等层面展开细致的现状分析，为分析两岸新材料产业存在的问题和展开合作交流提供基础素材。

从图1-5可以看出，大陆新材料产业的市场规模在2009年以前不足5 000亿元，自2010年以后，市场规模增长速度较快，预期在2015年达到2万亿元，增幅达145.70%，可见，随着政府扶持政策效应的发挥，新材料产业规模显著扩张。

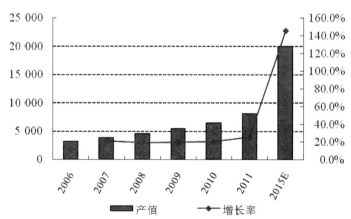

图1-5　大陆新材料产业市场规模与增速情况（单位：亿元）

资料来源：赛迪顾问。

从图1-6可以看出，2011年中国民营企业500强中，投资新材料产业的企业有32家，占此约为6.4%，各子行业分布及所占比重分别为：先进高分子材料9家（28%），特种金属功能材料8家（25%），高性能复合材料7家（22%），高端金属结构材料4家（13%），前沿新材料3家（9%），新型无机非金属材料1家（3%）。从图1-7可以看出，从新材料产业的企业产权结构情况来看，在涉及新材料的108家上市公司中，中央企业和一般国有经营性企业数量占到52%，私营企业占41%，集体企业和其他企业占7%。

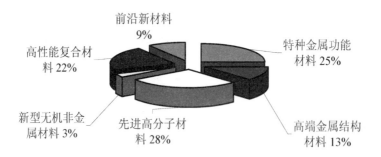

图1-6 2011年民营企业500强投资新材料产业的数量

资料来源：中华全国工商业联合会、中国民（私）营经济研究会主编：《中国私营经济年鉴2010.6—2012.6》，北京：中华工商联合出版社，2013。

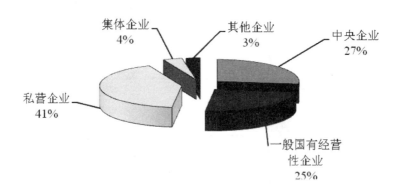

图1-7 沪深股票交易所108家新材料上市公司经营性质构成

资料来源：根据同花顺在线实时金融终端（iFinD）数据库的相关数据绘制而成。

从图1-8可以看出，无论是技术市场成交合同数还是合同金额，2006年至2012年中国新材料及其应用产业均呈现明显的增长趋势。技术市场成交合同数从 2006 年的 7 476 项增长到 2012 年的 12 415 项，年均增长 8.82%；技术市场成交金额从 2006 年的 108.80 亿元增长到 2012 年的 332.49 亿元，年均增长 20.46%，这表明新材料及其应用领域的技术市场交易较为活跃，新材料产业发展势头良好。

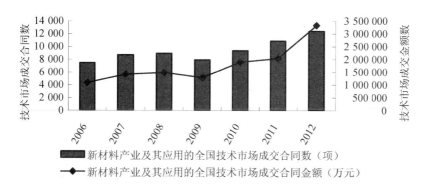

图 1-8　2006 年至 2012 年中国新材料及其应用的技术市场成交合同数与合同金额

资料来源：《中国科技统计年鉴》(2013)。

二、大陆新材料产业市场结构动态

并购重组是转变大陆新材料相关产业粗放型的生产方式、扭转资源严重浪费现象的重要手段。在国家行业并购政策的引导下，2009～2012 年大陆新材料行业并购交易活动较为活跃。以稀土行业为例，中国稀土行业协会以及北京、上海、重庆产权交易所的统计数据显示，2012 年稀土行业发生兼并重组交易 34 宗，交易金额达到 37.8 亿元。图 1-9 显示的是 2009～2012 年大陆新材料全行业并购交易总数量情况。其中，2011 年，新材料并购市场共完成 1 157 起并购交易，与 2010 年相比，同比增长高达 86.0%；2012 年虽然并购市场有所趋冷，但仍然完成了近千起并购交易，同比降低 14.3%[①]。表 1-6 列举了 2011～2013 年大陆新材料产业并购的典型案例。

---

① 首次公开募股研究院：《新材料行业并购与发展趋势》，《国际融资》2014 年第 1 期：14～18。

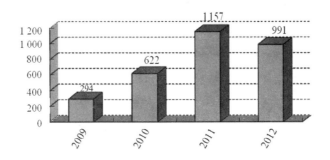

图 1-9　2009～2012 年大陆新材料产业并购交易数量（单位：起）

资料来源：首次公开募股研究院：《新材料行业并购与发展趋势》，《国际融资》2014 年第 1 期：14～18。

表 1-6　2011～2013 年大陆新材料行业并购典型案例

被并购企业	并购企业	并购股权（%）	并购时间	并购金额（万元）
江门磁源	江粉磁材	70.00	2013.3.2	737.86
永富化工	九九久	100.00	2013.1.5	2 300.00
盐湖海虹	盐湖股份	25.00	2012.12.29	8 625.00
海南农资	辉隆股份	60.00	2012.6.11	7 830.00
天安化工	天马精化	28.56	2012.4.11	11 300.00
润泰生化	中粮生物	100.00	2012.3.17	2 000.00
满洲里鑫富	元力股份	100.00	2012.3.13	2 950.00
聚龙石化	卫星石化	100.00	2012.2.3	13 700.00
银禧工程塑料	银禧科技	25.00	2011.10.27	3 339.32
德丰化工	华鲁恒升	未公开	2011.10.11	4 941.32
银亿矿业	天业通联	75.00	2011.9.14	13 500.00
深圳瑞华泰	航天国际	55.00	2011.7.11	6 304.00
纳百园化工	天马精化	100	2011.7.5	5 600.00
科菲特生化	辉丰股份	51.22	2011.6.15	3 000.00
伊强硅业	耕生矿物	24.50	2011.4.7	1 500.00

资料来源：首次公开募股研究院：《新材料行业并购与发展趋势》，《国际融资》2014 年第 1 期：14～18。

三、大陆新材料产业区域布局特征

"十二五"期间，尤其是借着 2012 年至 2013 年加速发展和布局调整的机遇，新材料产业分布及基地发展情况愈加明显。当前，大陆新材料产业呈现出区域化分布的特征，空间格局为"东部沿海集聚，中西部特色发展"，其中环渤海、长三角和珠三角是核心区域，中西部地区在原有产业的基础上发展迅速。

东部沿海地区是大陆经济发展最发达和最具活力的地区，无论是在人力资源、科技、资本等生产要素方面，还是在产业配套能力和政策支持等各方面，都具备了较为雄厚的发展基础，是新材料产业研发、高端制造的先导区。其中，环渤海地区拥有多家大型企业总部和重点科研院校，是科技创新资源最为集中的地区；长三角和珠三角地区制造业发达，是新材料产业的重要研发生产基地，也是新材料产品的重要消费市场。巨大的市场需求和雄厚的产业基础，在吸引各类大型企业的总部和研发中心向长三角地区聚集的同时，也为创新型中小企业的成长壮大提供了发展空间。

在新一轮国际产业转移和东部产业结构调整加快的新形势下，中部地区面临通过承接产业转移加快发展的历史性机遇。中部地区是重要的能源和原材料生产基地，工业基础雄厚，在承接新材料产业转移方面，具有良好的区位优势和独特的产业与要素优势。未来，加强与东部沿海地区对接、加快承接东部地区新材料产业梯度转移将成为中部地区发展新材料产业的重要方向。

西部地区与中东部地区相比，新材料技术装备和生产水平相对落后，整体竞争力不强。但在国家支持西部大开发等政策推动下，西部地区依托丰富的矿产与能源基础，新材料产业将呈特色化发展，形成多个特色新材料产业聚集区。"十二五"期间，国家在西部主要省、市、自治区内推动建设一批以稀土新材料、稀有金属材料、特种橡胶、高性能氟硅材料等为特色的新材料产业基地，将极大地促进西部地区新材料产业的快速发展[①]。表 1-7 显示的是各区域新材料布局的特征与格局，表 1-8 显示的是 14 个重点省市新材料产业基地情况。

---

① 王志国、张道营：《五剑出鞘 扛鼎 2013——回首新材料行业的 365 天》，《中国建材报》2014 年 1 月 2 日，第 03 版。

表 1-7　大陆新材料产业区域分布特征与格局

区域	新材料产业分布特征	区域分工格局
环渤海、长三角和珠三角地区	新材料发展的活跃地带，主要承担新材料的研发、高端制造等功能，新材料种类多，是大陆三大综合性新材料产业聚集区	创新型材料的主要发源地
东北地区	作为老工业基地，具有较强的工业优势，新材料产业发展潜力较大	
中部地区	依托雄厚的原材料工业基础，新材料产业发展迅速	以传统材料的改进升级为主
西部地区	由于拥有丰富的资源基础，新材料产业呈现出特色化的发展形态，形成多个特色新材料产业基地	

资料来源：王志国、张道营：《五剑出鞘 扛鼎 2013——回首新材料行业的 365 天》，《中国建材报》2014年1月2日，第03版。

表 1-8　重点省份新材料产业基地情况

省份	新材料产业基地特征
北京	新材料产业创新中心
甘肃	以镍基新材料、石化材料为重点
陕西	"军转民"为产业一大特色，以钛、钼等稀有金属为重点
四川	以钒钛新材料、光伏稀土材料为重点
湖北	以光电材料、新型金属材料、新型建材为重点
云南	以稀贵金属材料、磷化工材料为重点
湖南	在储能材料、硬质合金领域具有优势
广西	以有色金属材料为重点
广州	改性工程塑料居于领先地位
江西	矿产资源丰富，以稀土、光伏新材料、有机硅为重点
浙江	全球主要磁性材料生产基地，民营企业担当主力军
河南	以硅材料、超硬材料为重点
上海	重要的基础原材料工业基地和新材料研发制造基地
山西	产煤大省，以特种不锈钢、镁合金、煤系材料为重点

资料来源：赛迪顾问股份有限公司：《中国新材料产业地图白皮书》（2012 年）。

第三节　两岸新材料产业发展的热点问题剖析

在厘清大陆新材料产业发展现状之后，本节将着重剖析海峡两岸新材料产业发展所存在的热点问题。具体到海峡两岸，将分别从新材料产业标准体系建设滞后、新材料产业发展面临的市场风险分析和全球生产网络的低端锁定等层面细致探讨大陆方面存在的具体问题，同时从大陆方面结构性障碍、政策优惠取消引致筹资难及研发技术的产业化程度较低等层面探讨台湾新材料产业存在的热点问题，以期为两岸新材料产业合作交流提供实践基础和切入点。

一、大陆新材料产业发展的热点问题分析

本部分拟从新材料产业标准体系建设、市场风险和全球生产网络和中小型新材料企业融资难等角度对大陆新材料产业发展存在的热点问题进行分析，试图为现有的政策微调提供现实依据和出发点。

1. 新材料产业标准体系建设滞后

2013 年 6 月，国家工业和信息化部印发《新材料产业标准化工作三年行动计划》。截至 2012 年，原材料工业共有有效标准 11 814 项，占工业和通信业有效标准的五分之一。新材料标准化工作日益受到各个行业的重视，2010 年以来发布了碳纤维、光学功能薄膜、功能陶瓷等 100 余项新材料标准，对原材料工业结构和转型升级起到了显著的推动作用。

然而从总体来看，大陆仍以传统材料标准为主，尚未建立新材料产业标准体系，关键标准的前期研究、技术攻关存在一定的不足，缺乏标准制定所需的工艺参数、材料性能等基础数据，以自身的技术和标准为基础的新材料国际标准尚未取得重要突破，跟踪国际标准和其他经济体先进标准的被动现象仍然比较突出，不能够有效满足新材料国际经济技术交流与合作的需求。《新材料"十二五"发展规划》所提出的 400 个重要产品涉及接近千项的标准，大多数需要进行重新制定，为推动新材料技术创新和产品的更新换代，加快新材料产业标

准体系建设工作显得尤为迫切①。《新材料产业标准化工作三年行动计划》提出，到 2015 年，完成 200 项重点标准制修订工作，立项并启动 300 项新材料标准研制，并开展 50 项重点标准预研究。

2. 新材料产业发展面临的市场风险较大

由于新材料产业属于高技术行业，各经济体激烈角逐的结果将导致市场竞争加剧、新产品开发和产业化失败、原材料市场价格波动等市场风险②。

（1）市场竞争加剧的风险

随着新技术革命的不断深入，信息、高端装备、生物、节能环保等战略性新兴产业均形成了对新材料需求的持续性增长，新材料产业的市场规模也不断扩张。在该形势下，新材料产业发展的热度较高，将导致新材料市场竞争的不断加剧，这必然造成价格下滑和新替代品的出现，特别是大型国际公司能够凭借一系列诸如技术研发、资金和管理等层面的优势，迅速抢占高端客户市场，将大陆新材料企业挤压至以"价格战"为主的中低端市场，导致大陆企业市场竞争风险增大。只有不断通过研发新产品、改进工艺，推动产品差异，才能在激烈的竞争中立足。

（2）新产品开发和产业化失败的风险

大陆新材料企业应当正视新材料开发和推广应用均存在失败风险的现实，比如 3D 打印等新产品、新工艺的开发、设计与试制、工业认证等多环节，只有这样才能最终实现产品的产业化，在这期间往往伴随着较大的人力物力投入和较长的时间周期，始终存在不可回避的开发失败风险，尤其是企业研发中将投入较大的研发费用，而研发费用往往没有资本化，被计入当期损益，从而加大了企业的经营风险。如果企业不能有效跟踪市场发展趋势，致使新产品研发节奏上出现偏差，就可能面临着新产品开发与产业化失败的风险，导致对企业的生产经营造成不利影响。

（3）境内境外原材料市场价格波动的风险

原材料在新材料的生产成本中占有很大比例，而境内境外市场铝、铜等原材料现货与期货并存，期货是典型的衍生金融商品，价格随金融市场波动，存在很大不确定性。虽然新材料企业产品价格的定价可以采用原材料价格加上加

① 工业和信息化部：《关于印发〈新材料产业标准化工作三年行动计划〉的通知》，（工信部原〔2013〕225号），具体参见 http://www.miit.gov.cn/n11293472/n11293832/n12843926/n13917027/15484072.html。

② 佟丽伸：《新材料企业发展面临的风险和需要坚持的原则》，《世界有色金属》2014 年第 1 期：68～69。

工费的定价方式，但加工费在合同期内是固定的，而原材料价格根据市场价格波动，其一旦出现境内境外市场原材料价格走势不同步，就会直接影响企业的利润。直接表现为，当伦敦金属交易所价格高于上海期货交易所价格时，出口业务利润就会升高，反之则会降低。

3. 全球生产网络的低端锁定

以光伏产业为例[①]，光伏产业的全球生产网络，属于资本和技术密集型产业。其产业链涉及硅料生产、铸锭、硅片、电池片、组件及工程应用系统、检测标准设计等多个环节，涵盖电子、机械、化工、装备制造、能源和环境保护等多个产业。光伏产业链为"硅材料提纯—硅晶片生产—电池片生产—组件封装"，产业链上游的高纯度硅料生产技术含量最高、利润最大。各环节的毛利率从上到下呈"倒金字塔"结构：硅材料提纯为50%～60%、硅晶片生产为20%～30%、电池片生产为10%～20%、组件封装为5%～10%。全球仅晶体硅太阳能电池产业价值链各环节企业数量已达1 000多家，显现出众多企业相互竞争的格局。多晶硅提纯核心技术被少数国际旗舰企业垄断，大陆企业很难获得。总体来看，由于核心技术的缺失，大陆企业大多数嵌入了晶体硅太阳能电池价值链低端的"电池片生产"和"组件封装"环节。作为世界第一太阳能电池生产地，包括多数多晶硅企业在内的大陆众多光伏企业，处在有规模无技术的"尴尬境地"。

4. 融资难是新材料企业发展的主要瓶颈

作为七大战略性新兴产业之一的新材料产业是其他战略性新兴产业的基础，但新材料产业的前期巨大投入和收益的高风险性、融资难无疑是最突出的问题之一。《新材料产业"十二五"发展规划》指出，2010年新材料产业规模超过6 500亿元，与2005年相比年均增长约20%。到2015年，新材料产业总产值将达到2万亿元，年均增长率超过25%。然而除了技术、人才等方面的原因，融资难成为制约新材料产业发展的主要瓶颈，致使中国大陆新材料产业的发展水平与先进经济体相比，还存在较大差距。当前，新材料产业领域以中小企业和创业企业为主，呈现"小、散、专"的特征。据不完全统计，至少80%以上的新材料企业都是中小企业，这些企业规模小，具有较高的技术和市场风险，信用级别低，可抵押资产少，所以从金融机构获得贷款的难度较大，大多

---

① 徐俊华：《我国新材料产业：现状、困局及升级》，《新材料产业》2011年第2期：76～79。

依靠自筹解决资金问题①。

二、台湾新材料产业发展的热点问题分析

产业是经济的命脉，企业则是产业的主角。十多年来，台湾岛内主力产业过度外移，造成产业成长的能量不足；新兴产业未能够及时诞生，结果导致产业结构老化。两股力量夹击，使得岛内经济欲振乏力。具体到新材料产业而言，新材料产业面临政策架构、研发技术的产业化程度偏低等问题②。

1. 新材料产业面临大架构性障碍

首先，对于不同产业、不同发展阶段的企业，台湾岛内有关方面并未给予差别化的政策待遇；不同产业有不同特性，不同发展阶段的企业有不同需要，但是台湾经常是一套政策一体适用。例如，台湾岛内有关方面为了鼓励企业投资研究发展而提供抵减当年营业所得税的优惠，但是一般新兴创新企业在早期发展阶段因产品市场尚未打开，同时还要投下大量研发经费，因此很少产生盈余，对台湾岛内有关方面所提供的优惠只能望洋兴叹。

2. 政策优惠取消引致筹资难

在租税优惠措施方面，主管机关与反对者往往不从整体成本与效益评估，只论直接税收损失多少，不计税收的创造和其他经济及非经济效益，因此产业政策有关的租税优惠日渐缩水，时至今日，对新兴创新企业已几无相关的鼓励措施。

早期员工分红配股制度为岛内新兴科技产业吸引及留住许多科技创新人才。但自 2008 年起，企业之员工分红配股从盈余分配改列为公司费用，同时员工配股由面额课税改为以市价课税，产业吸引人才之优势顿失。

新兴创新企业在早期发展阶段经常需要数度对外筹措资金，在缺乏资金来源的情况之下，创投基金是其主要支撑力量。2012 年以色列创投基金投资占其国内生产总值比例达 0.39%，美国亦达 0.17%。早期台湾岛内有关方面对创投事业曾提供股东投资抵减的租税优惠，二十多年来上市柜的企业平均每 3 家就有 1 家获得创投的资金协助。自 2000 年起台湾取消该项优惠，加上全球经济下

---

① 宁波电子行业协会：《新材料产业发展需借鉴美国经验》，具体参见 http://www.nbdz.org/read.php?id= 2937。

② 中国台湾网：《台湾经济乏力，亟待扶植新兴创新企业》，具体参见 http://www.taiwan.cn/plzhx/hxshp/ 201311/t20131119_5225199.htm。

挫，造成创投产业萎缩。

3. 研发技术的产业化程度较低

近年来，台湾岛内新创创新企业数量逐渐减少，但是相对的，十多年来，岛内相关机构等科技预算大幅度扩张，台湾自 2006 年起推行 5 年 500 亿"发展国际一流大学及顶尖研究中心计划"、2011 年启动第二期 5 年 500 亿"迈向顶尖大学计划"，大规模扩张重点大学研究能量，在此基础之上促使科研机构、重点大学等成为孕育岛内创新人才和创新企业的摇篮，将上游学术研究成果具体落实到产业发展中。

第四节　两岸新材料产业的合作基础与前景

新材料产业作为七大战略性新兴产业之一，是大陆未来经济发展的重要支撑，同时也是台湾岛内重点发展的生物科技、绿色能源等新兴产业的物质基础，由于具备良好的政治经济环境，在《海峡两岸经济合作框架协议》的稳步实施下，海峡两岸新材料产业的交流与合作将大有所为。本节将介绍两岸新材料产业合作的经济环境、比较优势、合作进程、合作挑战、合作模式和合作前景展望等，为两岸新材料产业进一步深化交流与合作提供基础素材。

一、两岸新材料产业的合作基础

本部分将从两岸新材料产业合作的制度化架构、经济联系和全球化、两岸产业比较优势等方面对合作基础进行细致分析，为展开实质合作提供现状基础。

1. 两岸产业合作制度化架构

两岸产业交流与合作是与两岸贸易与投资相伴而生的。自 20 世纪 70 年代末特别是 80 年代中期至今，两岸贸易与投资总体上保持快速增长势头，目前两岸已成为彼此最重要的贸易、投资伙伴之一。由两岸贸易与投资带动的两岸产业交流与合作也同步发展，并在两岸贸易与投资中有所体现。但在 2008 年之前，两岸产业交流与合作更多体现在两岸台商之间，两岸各自产业之间的合作无论是市场化水平还是制度化建设均不足。2008 年以后，两岸关系开启和平发展新局面。在"九二共识"基础上，两岸本着先经后政、先易后难的原则，先后实现"三通"、大陆居民赴台旅游、大陆资金入台投资等一系列实质性突破。同时，全球金融危机后世界经济也正在发生一系列深刻变革，全球需求结构的变化、发达经济体特别是美国的"再工业化"以及全球产业正在酝酿的新一轮技术革命，为两岸产业交流与合作提供了新的环境条件。通过两岸产业交流与合作，共同提高两岸产业的国际竞争力，促进两岸经济的转型升级，成为两岸的共同要求。图 1-10 显示的是两岸产业合作制度化架构情况。

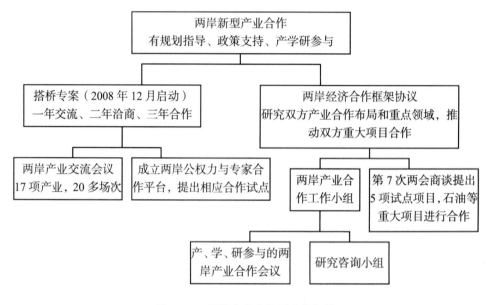

图 1-10　两岸产业合作制度化架构

资料来源：张冠华：《两岸产业合作的回顾与前瞻》，《北京联合大学学报》（人文社会科学版）2013 年第 2 期：84～90。

2. 两岸新材料产业合作的经济环境

（1）两岸贸易联系的紧密

图 1-11 是我国对外公布的资料，可以看出 2000 年至 2013 年台商对大陆的投资，无论是投资实际金额还是投资件数，除个别年份波动较大以外，均处于相对稳定的状态，这表明台商对大陆的投资持有积极的态度，大陆具有吸引台资的潜在良好环境。综合来看，海峡两岸间的投资、贸易联系较为紧密，展开新材料产业等新兴产业间互利合作和交流的实践基础较好。

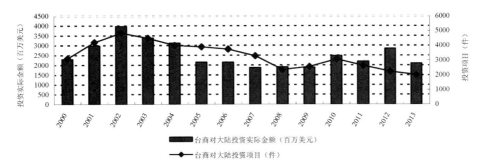

图 1-11　2000～2013 年台商对大陆投资金额与项目数（国家对外公布资料）

资料来源：根据同花顺在线实时金融终端（iFinD）数据库的相关数据绘制而成。

（2）经济全球化的逐步深入

从图 1-12 的全国境外直接投资流出量占生产总值的比重来看，大陆的境外直接投资流出量占生产总值比重基本保持在 1%以下，而台湾则在 1.5%到 3%之间徘徊，可见，台湾对外投资比重远高于大陆，这为大陆吸引台资提供了较大的空间，经济全球化的逐步深入将逐渐加深两岸的经济合作。

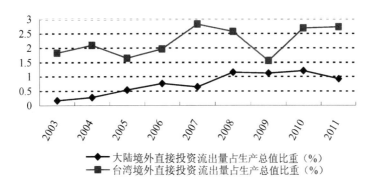

图 1-12　2003～2011 年大陆与台湾境外直接投资流出量占生产总值的比重（单位：%）

资料来源：根据《世界经济年鉴 2012—2013》、联合国贸易与发展委员会相关数据绘制。

从表 1-9 的中国大陆 2012 年十大贸易伙伴排名来看，中国台湾地区位列第七，从表 1-10 的中国大陆 2012 年前 10 位技术引进源来看，中国台湾位居第四，其中，合同数量 456 项，合同金额为 49.67 亿美元，技术费 49.57 亿美元，金额占比为 11.22%，金额同比高达 711.17%。这表明，在经济全球化的大背景下，海峡两岸间的技术合作处于较为密切的状态。

表 1-9　中国大陆 2012 年全球十大贸易伙伴排名统计

排名	经济体	排名情况
1	欧盟	欧盟继续保持中国大陆第一大贸易伙伴和第一大进口来源地的地位
2	美国	美国为中国大陆第二大贸易伙伴、第一大出口市场和第五大进口来源地
3	东盟	东盟为中国大陆的第三大贸易伙伴
4	中国香港	中国香港为中国内地第四大贸易伙伴
5	日本	日本为中国大陆的第五大贸易伙伴
6	韩国	中国大陆为韩国第一大贸易伙伴、第一大出口目的地和第一大进口来源地
7	中国台湾	中国台湾跃居至第七大贸易伙伴位置
8	澳大利亚	中国大陆为澳大利亚最大的贸易伙伴
9	俄罗斯	中国大陆继续保持俄罗斯第一大贸易伙伴地位
10	巴西	中国大陆成为巴西最大出口目的地及最大进口来源地

资料来源:《中国经济年鉴》(2013)。

表 1-10　中国大陆 2012 年前 10 位技术引进源统计

序号	经济体	合同数量（项）	合同金额（亿美元）	技术费（亿美元）	金额占比（%）	金额同比（%）
	总计	13 827	442.74	416.91	100.00	37.67
1	欧盟	3 591	123.97	108.73	28.00	21.99
2	日本	2 834	109.37	104.29	24.70	103.64
3	美国	2 366	81.44	80.66	18.39	-5.99
4	中国台湾	456	49.67	49.57	11.22	711.17
5	德国	1 676	46.07	37.09	10.41	16.87
6	韩国	835	36.69	36.58	8.29	10.45
7	意大利	304	23.90	22.83	5.40	335.20
8	中国香港	1 302	13.76	13.59	3.11	7.24
9	瑞典	127	12.48	12.27	2.82	3.78
10	法国	336	8.96	6.99	2.02	-9.62

资料来源:《中华人民共和国年鉴》(2013)。

3. 比较优势动态变化下的两岸新材料产业合作

比较优势的动态发展中，要素不仅局限于自然禀赋，还包括人力资源、知识和基础设施等，生产要素可进一步分为初级要素和高级要素，其中高级要素要通过长期的人力资本和物质资本投资才能够得到，如高级人才、研究机构和产业集聚等。随着经济发展的阶段性演进，后天或者高级要素的重要性日益突出，全国经济的迅速发展和独特的地域梯度为两岸不同层次的新材料产业合作、进一步延长新材料产品的生命周期和提升产品竞争力提供了有利的资源和地理条件。

《两岸经济合作框架协议》（英文为 Economic Cooperation Framework Agreement，简称 ECFA）的签订和实施标志着两岸经贸关系进入制度性整合新阶段。自 1997 年亚洲金融危机爆发以来，台湾岛内经济增速变缓，平均失业率为 4.6%。由于两岸投资与贸易的失衡发展，台湾岛内有些人将当地投资不足和失业归咎于台商对大陆的投资和产业转移。竞争优势理论认为，分工深化促进产业集群的发展和研究可以提高交易效率并降低成本。对于两岸产业分工的研究从最初的垂直型分工到今天的兼有垂直和水平型的混合分工。

从两岸比较看，由于大陆各省市区大都劳动力成本低廉，其优势产业为劳动密集型产业，如纺织、办公器械、卫生、取暖和照明设备，而台湾岛内新材料产业起步较早，已具有一定规模，其优势产业为资本技术密集型产业，如金属加工机械、电气机械及电子设备、科学仪器等。可以发现两者处于强势出口竞争力的产业没有重合，两岸产业具有较强的互补性。但是伴随着两岸各自产业转型升级，两岸资本相互结合，使得台湾岛内在制造金属、办公机械、卫生、取暖（从比较优势到比较劣势的）等产业，都存在比较优势下降的趋势，而大陆各省市区从总体上看比较优势增强，主要出现在一些劳动密集型的传统制造业，加上台商对大陆的投资，使得技术水平得到大幅度提高。从时间趋势来看，两岸各自具有比较优势的产业逐渐向更高层次转型和升级，并在一些产业上呈现出大陆承接台湾岛内产业向岛外转移的特征，但岛内也在形成自己新的比较优势的产业。对于一些成长型的新兴产业，如摄影仪器、光学仪器等，两岸都表现出较高的互补性及快速增长趋势，使得两岸有机会共同发展产业内贸易。

台湾岛内半导体产业发展，是发展中经济体成功发展高科技产业的经典案例。岛内半导体产业始于 1966 年，于 1990 年进入蓬勃发展时期，2007 年达到顶峰。半导体设备与材料协会发布最近统计报告指出，2012 年全球半导体材料市场产值在连续 3 年实现正向成长后，2012 年首度出现 2%的微幅下滑，而中国台湾的半导体材料市场却出现 2%的年增长，蝉联世界最大半导体材料市场宝座。与此同时，为落实新兴战略产业发展规划，大陆成立 300 亿元的集成电路产业发展股权投资基金，以支持半导体设计创新和投资平台。这正是两岸优势互补的机遇：台湾业界应积极利用现有的优势和政策，正视大陆半导体产业的崛起，积极合作，充分利用与硅谷华裔技术社区的特殊关系，实现技术的岛内转移，强调技术的社会扩散效应。同时应减少对外部资金的依赖，通过产业"培育"，以开放式竞争促进技术提高。

二、两岸新材料产业的合作进程

两岸新材料的合作进程主要包括两岸业界共建新材料产业园区和每年举办一次的"海峡两岸新材料产业论坛""新材料产业发展论坛"等活动，它们对两岸新材料产业的技术研发、人才交流和市场推广起到了重要的作用。两岸新材料产业合作进程不断加快，合作层次不断深化，合作前景广阔。

- 2010 年 4 月，台湾"强化塑胶协进会"、江苏省复合材料学会与溧水县经济开发区签约，共同在溧水建设新材料科技产业园，该产业园旨在推进海峡两岸新材料行业的合作，充分发挥台湾科技公司与南京及周边地区高校院所的优势，促进新型结构材料、功能材料、能源材料、生物医用材料的发展。

- 2010 年 6 月，两岸材料科学研究学会在上海金山区举办"加强合作共同发展 2010 海峡两岸新材料产业论坛"，50 余名两岸新材料领域学者、专家及部分业内的领军企业参加了论坛，对两岸以能源新材料和电子材料为代表的新材料产业发展的现状、趋势与合作前景进行了深入探讨。台湾有关方面与上海张堰新材料深加工产业园区签订了合作框架协议，将为张堰新材料深加工产业园区搭建一个资源共享、合作交流、共谋发展的技术服务平台，并提供项目论证、专家咨询、人才培训和信息交流等服务。

- 2011 年 11 月，"2011 年新材料发展趋势研讨会暨第五届海峡两岸新材料发展论坛"在南京举行。

- 2012 年 4 月，海峡两岸新材料科技发展中心签约仪式暨揭牌仪式在福建厦门举行，两岸材料学会签署了"共同设置海峡两岸新材料科技发展中心"协议。

- 2013 年 5 月，国家工信部和国台办分别复函江苏省政府，同意设立海峡两岸（镇江）新材料产业合作示范区，这是全国首家海峡两岸合作建设的新材料产业示范区，规划到 2015 年新材料产业年销售规模超过 800 亿元，其中，建成 2 家销售超百亿元的特大型企业、8 至 10 家超 50 亿元的大型企业、20 家以上超 10 亿元的中型企业；建成省级以上工程技术中心、企业技术中心和博士后流动站等研发平台 20 个，新增专利 80 项以上，重点企业研发费用占当年销售收入的 5%以上；将重点发展化工新材料、新能源新材料和特种合金材料；在产业的空间布局上，将建成以科技总部为核心，新型功能材料园区、高性能合金材料园区与航空复合材料园区为主体的"一心三园"①。

- 2013 年 6 月，由天津市科协与香港城市大学、北京科技大学共同主办的新材料高端论坛在天津举行，论坛围绕新材料特别是金属材料领域的前沿课题和最新成果进行研讨。

- 2013 年 7 月，"2013 新材料发展趋势研讨会暨第六届海峡两岸新材料发展论坛"在吉林省长春市举行。

三、新形势下两岸新材料产业的合作模式

在世界各经济体努力抢占第三次工业革命高端技术制高点的关键时期，优化两岸新材料的合作模式对于实现两岸互利共赢，共同参与国际竞争具有重要的实践意义。本部分拟从两岸的技术合作、人才交流与投资争议解决机制的构建与完善等方面系统阐述两岸新材料产业的合作模式问题，为推动两岸新材料产业的合作交流提供路径选择。

1. **深化两岸的技术合作**

新材料产业的技术研发合作是两岸合作的重点内容，在后海峡两岸经济合作框架协议时代，协议对推动两岸产业发展与合作中起到了重要的作用，在货物和服务贸易、投资等领域展开平等互惠的交流。以往由某省市区提供劳动力和土地、台商投入资金的传统合作模式已不再适应两岸的产业发展需求，而当前的新材料产业合作由传统的贸易、投资思路转变为共同制定和实施产业规划，

---

① 章邦勇：《首家两岸新材料合作示范区获批》，《中国建材报》2013 年 5 月 23 日，第 01 版。

突出"五个共同"原则，即共同加强研发、共同发展两岸技术标准、共同打造产品品牌、共同推进产业升级和共同开拓新兴市场，同时由原来的两岸产业简单"结合"到资金、技术、市场的全面整合和融合[①]。

2. 促进两岸的人才交流

2010年6月颁布实施的《国家中长期人才发展规划纲要（2010—2020年）》，提出了鼓励地方结合实际建立与国际人才管理体系接轨的人才管理改革试验区。当前，海峡两岸人才交流合作的难点问题是管理层面的沟通渠道还不够畅通，台湾岛内的管理体制、公共管理运作机制、人力资源开发机制与全国其他省市区存在着较大的差异性，因此，需要组织力量进行深入系统的研究，并发挥人才社团在推动两岸交流合作中的重要作用；要通过构建海峡两岸人才交流合作先行试验区，从体系上创新人才工作的体制机制，并逐步形成鼓励海峡两岸人才交流合作的制度体系。具体而言，在人才评价层面，要改进评价方式，并探索建立项目评审、人才测评相结合的评价机制；在人才激励层面，鼓励两岸人才的自主知识产权、技术、管理等要素参与投资、创业与分配；在人才保障层面，不断完善人才的社会保障机制，为两岸人才交流合作提供机制保障；三是要建设"人才特区"，为构建两岸人才交流合作试验区提供示范作用。2010年以来，福建省已经开始探索建立厦门和平潭综合试验区两个人才特区，先行先试人事人才政策措施，在推动两岸人才培训、项目研究、学术研讨和学者互访等方面展开实质性的交流与合作。厦门等地的"人才特区"建设，为海峡两岸经济区构建人才交流合作先行"试验区"提供了经验借鉴与典型示范[②]。

3. 构建与完善两岸投资争议解决机制

海峡两岸投资争议解决机制的构建与完善主要体现在以下三个层面。

（1）海峡两岸私人间投资争议解决机制的完善

进一步探索创新多元化纠纷解决机制。我国法律法规已经就涉台投资争议解决规定了包括协商、调解、仲裁、诉讼和行政途径等多元化的纠纷解决机制，为投资者提供了较大的空间；而且，最高人民法院以司法解释方式明确认可台湾有关方面开具的支付令与调解书在全国其他省市区的效力，体现了对台湾岛内多元化纠纷解决机制的间接认可和肯定；进一步完善两岸民商事合作机制。两岸的私人间投资争议解决机制，存在诸多隐患，也缺乏稳定性。因此，两岸

---

① 张莉：《两岸战略性新兴产业的合作模式》，《两岸关系》2011年第3期：45～46。

② 苗月霞：《构建海峡两岸人才交流合作试验区研究》，《中国行政管理》2011年第5期：92～95。

应在《海峡两岸共同打击犯罪及司法互助协议》的框架下，尽快就具体协助事项采取具有可操作性的安排。

（2）私人投资者与两岸官方投资争议解决机制的构建

可以考虑设立专门解决两岸此类投资争议的仲裁机构，并借鉴当前中国的双边投资实践，要求投资者在用尽投资地行政复议程序后再选择仲裁的方式加以解决，而不再要求用尽当地司法救济。

（3）两岸官方投资争议解决机制的构建

在构建两岸官方投资争议解决机制时应在以下方面做出慎重选择：一是双边框架、多边框架以及世界贸易组织（英文为 World Trade Organization，简称WTO）框架间的选择；二是独立的投资争议解决机制与贸易投资一揽子争议解决机制之间的选择；三是政治模式、法律或规定模式与混合模式之间的选择[①]。

四、两岸新材料产业合作面临的挑战与前景

两岸新材料产业合作虽然在技术研发、产业园区建设和人才交流等层面均取得了长足的进展，但是从当前来看，仍然面临着国际竞争加剧、合作机制不确定和合作路径探索带来的种种挑战。伴随着两岸经济交往的日益密切，以及第三次工业革命的深远影响，两岸新材料产业将在现有合作层次和基础上，在合作模式、投资领域和竞合关系的构建等方面呈现出合作关系的进一步深化和推进的态势。本部分拟从国际竞争加剧、两岸合作机制不确定性与合作路径探索等层面剖析两岸合作面临的主要挑战。

1. 两岸新材料产业合作面临的挑战

当前全球经济及两岸经济步入新的转型升级时期，两岸产业合作的重要意义越来越被两岸所认识到，两岸加快推动产业合作的共识在不断增强。但同时也应看到，产业合作是两岸经济交流与合作中的新领域，无先例可循，合作的目标、模式、路径等有个探索的过程。虽然当前两岸产业合作取得明显进展，但仍有一些问题有待进一步探索和推动。

（1）国际竞争加剧的挑战[②]

全球金融危机爆发以来，美、日、欧盟等主要发达经济体陆续提出发展一系列的战略性新兴产业以抢占世界科技的制高点。2010 年 8 月，美国启动实施

---

① 陈力：《海峡两岸投资争议解决机制之构建与完善》，《复旦学报（社会科学版）》2011 年第 6 期：82～90。
② 单玉丽：《两岸战略性新兴产业合作与推动机制的探索》，《台湾研究》2011 年第 4 期：16～21。

"再工业化"战略，推出《制造业促进法案》，试图振兴主要战略性产业，使美国走出经济不景气的阴影。由 20 世纪 70 年代的"去工业化"到当前的"再工业化"，回归到实体经济并重振制造业，并从传统的常规技术转向先进制造技术，该发展模式的转变牵动了"全球神经"。日本在"3·11"大地震之后，提出"实体经济本土化"，将借助技术优势抢占经济发展的前沿。而且，俄罗斯、巴西、南非、印度等经济体也陆续实施支持新兴产业发展的举措。这些激烈的国际竞争导致了新一轮的以美国为首的贸易保护主义，限制雇用外国人，反对使用国外原材料，并发起诸如"轮胎特保案""钢管特保案"等；而欧美对中国光伏产品等实施"反倾销调查"等措施，加剧了贸易争端，一些发达经济体凭借"碳关税"抑制中国产品出口，这些国际发展战略、技术封锁、贸易摩擦等，都将对两岸新材料产业的合作带来巨大的压力与挑战。

（2）两岸产业合作机制不确定性的挑战

两岸产业合作是两岸经济关系发展的重要组成部分，对两岸经济关系的深化做出了重大贡献，特别是 2008 年两岸关系和平发展格局形成以后，逐步介入产业合作，推动了两岸机制化合作的进程，具有特色的产业合作体系是经济合作机制的重要试点和组成部分。

进入 21 世纪以来，两岸政治关系虽然因台湾岛内政党轮流执政而出现了一定程度的波折，但经济关系较为稳定。为实现新材料产业合作机制化，需要从以下几个方面入手。①需要构建制度性组织机构：须建立正规的组织机构以便为两岸产业合作目标的确定、执行、协调和争端解决等问题提供一个经常性的谈判和仲裁场所。②加强两岸公权力合作：两岸关系最重要的主体和最主要的推动者是各级管理部门，作为各自效力范围内的规则制定和资源拥有者，可以制定和执行两岸产业合作的政策，为企业层面推进新材料产业合作提供稳定性的权威架构。③完善多层次的协商体系：两岸主体在合作中形成共识后，应通过搭建沟通、协商与谈判的平台进行对话，并可考虑成立两岸产业合作委员会。④两岸应采取"共同筹资安排"的途径设立产业合作基金，对新材料产业合作中的特定领域给予多样化的资金支持，从而推动产业交流持续稳步前进[1]。

（3）两岸新材料产业合作路径探索的挑战[2]

当前，两岸产业合作的 5 个试点项目已取得不同程度的进展。两岸合作将

---

① 钟焰：《力推两岸特色产业合作体系建设》，《中国科学报》2014 年 3 月 7 日，第 06 版。

② 张冠华：《两岸产业合作的回顾与前瞻》，《北京联合大学学报（人文社会科学版）》2013 年第 2 期：84～90。

运用双向投资机制共建两岸产业链;"无线城市"项目已在成都、宁波、福州展开,并将继续加强包括分时长期演进(英文为 Time Division Long Term Evolution, 简称 TD-LTE)产业合作在内的后续推动;发光二极管(英文为 Light Emitting Diode, 简称 LED)照明在广州项目基础上又推动哈尔滨寒带照明试点与山西试点,并进一步建构两岸 LED 产业良好的交流平台;低温物流试点工作已在天津展开,未来将进一步完善和研究创新试点模式,推动试点合作;在汽车及电动车方面,将加强落实推动合资企业电动汽车产品示范运行。此外,在第二届两岸产业合作论坛中,许多专家与从业者也呼吁增加两岸文化创意产业等方面的试点合作项目。上述试点项目的开展,有成功的经验,也出现一些新的问题。如部分试点项目在合作过程中,台商更注重当地市场的取得,更关注能否通过试点项目将产品卖给当地市场;而某些省市区地方政府则仍有招商引资思维,期待通过试点项目吸引台商的投资。在这种惯性思维下,试点项目想达到预期目标就有一定困难。此外,试点项目中还缺乏综合性试点,双方为试点提供的政策、资金支持由于未能纳入双方产业政策的"大篮子"中,支持力度也不足。但总体来看,试点项目的积极意义是明显的,将为确立未来两岸产业合作的方式、模式、路径提供有益的参考。

2. 两岸新材料产业合作与交流前景

新材料产业作为国家的七大战略性新兴产业之一,不仅是未来大陆经济发展的重要支撑和着力点,同时也是台湾岛内重点发展的生物科技、绿色能源等新兴产业的重要基础,海峡两岸新材料产业的合作将大有可为。两岸新材料产业未来的合作将以合作模式多样化、合作领域广泛化与合作机制灵活化为特征,在现有合作基础上,将两岸新材料产业合作不断推向前进。

(1)两岸新材料产业合作模式将更加多样化

伴随着两岸经济快速发展与产业不断升级,两岸新材料产业的合作层次不断提高,合作方式由单一的分工合作转换为上中下游关联产业的多元化合作,主要表现为以垂直分工为主、水平分工为辅。海峡两岸的新材料产业存在明显的层次差,大陆的行业技术水平、生产工艺与台湾同业相比,存在着一定的差距,台商企业可利用大陆的生产成本低廉的优势,向大陆转移新材料产业链的下游环节,在岛内生产上游零部件和半成品,由陆企负责装配制成品,这属于垂直分工,为最基础的合作模式。随着生产水平的提高,将逐步允许台商在大陆设立"卫星厂",将新材料产业链中的关键产品配套的生产转移过来进行生产;

随着大陆科研实力的增强，可设立专项研发中心，邀请台湾有关专家和技术人员参与或主导研发工作以开发新产品，由此所形成的包括研发和关键产品生产在内的整条产业链向大陆转移，使得两岸出现水平分工的合作模式。因此，未来两岸的产业合作应当以功能性水平分工为主，充分整合两岸的各种资源，发挥各自的比较优势，密切新材料产业内部的功能性合作，以最高的效率提升新材料产品竞争力和产业合作效率[①]。

（2）国家发展战略性新兴产业将为两岸新材料产业双向投资提供更大空间

国家发展新材料产业的布局，一方面是对内形成一批具有国际影响力的大企业和一批创新活力旺盛的中小企业，建成一批产业链完善、创新能力强、特色鲜明的新材料产业集聚区；另一方面是对外推进交流与合作，积极支持有条件的企业在全球开展投资，积极支持重点产品、技术和服务开拓国际市场。前者可为台商在大陆投资提供更多空间，后者可为大陆企业赴台投资提供更多保障。《两岸投资保障协议》的签署，加上新材料产业政策的支持，将促进使两岸迎来新一轮双向投资新材料产业的热潮。

（3）两岸新材料产业发展将建立新的"竞合关系"

两岸发展新材料产业具有共同的愿景和要求，即提升中国新材料产业的国际竞争力，抢占第三次工业革命的先机。在海峡两岸经济合作框架协议时代，两岸的产业合作较之以前，最本质上的差别之一就是建立了互信机制，这也是两岸新材料产业合作较之以往产业合作最为优越的地方。在这种互信基础之上，两岸应建设"以互补为核心，以协同为基础，以共赢为目标"的新型"竞合关系"，从而共同应对国际竞争，抢占全球新材料产业技术和市场的制高点[②]。

参考文献：

[1] 陈力：《海峡两岸投资争议解决机制之构建与完善》，《复旦学报（社会科学版）》2011 年第 6 期：82～90。

[2] 单玉丽：《两岸战略性新兴产业合作与推动机制的探索》，《台湾研究》2011年第 4 期：16～21。

[3] 董捷、张萌：《海峡两岸产业合作的现状与前景展望》，《河北大学学报（哲

---

① 董捷、张萌：《海峡两岸产业合作的现状与前景展望》，《河北大学学报（哲学社会科学版）》2011 年第 5 期：46～51。

② 张莉：两岸战略性新兴产业的合作模式，《两岸关系》，2011 年第 3 期：45～46。

学社会科学版）》2011 年第 5 期：46～51。

[4] 冯瑞华：《国外超导材料技术研究政策和方向》，《低温与超导》2008 年第 8 期：22～30。

[5] 工业和信息化部：《关于印发〈新材料产业标准化工作三年行动计划〉的通知》，http://www.miit.gov.cn/n11293472/n11293832/n12843926/n13917027/15484072.html，2013 年 6 月 10 日。

[6] 黄健、姜山：《3D 打印技术将掀起第三次工业革命？》，《新材料产业》2013 年第 1 期：62～67。

[7] 罗涛：《美国的 3D 打印产业》，《高科技与产业化》2013 年第 4 期：58～59。

[8] 罗贞礼：《新材料产业的阶段演进与低碳经济的耦合效应》，《重庆社会科学》2011 年第 5 期：47～53。

[9] 罗贞礼：《新材料产业发展分析及策略研究》，北京：科学出版社，2013。

[10] 费钟琳、朱玲、赵顺龙：《区域产业链治理内涵及治理措施》，《经济地理》2010 年第 10 期：1688～1692。

[11] 苗月霞：《构建海峡两岸人才交流合作试验区研究》，《中国行政管理》2011 年第 5 期：92～95。

[12] 苏珍珍：《碳纤维：关键性突破进行时》，《中国纺织》2014 年第 1 期：60～61。

[13] 佟丽仲：《新材料企业发展面临的风险和需要坚持的原则》，《世界有色金属》2014 年第 1 期：68～69。

[14] 王忠宏、李扬帆、长满茵：《中国 3D 打印产业的现状及发展思路》，《经济纵横》2013 年第 1 期：90～93。

[15] 王天睿、李孔逸：《新材料产业系列报告之一——旭日东升的新材料产业》，安信证券行业专题报告，2010 年 8 月 30 日。

[16] 首次公开募股研究院：《新材料行业并购与发展趋势》，《国际融资》2014 年第 1 期：14～18。

[17] 徐俊华：《我国新材料产业：现状、困局及升级》，《新材料产业》2011 年第 2 期：76～79。

[18] 张冠华：《两岸产业合作的回顾与前瞻》，《北京联合大学学报（人文社会科学版）》2013 年第 2 期：84～90。

[19] 张兰英、郭衍志、权圣容：《中国新材料产业投资机会》，中国三星经济研

究院专题报告 14-1 号，2014 年 2 月。

[20] 张莉：《两岸战略性新兴产业的合作模式》，《两岸关系》2011 年第 3 期：
45～46。

[21] 章邦勇：《首家两岸新材料合作示范区获批》，《中国建材报》2013 年 5 月
23 日，第 01 版。

[22] 甄书秀：《我国 3D 打印市场前景可期》，《中国质量报》2014 年 4 月 22 日，
第 06 版。

[23] 钟焰：《力推两岸特色产业合作体系建设》，《中国科学报》2014 年 3 月 7
日，第 06 版。

第二章　两岸新材料产业发展评价

21世纪是高科技产业快速发展的世纪，新材料产业作为七大战略性新兴产业之一，不仅是大陆未来经济发展的重要支撑和着力点，同时也是台湾岛内重点发展生物科技、绿色能源等新兴产业的重要基础，因此海峡两岸非常重视新材料产业的发展，在各项政策和规划中都把新材料产业提上日程。由于科技环境与经济发展条件的不同，海峡两岸新材料产业的发展存在一定的差异。本章主要从两岸新材料产业发展的阶段演进、发展状况评价以及两岸新材料典型细分行业三个方面对两岸新材料的发展状况进行评价。

第一节　两岸新材料产业发展的阶段演进

新材料是传统产业转型升级的基础，同时也是战略性新兴产业发展的重要支撑。海峡两岸新材料产业的发展都是顺应国际经济走势并结合本地区资源禀赋和需求发展的。从总体上讲，两岸新材料的发展都始于20世纪50年代，并可以分成三个阶段，但各个阶段发展的侧重点有所不同，各有优劣势，因此两岸以生产要素的丰缺为基础，由劳动地域分工的特性所决定的经济上的相互依赖和相互补偿显得十分必要。

一、大陆新材料产业发展的阶段演进

大陆新材料的发展始于20世纪50年代中期，基于当时的大环境，研究与开发的重点在防务和航天航空领域。进入20世纪90代后，随着交通、能源、通信等瓶颈产业以及汽车工业、家电工业、信息产业的发展，新材料开始应用于各个领域，其发展也逐步面向市场。从新中国成立初期的"十二年规划""新

材料专案"到"865"计划、火炬计划、科技攻关计划、"973"计划、国家自然科学基金、中小企业创新及基金、产业化示范工程等，大陆对新材料产业都给予了重点支持。在政府支持、对外开放和与全球业界的广泛交流合作下，大陆新材料产业呈现快速健康走势，在一些重点、关键新材料的制备技术、工艺技术、新产品开发及节能、环保和资源综合利用等方面取得了显著的成效，促进了一批新材料产业的形成和发展，初步形成了完整的新材料体系。随着《新材料产业"十二五"发展规划》的制定和颁布，加之新一轮经济发展和需求的拉动，大陆新材料产业必将迎来更好的发展机遇。

大陆新材料产业的发展总体上可以分成三个阶段，即新材料产业形成期、成长期和向成熟期过渡阶段。

1. 大陆新材料产业形成期

1958 年至 2000 年年底是大陆新材料产业的形成期，具体可以划分为两个阶段：基础建设阶段（1958 年至 1990 年）和加速发展阶段（1991 年至 2000 年年底）。这一阶段可以说是"一代装备"带动"一代材料"的发展。《1956～1967 年科学技术发展远景规划》就将新材料项目列入其中，1959 年年末，主抓科技工作的聂荣臻向中央提交《关于以自力更生为主解决新技术所需材料问题的报告》以后，国家开始对新材料投入大量的人力和物力支持。在以国防建设为中心和计划经济的时代背景下，科技政策具有明确单一的目的性和指向性，在当时的历史条件下，加强国防、恢复国民生济、解决温饱是首要目标，故而新材料产业的研究和开发重点也主要集中在国防和航天航空领域。新材料的科研攻关从"六五"开始，在以后的"七五"和"八五"期间，都是以科技攻关为主，但已经开始形成产业化的萌芽。在 1988 年开始实施的第一个国家级发展高新技术产业的计划——火炬计划中，新材料被列入重点研究开发领域。"九五"期间，国家级火炬计划共立项 3 759 项，涉及新材料及应用的占了 26.79%，为日后新材料的产业化打下了坚实的基础[①]。

2. 大陆新材料产业成长期

进入 21 世纪后，大陆材料产业进入蓬勃发展阶段。到 2010 年，大陆已经有 1 000 家企业、500 家科研院所、共 40 万人从事着新材料的研究开发工作[②]。这一阶段可以说是"一代材料"催生"一代装备"，大陆逐步进入自主创新时期。

---

① 史冬梅：《国内外新材料产业发展现状》，《新材料产业》2012 年第 12 期：85～93。
②《新材料产业：那片绕不过的蓝海》，《中国粉体工业》，2013 年第 6 期：57～58。

此外，大陆明显加大了对新材料产业的政策支持力度，国家计委通过高技术产业化新材料专项、火炬计划、科技攻关计划等七个项目支持新材料产业，每年投入的经费在 5 亿元以上，并鼓励银行信贷支持新材料项目，为公司间接融资提供了便利；将新材料与信息产业、生物医药列为优先发展的三大重点产业，通过减免税等多项优惠政策支持重要的新材料公司。

"十五"期间，大陆在新材料领域实施跨越式发展，突出创新战略，重点突破关键新材料制备技术，加强新材料在国家重点工程、传统产业和支柱产业上的应用。在分析世界新材料技术发展趋势以及国民经济发展需求的基础上，设立了"光电子材料及器件技术""特种功能材料技术""高性能结构材料技术"3个主题，并开展"高温超导材料""微电子配套材料""国防先进材料""高清晰平板显示技术""高性能碳纤维研究与开发""纳米材料与微机电系统"6 个专项的研究开发与应用。到 2005 年，已研发并形成一批在世界上有较大影响、具有自主知识产权的新材料与新技术，促进了冶金、有色金属、石化、汽车、建材等传统产业和支柱产业的改造和提升，引导、促进、形成了一批新兴的大型新材料集团，为整体提升国家综合实力、巩固国防、促进社会可持续发展做出了重大贡献。

"十一五"期间，围绕信息、生物、航空航天、重大装备、新能源等产业发展的需求，重点发展特种功能材料、高性能结构材料、纳米材料、复合材料、环保节能材料等产业群，建立和完善新材料创新体系，同时还推出一批材料产业专项工程。2010 年大陆新材料产业规模超过 6 500 亿元，与 2005 年相比年均增长约 20%。其中，稀土功能材料、先进储能材料、光伏材料、有机硅、超硬材料、特种不锈钢、玻璃纤维及其复合材料等产能居世界前列。部分关键技术取得重大突破，新材料品种不断增加，高端金属结构材料、新型无机非金属材料和高性能复合材料保障能力明显增强，先进高分子材料和特种金属功能材料自给水平逐步提高。具有优异性能或特定功能的新材料不仅用于航天航空领域，而且在现代民用工业、能源技术和信息网络技术等方面也展示出更加广阔的前景，并凸显出巨大的经济和社会效益。

3. 新材料产业向成熟期过渡阶段

从 2011 年起，新材料产业步入发展黄金期。随着《新材料产业"十二五"发展规划》的颁布和实施，大陆新材料产业飞速发展。按照规划，到 2015 年新材料产业规模应达到 2 万亿元的总值，是 2010 年的 3 倍，关键材料自给率应达到 50%以上，年平均增长超过 25%；增大研发投入，力争打造 10 个创新能力强、具有核心竞争力、新材料销售收入超 150 亿元的综合性龙头企业，培育 20 个新材料销售收入超过 50 亿元的专业性骨干企业，建成若干主业突出、产业配套齐全、年产值超过 300 亿元的新材料产业基地和产业集群。

按照《新材料产业"十二五"发展规划》，大陆将重点发展特种金属功能材料、高端金属结构材料、先进高分子材料、新型非金属材料、高性能复合材料和前沿新材料六大领域。同时集中力量组织实施一批重大工程和重点项目，突出解决一批应用领域广泛的共性关键材料品种，提高新材料产业创新能力，加快创新成果产业化和示范应用，扩大产业规模，带动新材料产业快速发展。大陆新材料产业进入向成熟期过渡的阶段，并逐步实现由"大"到"强"的转变。

二、台湾岛内新材料产业发展的阶段演进

从社会生产力发展的角度考察，台湾岛内新材料等高科技产业的形成和发展是以国际经济分工和岛内产业转型升级为背景的。岛内经济经历了农业—劳动密集型轻工业—资本技术密集型重化工业—技术密集型策略工业的发展过程。台湾新材料等高科技产业的发展可以分为三个阶段：产业萌芽期、产业发展期和产业转型期。

1. 产业萌芽期

20 世纪 50 年代到 80 年代初是台湾高科技产业政策的萌芽阶段。1952 年，出于种种原因，台湾首先发展资金需求量不大、技术要求不高、建厂期间短的劳动密集型的轻型工业。1973 年，台湾开始重点发展重化工业，新型材料的研究与发展也围绕础设施和重化工企业的需求展开，但发展极为缓慢。随着 1979 年第二次世界能源危机的爆发和 20 世纪 80 年代初科学技术的迅猛发展，台湾开始发展技术密集型产业，即大力发展高科技产业。1979 年，台湾当局发布的《科学技术发展方案》中确立了科技发展的三大目标是"配合经济建设""增进居民福祉""建立自主防务体系"，依此三大目标，明确选定能源、材料、信息及自动化四项为重点科技。在此期间，台湾成立了"工业技术研究院"（简称"工研院"）和开设"新竹科学园"以支撑岛内新材料等高科技产业的发展。

2. 产业发展期

从 1984 年到 1995 年，台湾的高科技产业开始走上快速发展的轨道。在这一时期，"代工模式"使得一大批成熟的技术和设备被引入，信息材料的发展使得电脑制造业和电子元器件产业迅速成为台湾经济的支柱产业。进入 20 世纪 90 年代后，台湾由于岛内产业环境发生变化，开始全面推进高科技工业发展，并按照"两高、两大、两低"标准（即高技术密集型和高附加增值、市场潜力大和产业关联度大、低污染和低能源消耗等标准），选定通信、信息、消费性电子、半导体、精密机械与自动化、航天、高级材料、特用化学品与制药、医疗保健、污染防治等十大新兴产业，加以重点发展。但内部发展其实并不均衡，高级材料等产业规模不大，年产值远不能与信息、半导体产业的产值相比。之后台湾当局主管机关提出《十大新兴工业发展策略及措施》，新增生物技术及电子材料等新兴工业。依新划定的十大新兴工业范围，原高级材料工业各小项修正幅度较大，包括新增当时热门的电子材料工业，工程塑胶工业修正为高性能塑橡胶材料工业，精密陶瓷工业修正为精密结构陶瓷材料工业，特殊合金钢工业修正为特殊合金材料工业。此后，台湾于 1995 年开辟"南部科学工业园区"，1996 年成立"五大推动小组"发展"十大新兴工业"。至此，台湾高级材料等高科技产业进入全面发展时期。

3. 产业转型期

1996 年至今，台湾的新材料等高科技产业进入转型调整期，前期典型的代工模式的弊端逐渐暴露出来，一些与其相关的产业开始向外转移，半导体产业和彩色显示产业演变为台湾最核心的两大高科技产业。台湾的高科技产业开始进入选择性转型发展的阶段，与此同时，台湾当局对新产业规划并没有停止。2000 年台湾当局开始推行"两兆双星核心优势产业计划"，决定继续推进半导体和彩色显示两项产业，先后又开辟"中部科学工业园区"和"高雄软件科技园区"等多个高新技术科技园区。2003 年台湾当局出台了"纳米科技计划"，一期（2003~2008 年）共投入 231.9 亿元，提升了纳米技术研究的原创性，加速其产业化；二期（2009~2014 年）前两年投入 62.2 亿元，开展纳米前瞻等研究。至此，台湾高科技产业转入一个新的发展期，朝着优势明显和技术前瞻的方向迈出一大步。

三、两岸新材料产业发展的阶段演进对比分析

1. 海峡两岸新材料产业发展存在很大的差异

在过去 14 年快速崛起，并在"调结构、转方式"经济转型的推动下，大陆新材料产业的主要增长点集中在电子信息材料、化工新材料、新能源材料、生

态环境材料、生物医学材料等5大领域。而以信息、半导体产业为主导的台湾新材料产业的主要增长点则集中在电子信息材料、节能环保材料、纳米材料等领域。

同时，与台湾相比，大陆拥有广阔的需求市场和相对低廉的生产要素成本，新材料产品已具一定的国际市场竞争力，但其发展的历程当中也出现了一些问题，主要有以下几点。

（1）产业面临一些亟待解决的问题，主要表现为：自主开发能力薄弱，关键材料保障不足，产学研相脱节，部分核心材料过多依赖于进口，产业集群效应不明显，投入产出比较低。

（2）部分新材料产品存在过剩。新材料产业的发展是需要以市场为导向、以新兴技术为基础的，但是在总体技术水准不高的情况下，大量的投资品投向了中低端产品，比如，大陆有机硅单体总量达到200多万吨，超过需求量1倍。

（3）新材料产业链内部上下游产业单一，未形成一体化和规模化，这将直接导致生产产品附加值低，缺乏明显的市场竞争力。

台湾新材料等高科技产业起步比大陆要早一些，且具有较强的科研实力和相对成熟的产业集群，但是在发展过程中也存在一些问题：与大陆相比台湾地区的生产要素（土地、厂房、劳动力）成本较高，市场需求较小，这也使得台湾加大了"产业西进"的步伐；此外由于早期实行代工，加之后期没有充裕的劳动力资源和市场资源配合，该模式固有的局限成了产业进一步发展升级的瓶颈；以个人计算机为基础的信息产业和以半导体为主的晶圆代工的成功发展，使得台湾忽视了其他新型材料的发展，新材料产业内部发展极为不均衡；此外科技研发状态的滞后、高科技人才的缺乏等相关因素也制约着台湾新材料产业的发展。

2. 海峡两岸新材料产业合作正在兴起

海峡两岸由于自然资源、劳动力、技术、资金、市场和管理等方面的差异，在新材料产业的发展中各有优劣势，因此以两岸生产要素的丰缺为基础，由劳动地域分工特性所决定的经济上相互依赖和相互补偿显得十分必要。从1994年到2013年，台商对大陆新材料产业投资共计1 300.871 6亿美元，主要对长三角、珠三角、海西和环渤海四个经济区进行投资。由图2-1可以看出，虽然台商对大陆投资金额并非逐年上升，但是整体呈上升趋势。

（单位：百万美元）

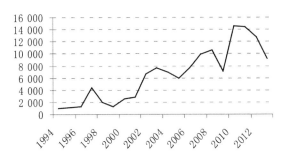

图 2-1　台商对大陆新材料产业投资

数据来源：根据同花顺在线实时金融终端（iFinD）数据库的相关数据绘制而成。

　　此外，海峡两岸在新材料领域也进行着频繁的交流活动。2003 年、2005 年、2007 年、2009 年、2011 年两岸材料研究学会分别在香港特区、广东顺德、福建厦门、台湾花莲、江苏南京举办了五届"海峡两岸新材料发展论坛"，与会代表均在 100 人以上，就新材料发展中的热点和关键问题进行了深入研讨。此外，2012 年 5 月，在台南市举办的"镇江海峡两岸新材料产业合作交流会"，共有 172 位台湾嘉宾出席，交流会取得了圆满成功，许多客商当场表达了赴镇江考察投资的愿望。2012 年 9 月，"中国新材料产业博览会"在哈尔滨举办，台湾科技展区因其展品独特、科技含量高而备受瞩目，参展的台商表示希望借助此次博览会开辟更为广阔的大陆市场。2013 年 7 月，"新材料发展趋势研讨会暨第六届海峡两岸新材料发展论坛"在吉林大学举办，两岸的材料科学家分别就自己所属的领域做了特邀报告，内容包括了金属材料、陶瓷材料、高分子材料、复合材料、航空航天材料、电子信息材料、新能源材料及材料成型的新工艺、新方法等。这些报告代表了当代材料科学发展的前沿，探讨了各个领域中目前存在的主要问题，指明了发展趋势和继续研究的内容，对两岸新材料的研究和发展有着重要的指导意义。

　　在经济全球化与区域化趋势下，面对瞬息万变的国际科技环境，海峡两岸以各自社会、经济条件为出发点，在实现比较利益的前提下，分工互补与产业合作的机会和空间十分巨大。相信未来两岸新材料产业合作的范围将会不断扩大，程度也将不断加深，进而推动两岸新材料产业实力的壮大，从而为两岸经贸关系正常化、一体化做出重要的贡献。对大陆而言，应主动承接台湾产业辐射和产业转移，吸引包括台商在内的各大新材料领域企业前来投资，进行跳跃式发展，力求在全球新材料产业中占有一席之地。

第二节　两岸新材料产业总体发展评析

经过几十年的发展，中国新材料产业从无到有，不断发展壮大，在产业规模、体系建设、技术进步等方面取得显著成就，政策措施也在不断完善，这为两岸经济的发展奠定了良好的基础。本节从新材料产业整体产值、重点行业发展等方面详细分析并对比了两岸新材料产业的发展状况。

一、大陆新材料典型子产业发展特点分析

本部分从新材料产业整体产值入手，通过新材料产业产值及增长率、新材料产业领域高新技术产品种类和工业总产值、新材料产业高技术产品进出口贸易额、资本市场上新材料产业领域上市公司的统计情况等描述大陆新材料产业发展现状；同时就大陆新材料产业的主要子行业——碳纤维产业、玻璃纤维和合成纤维产业、3D打印和半导体材料等发展概况、研发方向等进行全面分析，为两岸新材料产业发展的对比奠定基础。

1. 新材料产业整体产值

作为战略性新兴产业，新材料产业起步较晚，但近几年发展迅猛。2008年新材料产业产值为4 025亿元，2009年产值为5 031亿元，2010年产值为6 500亿元，2011年突破8 000亿元，2012年产值已突破万亿元，年均增长率为26%。2013年随着制造业转型升级和其他新兴产业发展步伐加快，巨大的市场需求将带动新材料产业实现快速发展，产业规模达12 500亿元，增速约为25%。

新材料产业领域中的高新技术产品发展在一定程度上也能反映出整个产业的发展进程。如图2-2所示，由新材料领域高新技术产品种类发展趋势可看出，除2009年受金融危机影响，产品种类有所下降之外，从2007到2012年产品种类逐年上升，2012年产品种类达到22 882个；新材料领域高新技术工业总产值发展同产品种类发展趋势一致，除2009年工业总产值有所下降外，整体上保持

上升趋势。

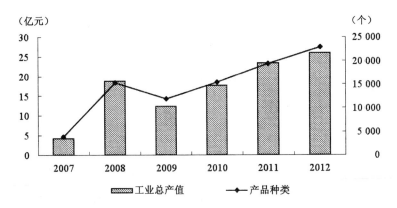

图 2-2 大陆新材料产业领域高新技术工业总产值和产品种类

数据来源:《中国火炬统计年鉴》(2008~2013)。

图 2-3 为大陆新材料领域中高技术产品进出口贸易额,同样受到 2008 年金融危机影响,2009 年进出口贸易额比 2008 年有所下降外,2000 年至 2012 年整体上呈上升趋势,这在一定程度上反映出新材料产业产品进出口贸易额逐年增加。

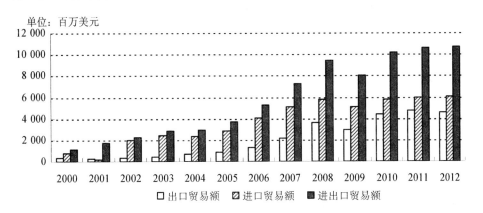

图 2-3 大陆新材料产业高技术产品进出口贸易额

数据来源:《中国科技统计年鉴》(2001~2013)。

2. 新材料产业产业结构

赛迪顾问发布的《2011~2012 年中国新材料产业发展研究分析》显示:2011

年，大陆新材料产业中的高端金属结构材料产值比重占 23.8%，特种金属功能材料产值比重占 16.2%，先进高分子材料占 20.7%，新型无机非金属材料占 19.3%，高性能复合材料占 11.9%，而前沿新材料仅占 8.1%。总体来看，大陆新材料产业的产品仍集中于中低端，技术含量和附加值较低，而需高技术、高资金投入且附加值高的新材料发展相对滞后。

3. 新材料产业上市公司分析

（1）大陆新材料产业上市公司主要经济指标增长情况分析

据同花顺在线实时金融终端（iFinD）数据库统计，截至 2013 年 12 月，大陆资本市场上新材料产业领域约有 108 家上市公司，实现营业收入 4 131.78 亿元，利润总额 216.57 亿元。本部分从该数据库中选取 108 家新材料产业上市公司的营业总收入、利润总额以及反映上市公司赢利能力的销售利润率（利润总额/营业总收入）指标对该行业的经济运行状况做初步分析。

表 2-1 显示的是 2008～2013 年大陆 108 家新材料上市公司的营业总收入、利润总额以及利润率的增长情况。从表 2-1 及图 2-4 中可以发现：2008 年以来，上市公司营业总收入除了 2009 年受经济增长回落影响营业总收入有较大幅度下滑外，总体上呈现出逐年增加的态势，但其增长速度并不稳定；上市公司的利润总额出现较大幅度的波动，2008 年、2009 年以及 2012 年因受经济危机及全球经济不振的影响，呈现出同比下降的情况；上市公司的销售利润率在 4.52%～10.50% 之间，呈波动变化。

表 2-1　2008 年至 2013 年大陆新材料产业上市公司主要经济指标增长情况

年份	营业总收入		利润总额		销售利润率	
	数值（亿元）	增长（%）	数值（亿元）	增长（%）	数值（%）	增长（%）
2008	2014.42	12.19	133.46	−20.35	6.63	−29.00
2009	1763.69	−12.45	83.88	−37.15	4.76	−28.22
2010	2443.40	38.54	187.33	123.34	7.67	61.21
2011	3216.38	31.64	337.62	80.23	10.50	36.92
2012	3318.16	3.16	149.86	−55.61	4.52	−56.97
2013	4131.78	24.52	216.57	44.51	5.24	16.05

数据来源：根据同花顺在线实时金融终端（iFinD）数据库整理计算得到。

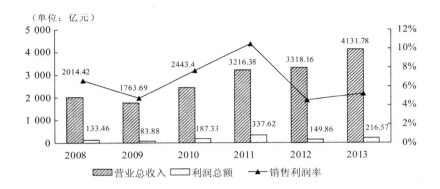

（单位：亿元）

图 2-4　2008 年至 2013 年大陆新材料产业上市公司主要经济指标

数据来源：根据同花顺在线实时金融终端（iFinD）数据库的相关数据绘制。

（2）新材料上市公司的规模分析

新材料企业的规模得到较快发展，在 108 家企业中，总资产在 100 亿元以上的有 12 家，其中云南云天化股份有限公司的规模最大，总资产达 656.69 亿元；总资产低于 50 亿元的有 80 家。总体来说，新材料企业的经营规模较小，目前处于起步阶段，未来的发展空间还很大。

（3）新材料上市公司的经济性质分析

在所统计的 108 家新材料上市公司中，控股股东或大股东为国有的有 57 家，私营企业 46 家，集体企业 4 家①。由于新材料产业的发展建立在传统产业的基础上，要求高密度的资金与技术投入，因此目前在新材料企业中以国有企业居多，而且多为中央属企业，很多是由研究所或院校转型而来的。

4. 主要新材料产业发展概况

（1）碳纤维、玻璃纤维和合成纤维产业

碳纤维具有优越的物理和化学性能，其重量不到钢的四分之一，但抗拉强度是钢的 7～9 倍，而且弹性、比强度和比模量均显著优越于钢，还具备耐高温和耐腐蚀等优点，因其能够实现对钢铁、铝合金等传统材料进行替代，被广泛应用于石油化工、航空航天、交通运输和体育用品等众多领域，被誉为"21 世纪的新材料之王"。碳纤维以聚丙烯腈纤维、沥青纤维、粘胶丝或酚醛纤维为原料生产，在惰性气体中经氧化、碳化（300～1 600℃）制得碳纤维，其碳含量

---

① 其中，同花顺数据库将中国宝安定为"其他类型"的企业。

在 92%以上。聚丙烯腈基碳纤维（也称"PAN 基碳纤维"）因技术成熟、工艺简单、产品性能指标好成为碳纤维行业的主流，其产量占全球碳纤维总产量的 90%。2011 年，大陆主要碳纤维生产企业产能约为 8 542 吨/年，已拥有从 20～5 000 吨/年不同产能的聚丙烯腈基碳纤维企业 33 家，设计总产能约 21 500 吨/年；行业总产量则直线上升，2012 年产量约 2 400 吨，2013 年已突破 3 000 吨。[①]大陆碳纤维主要应用在航空航天、体育休闲和工业 3 大领域，用量比例分别是 4%、67%和 29%。

表 2-2 显示的是 2011～2013 年大陆碳纤维上市公司的发展情况：2011～2013 年，碳纤维上市公司规模较小，营业收入超过 100 亿元的公司仅有特变电工、金发科技和智慧能源 3 家，销售收入在 10 亿到 50 亿元之间的有 4 家，低于 10 亿元的有 4 家；总体上，11 家上市公司营业收入呈现出上升趋势；11 家上市公司销售利润率波动较大，除了友利控股保持逐年递增的趋势外，其余 10

表 2-2 2011～2013 年大陆碳纤维上市公司发展情况

上市公司	营业收入（亿元）			销售利润率（%）			研发强度（%）		
	2011 年	2012 年	2013 年	2011 年	2012 年	2013 年	2011 年	2012 年	2013 年
友利控股	11.53	15.54	27.66	1.26	3.87	19.67	—	—	—
恒天天鹅	9.66	8.67	7.85	8.36	1.78	-20.72	2.77	2.87	2.70
中钢吉炭	16.55	15.01	14.36	0.06	-11.96	-27.67	—	—	—
深圳惠程	3.70	3.77	4.33	22.13	19.89	8.59	7.27	8.38	10.09
博云新材	2.98	3.09	3.67	14.94	8.06	-10.82	3.61	6.53	8.14
中纺投资	30.14	32.53	43.56	0.68	0.26	0.23	0.26	0.27	0.22
特变电工	181.65	203.25	291.75	7.64	5.19	5.33	1.31	5.22	3.98
金发科技	115.47	122.40	144.26	9.23	7.49	6.08	3.68	4.07	4.02
大元股份	0.66	0.38	0.41	-111.01	30.00	-397.39	2.07	2.45	—
方大炭素	45.26	39.51	33.73	19.29	15.58	10.06	0.24	0.41	0.84
智慧能源	109.95	98.80	115.74	3.65	-1.21	3.07	0.59	0.63	0.61
均值	47.95	49.36	62.48	-2.16	7.18	-36.69	1.98	2.80	2.78

资料来源：根据同花顺在线实时金融终端（iFinD）数据库沪深上市公司碳纤维概念板块数据整理得到。

---

① 马祥林等：《我国碳纤维行业的发展现状及建议》，《新材料产业》2014 年第 8 期：1～6。

家公司的销售利润率在 2012 年和 2013 年出现不同程度的下滑，其中，大元股份销售利润率振幅最大，公司的亏损情况较为严重；大陆在碳纤维研究方面起步较早，但是长期以来，研发力量分散与低水平的重复建设严重等情况使得产业向高端转型困难。随着战略性新兴产业与新材料产业的政策能量的释放，大陆碳纤维行业迎来了更广阔的发展空间，创新力不断增强。在 11 家上市公司中，特变电工、金发科技、大元股份、恒天天鹅、深圳惠程、博云新材等 6 家的研发费用占营业收入比重基本上都在 2%以上，其中，深圳惠程的研发强度在 2012 年甚至达到了 8.38%的高水平；其余的中纺投资、方大炭素、智慧能源、友利控股、中钢吉炭等 5 家上市公司的研发强度均在 1%以下，其比重有待进一步提升。

大陆玻璃纤维发展速度远高于世界平均水平。根据同花顺金融终端数据库中的宏观数据显示，大陆新材料产业中的玻璃纤维产量（如图 2-5 所示）自 2000 年起逐年增长，已从 2000 年的 45.35 万吨增加到 2013 年的 494.9 万吨，年均增速超过 23%；玻璃纤维占全球市场份额已从 2000 年的不到 10%提高到 2010 年的 54%，成为世界头号玻璃纤维生产地和出口地。大陆玻璃纤维产品的生产技术水平，包括能耗、环保等方面的要求已经达到国际先进水平。在原材料方面，也只有一两种原料需要进口。但在新产品的研发及应用方面，中国大陆与世界玻璃纤维发展较快的经济体如美国、日本等还有一些差距：企业研发的节奏明显偏慢，并且一些高性能的玻璃纤维产品如高弹性磨料纤维在品质方面也与世界先进产品存在较大差距。

与玻璃纤维的发展一致，大陆新材料产业中的合成纤维产量从 2000 年以来呈现出递增趋势，已由 2000 年的 349.34 万吨增长到 2013 年的 1 726.4 万吨，年均增速超过 13%。中国大陆合成纤维产量已居世界第一位，据权威期刊《纤维材料》统计，中国大陆的合成纤维产量占有率从 2011 年的 64%上升至 2012 年的 67%，生产能力占有率大致保持在 66.7%左右。但是，这些合成纤维产品技术含量和附加值低，高端的合成纤维缺乏具有国际先进水平的自有技术，行业集中度整体不高，低、小、散等行业问题突出。

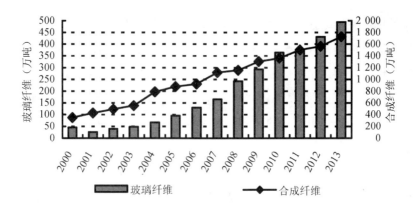

图 2-5　2000～2012 年大陆玻璃纤维和合成纤维产量

数据来源：根据同花顺在线实时金融终端（iFinD）数据库的相关数据绘制而成。

（2）3D 打印产业

大陆专门从事 3D 打印的公司较少，目前 3D 打印机制造商仅有隶属于江苏紫金电子集团有限公司的南京紫金立德。大陆的 3D 打印技术起步较晚，根据万得（Wind）资讯金融终端沪深股票概念板块的 3D 打印行业数据显示，目前的 8 家上市公司分别为：化工科技、大族激光、南风股份、华中数控、光韵达、苏大维格、银邦股份和中航重机。表 2-3 显示的是 8 家上市公司 2011～2013 年的营业收入、销售利润率以及研发强度。从表中可以发现：除大族激光及光韵达外，其余 6 家上市公司的营业收入在 2012 均出现了不同程度的下降，2013 逐渐回升。而销售利润率呈现出逐年下降的趋势，这可能一方面由于大陆缺少龙头企业的带动作用，政府也没有针对性的扶植措施，整体产业体量还较小；另一方面由于制造业还处于粗放形式，各个环节对 3D 打印技术带来的冲击认识还不足，接受度较低，从而造成营业收入与销售利润率的波动。

反映一个行业或企业技术研发状况的常用指标是研发费用占销售收入比重，即研发强度。从表 2-3 可以看出，8 家 3D 打印上市公司研发费用占主营业务收入比重（研发强度）大致呈现逐年提高的趋势，其中，华中数控的研发强度处于领先地位，2013 年达到 13.46%；中航重机的研发强度在较低的水平上增速缓慢。2012 年大陆制造业企业 500 强数据显示，2013 年大陆制造业企业 500 强研发费用占营业收入的平均比例是 1.87%，中航重机研发强度低于此平均水平，其余 7 家 3D 打印上市公司研发强度远高于该平均水平。但从发达经济体高技术产业研发经费占工业增加值比例的国际比较方面来看，美国 2007 年为 36.84%，瑞典 2007 年为 35.41%，法国 2006 年为 31.95%，芬兰 2007 年为 29.21%，日本 2006 年为 28.90%[①]，中国大陆 3D 打印行业研发强度与国际高技术产业相比，当前研发强度仍然很低，未来发展过程中还有非常巨大的提升空间。

表 2-3　2011～2013 年大陆 3D 打印上市公司发展情况

上市公司	营业收入(亿元)			销售利润率（%）			研发强度（%）		
	2011 年	2012 年	2013 年	2011 年	2012 年	2013 年	2011 年	2012 年	2013 年
华工科技	22.02	17.54	17.77	13.01	10.00	4.81	1.98	6.30	7.97
大族激光	36.28	43.33	43.34	19.75	17.22	14.37	5.17	5.24	6.92
南风股份	4.49	3.47	4.07	21.84	13.74	13.28	5.24	5.41	5.07
华中数控	4.25	4.24	5.00	7.94	4.09	3.95	5.87	12.30	13.46
光韵达	1.29	1.60	1.74	23.50	20.59	14.86	4.49	3.63	4.75
苏大维格	2.55	2.34	2.90	18.65	14.83	4.37	5.19	8.39	21.85
银邦股份	15.39	14.07	15.70	9.24	8.37	5.63	3.38	3.23	3.26
中航重机	54.85	53.72	63.86	3.69	7.22	3.01	1.27	1.54	1.47
均值	17.64	17.54	19.30	14.70	12.01	8.04	4.07	5.76	8.09

数据来源：根据万得（Wind）数据库相关数据计算整理。

3D 打印在大陆还处于初级阶段，技术发展主要呈现出以一些科研机构的跟踪为特点，形成了以北京市、江苏省、湖北省以及陕西省为中心的区域发展特征。具体如表 2-4 所示。

表 2-4　大陆 3D 打印技术发展区域特征

区域	区域发展特点
北京	北航、清华、中航 625 所等高校和科研院所中积累了一批 3D 打印技术和重大科技成果，并逐步开始转化、应用
江苏	南京高新技术开发区的企业引入先进技术，促使开发区打印机产业升级，打造产业链集聚效应
湖北	依托华中科技大学成为全国重要 3D 打印技术吸纳地，产学研结合实现 3D 打印的突破
陕西	依托西安交大研究实力，政府实施重点示范项目，实现 3D 打印技术突破和应用拓展

资料来源：赛迪顾问：《3D 打印发展现状及趋势战略研究》（2013）。

[①] 数据来源：《中国高技术产业统计年鉴》（2011）。

（3）半导体材料产业

半导体材料是一种介于导体与非导体之间的特殊材质，电阻率相对较低。半导体材料是晶体管、电子管以及集成电路的重要原材料，决定了通信、计算机、网络等行业的发展状况。随着电子产品的日益发展，半导体材料的生产与应用已成为衡量一个经济体综合实力的重要标志之一。大陆是世界电子产品的主要代工地之一，对半导体材料的需求旺盛，但多数半导体材料需要进口，如大陆 2012 年芯片产值仅有 285 亿美元，远低于消费的芯片总量的价值 1 375 亿美元[①]。

根据同花顺在线实时金融终端（iFinD）数据库显示，目前大陆仅有 4 家半导体材料上市公司，分别是康强电子、中环股份、七星电子以及有研新材。4 家公司 2011 年至 2013 年的营收情况以及研究强度如表 2-5 所示。

表 2-5　2011～2013 年大陆半导体材料上市公司发展情况

上市公司	营业收入(亿元)			销售利润率（%）			研发强度（%）		
	2011 年	2012 年	2013 年	2011 年	2012 年	2013 年	2011 年	2012 年	2013 年
康强电子	15.03	12.40	12.71	0.46	0.39	1.46	2.38	2.68	2.56
中环股份	25.50	25.36	37.26	10.14	-4.42	2.66	4.32	3.54	4.65
七星电子	11.56	10.12	8.60	16.66	19.09	18.50	19.58	22.37	0.58
有研新材	5.98	4.09	4.91	0.97	-31.20	1.08	0.84	15.20	10.54
均值	14.52	12.99	15.87	7.06	-4.04	5.93	6.78	10.95	4.58

数据来源：根据同花顺在线实时金融终端（iFinD）数据库数据整理得到。

从表 2-5 可以看出，4 家上市公司的营业收入在 2012 年出现了不同程度的下降，而销售利润率也大都出现了更大幅度的下滑，中环股份以及有研新材 2012 年发生亏损；就研发强度而言，康强电子与中环股份的绝对值以及波动幅度都较小，七星电子的研发强度 2013 年出现了较大幅度下降，而有研新材的研发强度在 2012 年出现了大幅度上升。尽管大陆半导体材料行业取得了突破性的发展，技术水平仍与国际水平存在较大差距。大陆生产的材料多为中低档产品，而一些高端半导体材料如生产高端集成电路的材料仍需进口，受到境外公

[①] 中商情报网：《2014～2019 年中国半导体材料行业市场全景调研及未来发展趋势预测报告》，2014 年 5 月。

司原材料的封锁和限制。半导体材料是半导体制造的技术源头，又是半导体产业发展的重要支撑，因而对于大陆半导体材料行业来讲，技术突破和走出去、争内需两方面都肩负重任。

二、台湾新材料典型子产业发展特点分析

在西方发达经济体向制造业等传统产业回归的发展趋势下，对长期以来以出口导向及代工为主的两岸产业产生了巨大的制约作用。在此背景下，处在实现宏观经济战略转型关键时期的两岸经济，都面临调整产业结构、发展新兴产业、提高自主创新能力的艰巨任务。对此，《关于加快培育和发展战略性新兴产业的决定》中确定"十二五"期间要重点发展节能环保、新一代信息技术、生物、高端装备制造、新能源、新材料、新能源汽车等"七大战略新兴产业"。而台湾方面在 2009 年陆续推出云计算、智慧电动车、智慧绿建筑、发明专利四项新兴智能产业和生物科技、观光旅游、绿色能源、医疗照护、精致农业、文化创意六大关键新兴产业，推动台湾新兴产业、高科技产业形成新的竞争力，并促成新的产业增长点。

由此可见，两岸产业的结构调整方向呈现出较高的一致性。大陆"七大"战略性新兴产业中的节能环保、新能源产业与台湾"六大"新兴产业的绿色能源产业的重叠性较高，新一代信息技术产业、新能源汽车产业与台湾四大新兴智能产业形成对接。具体产业对照如表 2-6 所示。

表 2-6　两岸新兴产业对照

大陆七大产业	台湾对应产业政策	台湾分类
节能环保	绿色能源	六大新兴产业
新一代信息技术	云端计算	四大新兴智能型产业
生物	生物科技	六大新兴产业
高端装备制造	—	—
新能源	绿色能源	六大新兴产业
新材料	—	—
新能源汽车	智慧电动车	四大新兴智能产业

资料来源：谢邦昌：《两岸新兴产业合作"十二五"展望》，《财经界》2011 年第 1 期：66～69。

从表中可以看出，新材料产业在台湾并没有与之对应的规划，因而无法准确测算与大陆相对应的总产量以及上市公司发展状况，本部分将选取与大陆新材料产业中相对应的台湾碳纤维产业、玻璃纤维和合成纤维产业、3D 打印产业及半导体材料产业的发展状况来综合评价台湾新材料产业的发展状况。

1. 碳纤维、玻璃纤维和合成纤维产业

中国台湾的碳纤维产业主要以台塑集团的聚丙烯腈碳纤维（PAN-CF）产业以及其他碳纤维制品产业为主，其中台塑集团 PAN-CF 年产量约 6 150 吨，已居世界第四位，仅次于东丽（18 900 吨/年）、东邦 Tenax（13 500 吨/年）和三菱丽阳（8 100 吨/年），但是高端品种仍与美国以及日本等经济体中的公司有较大差距，但是比中国大陆的公司强。台湾的碳素纤维用途主要以运动器材产业为主，如网球拍、高尔夫球拍、棒球棒等，承接了许多岛外知名品牌的加工制造。

台湾碳纤维产业主要以小企业为主，上市公司数量较少。表 2-7 显示的是台湾 4 家主要的碳纤维上市公司的赢利能力以及研发强度：2012 年，受大环境影响，台塑集团以及拓凯公司营业收入下降，拉低了 4 家公司的营业收入的平均水平，华宏以及明安两家公司营业收入趋于上涨；2011～2013 年，拓凯公司维持了较高的销售利润率，台塑集团的销售利润率逐年下降；研发强度方面，4 家公司的研发水平较低，在 3%左右波动，拓凯公司的研发强度均高于年平均水平，而台塑集团的研发强度相对较低。但总体来说，台湾上市公司的赢利能力和研发强度均强于大陆公司。

表 2-7　2011～2013 年台湾碳纤维上市公司发展情况

上市公司	营业收入（百万元新台币）			销售利润率（%）			研发强度（%）		
	2011 年	2012 年	2013 年	2011 年	2012 年	2013 年	2011 年	2012 年	2013 年
台塑	187 603	173 034	215 425	16.93	8.54	7.27	0.95	1.05	0.77
华宏	8 324	11 531	11 290	7.57	7.06	9.25	2.42	2.19	2.33
拓凯	3 507	2 986	6 048	15.52	16.60	27.22	7.72	7.52	3.35
明安	8 593	9 908	11 478	8.01	9.76	6.81	2.23	2.66	2.66
均值	52 007	49 364	61 060	12.01	10.49	12.64	3.33	3.36	2.28

数据来源：根据各上市公司 2011～2013 年年报整理而成。

中国台湾的碳纤维产业经过多年发展，虽然在一些材料以及制品方面取得了较大进步，但是碳纤维的产业链并不完整，生产高品质碳纤维的设备仍依靠日本企业提供，受到日本供应商以及特殊产品的限制。针对这种情况，各企业应加快技术研发，提升自身产品的特性。

台湾虽然不具有明显的资源以及市场优势，并且劳务成本较高，但是凭借各企业审时度势的经营理念、较强的市场适应能力、灵活的国际化策略以及对产学研协调发展和研发的高度重视，台湾玻璃纤维产业蓬勃发展，玻璃纤维电子纱、电子布先于大陆快速发展，在全球市场上具有较强的竞争力。根据同花顺在线实时金融终端（iFinD）数据库全球宏观数据显示，台湾新材料产业中的玻璃纤维和合成纤维是主要的工业产品。从图2-6可以看出，2007年以前，台湾玻璃纤维的产量呈现逐步增长趋势，2008年和2009年呈现短暂的回落后，于2010年又恢复增长态势，可能的原因在于受到国际金融危机的影响；而合成纤维则基本延续一直下降的态势，从2000年的315.4万吨下降到2012年的184.3万吨，产量的全球市场占有率也由2011年的4.6%下降至2012年的7.2%。这一变动趋势与大陆产生显著差别。2012年，从主要品种看，锦纶长丝因为出口顺利，产量比上年增加3.3%，为31.9万吨；涤纶长丝产量减少10.7%，为92.2万吨；涤纶短纤维产量增加3.5%，为55.5万吨；腈纶短纤维产量大幅度减少28.0%，为6.8万吨。①

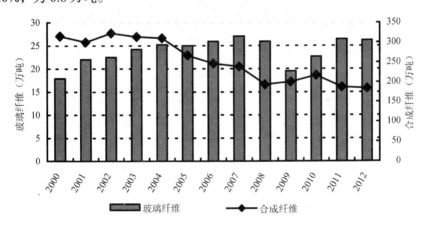

图2-6　2000—2012年台湾玻璃纤维和合成纤维产量

数据来源：根据同花顺在线实时金融终端（iFinD）数据库的相关数据绘制而成。

---

① 《2012年台湾合成纤维产量》，具体参见 http://www.chyxx.com/data/201307/214568.html。

2. 3D 打印产业

随着 3D 打印市场的蓬勃发展，台湾企业凭借其在机械制造以及模具制造上的经验及技术优势，纷纷抓住 3D 打印的发展机会，抢攻品牌和代工商机。同时，为了推动传统产业升级，台湾当局积极投入经费推动 3D 打印产业的发展。表 2-8 显示的是台湾 23 家上市公司的营业收入、销售利润率以及研发强度。从表中可以发现：多数上市公司的营业收入在 2012 年出现了不同程度的下降，2013 有所回升；在销售利润率方面，除了东捷公司 2012 年出现负值外，其余企业在 2011～2013 年均取得了正利润，实威公司 3D 打印产业在 2012 年占其营业收入的 7%，并通过代理销售 3D systems 公司的产品拉动其营业收入的增长；在研发强度方面，23 家 3D 打印上市公司研发强度均值在 8% 左右波动，远高于大陆上市公司的平均水平。但是，与其他经济体的高技术产业相比，中国台湾的 3D 打印产业当前研发强度仍然较低，未来发展过程中还有非常巨大的提升空间。

表 2-8　2011～2013 年台湾 3D 打印上市公司发展情况

上市公司	营业收入（百万元新台币）			销售利润率（%）			研发强度（%）		
	2011 年	2012 年	2013 年	2011 年	2012 年	2013 年	2011 年	2012 年	2013 年
直　得	1 266	1 172	942	38.18	30.01	5.02	2.49	2.90	2.78
上　银	15 911	12 372	12 443	39.33	34.56	37.03	1.68	3.16	4.48
旺　宏	19 429	23 888	22 204	35.75	9.93	8.79	21.93	20.81	24.56
华邦电	27 214	25 418	33 135	11.28	7.64	20.85	1.55	1.69	1.26
威　盛	4 281	3 363	6 085	35.70	33.36	31.67	24.33	28.55	32.60
神　基	4 739	4 991	15 218	29.34	25.62	19.35	10.12	11.83	3.81
扬明光	4 631	4 089	5 259	21.54	22.25	25.75	10.49	14.06	10.11
中光电	79 455	69 374	72 749	10.87	6.76	14.36	3.34	4.02	3.84
凌　阳	3 599	3 141	8 522	25.84	34.84	39.88	34.34	36.20	27.75
伟诠电	2 087	1 956	1 833	20.41	20.40	22.51	9.23	10.50	11.01
茂　达	2 406	2 088	3 044	26.95	32.17	27.59	13.53	15.14	12.26
全　新	2 152	2 248	2 150	35.42	33.72	32.74	3.72	4.54	4.43
联　钧	2 288	2 253	5 560	22.47	15.20	19.25	3.02	2.86	1.26

上市公司	营业收入（百万元新台币）			销售利润率（%）			研发强度（%）		
	2011 年	2012 年	2013 年	2011 年	2012 年	2013 年	2011 年	2012 年	2013 年
东　台	6 602	4 522	7 607	22.54	22.66	23.39	1.43	1.86	2.72
东　捷	1 783	569	3 081	10.61	-36.04	18.21	5.89	11.34	1.37
大　塚	513	509	760	45.84	47.01	43.75	1.11	0.51	0.41
实　威	483	463	690	65.08	61.74	58.90	5.92	7.50	—
鑫　科	5 034	4 716	3 421	4.42	5.07	4.21	0.91	0.94	1.10
国精化	3 118	4 047	4 858	11.34	12.18	11.42	0.67	0.66	0.67
伟　盟	3 302	3 742	2 460	8.57	4.09	-2.37	0.60	0.53	0.67
新　唐	7 090	7 160	6 809	36.27	38.59	40.92	22.77	23.02	26.18
立　锜	10 658	11 008	10 729	37.73	39.57	38.52	11.80	13.40	14.30
致　新	4 759	4 665	3 897	31.45	34.88	35.30	8.10	8.60	11.00
均　值	9 252	8 598	10 150	27.26	23.31	25.09	8.65	9.77	8.63

数据来源：根据各上市公司 2011～2013 年年报整理而成。

　　台湾科技主管部门在 2014 年 8 月 28 日所做的《3D 打印科技的发展及推动》报告中提到 3D 打印是全球新兴产业，台湾有机会创自有品牌，并计划在 2018 年前，培养百万名 3D 打印应用与创新人才，形成从关键零部件、材料到软件技术完全自主的 3D 打印产业集群，掌握业界 30% 的 3D 打印机产能；并计划从 2014 年起分 4 年投入新台币 10 亿元，除支持应用导向的学术研究计划外，也会推动后续的软件与材料研究计划，双管齐下。该报告同时指出，由于台湾中小企业呈现出分散式群聚的特点，产业结构非常适合发展 3D 打印产业，并希望摆脱代工角色，直接进军 3D 打印机的关键零部件、软件及数据库等，取得应用服务的领先地位。

3. 半导体材料产业

　　依据台湾"工研院产经中心"、台湾"半导体产业协会"的资料显示，2008 年到 2009 年，受金融危机影响，半导体下游消费端市场购买力需求大幅下滑，半导体业的订单量迅速萎缩，台湾半导体整体产值呈现下滑趋势。2010 年行业回温，同时系统制造商的库存过低，对半导体元件需求大增，因此台湾半导体整体产值较 2009 年增长 41.5%。由于动态随机存取存储器（英文为 Dynamic Random Access Memory，简称 DRAM）价格低迷，中国台湾 DRAM 厂商大幅减产，加上欧债危机及美国经济不振的影响，2011 年较 2010 年下滑超过 10%。2012 年受惠于消费型电子产品需求持续增长，台湾的半导体业整体产值仍较 2011 年小幅上升 4.58%。随着 DRAM 价格回升，2013 年半导体业产值将有机会提升，预期全年产值可较 2012 年上升 9.26%（详见图 2-7）。

单位：亿元新台币

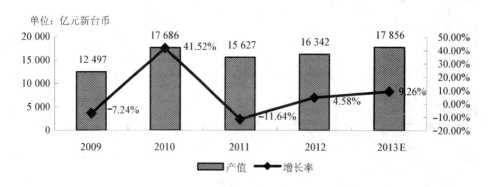

图 2-7 台湾半导体产业总产值

数据来源：台湾"工研院产经中心"、台湾"半导体产业协会"资料。

半导体设备与材料协会发布的最新统计报告指出，2012 年全球半导体材料市场产值在连续 3 年实现正向增长后，2012 年首度出现 2% 的微幅下滑，总产值为 471.1 亿美元。尽管如此，中国台湾半导体材料市场仍逆势出现 2% 的年增率，以 103.2 亿美元的规模，蝉联全球最大半导体材料市场宝座。由于中国台湾同时也是全球最大的半导体材料消费经济体，半导体设备与材料协会在业界具有重要的地位，从图 2-8 可以看出，2012 年 1 月至 2014 年 2 月，台湾半导体设备与材料协会半导体接单出货比在 0.8%～1.2% 之间，其中，从 2013 年开始，基本维持在 1%～1.2% 之间。

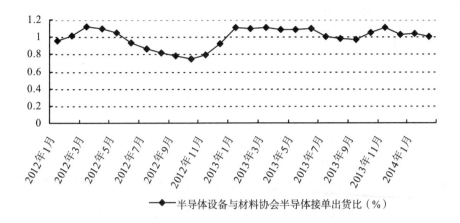

——半导体设备与材料协会半导体接单出货比（%）

图 2-8 2012 年 1 月至 2014 年 2 月台湾半导体设备与材料协会半导体接单出货比

数据来源：根据同花顺在线实时金融终端（iFinD）数据库的相关数据绘制而成。

据材料世界网的统计，台湾共有 206 家企业生产制造、代理销售有机／电子有机、光电、储能元件、复合材料、薄膜材料／元件、纳米等 14 个领域的材料产品。本部分选取台湾 18 家主要的半导体材料上市公司进行分析。由表 2-9 可以看出：2011～2013 年，18 家上市公司的平均营业收入以及平均销售利润率均呈现出逐年递增的趋势，随着全球半导体市场的回暖，两个指标在 2013 年有了较大幅度的提高；平均研发强度维持在 12%左右小幅波动。与大陆 4 家半导体材料上市公司进行对比可以发现：台湾半导体行业的赢利能力及研发强度均优于大陆；并且，由于台湾半导体产业发展已经比较成熟，产业链相对完善，企业的专业化程度更高，产品更为集中。

虽然台湾设立"工研院电子所"等共同研发中心、科学园区，以招商与技术引进促进台湾半导体产业兴起，但台湾支持半导体材料产业的设备企业发展较慢、能力较弱且生产材料的设备须由岛外引进，使注重材料生产设备的硅晶圆、光罩等项目的研发进度易受限，亟须建构材料厂商、设备商与半导体企业合作的研发平台。

表 2-9 2011～2013 年台湾半导体材料上市公司发展情况

上市公司	营业收入（百万元新台币）			销售利润率（%）			研发强度（%）		
	2011 年	2012 年	2013 年	2011 年	2012 年	2013 年	2011 年	2012 年	2013 年
台积电	418 245	499 871	597 024	44.27	46.88	47.06	0.8	0.8	0.8
联 电	105 879	105 998	123 812	23.87	21.25	19.03	8.9	9.2	1.3
联发科	53 842	63 474	136 056	40.99	35.77	43.96	39.3	35.3	19.4
瑞 昱	21 896	24 613	28 180	37.40	41.13	43.19	17.5	18.2	23.6
联 永	35 034	37 010	41 450	25.41	28.05	27.73	10.5	11.5	11.6
义 隆	5 197	7 232	7 795	32.58	41.09	45.86	12.8	11.5	15.0
立 锜	10 658	11 008	10 729	37.73	39.57	38.52	11.8	13.4	14.3
致 新	4 759	4 665	3 897	31.45	34.88	35.30	8.1	8.6	11.0
凌 阳	3 599	3 141	8 522	25.84	34.84	39.88	34.3	36.2	27.8
威 盛	4 281	3 363	6 085	35.70	33.36	31.67	24.3	28.6	32.6
力 晶	37 715	66 636	36 234	-42.41	-30.21	33.03	7.2	3.4	4.4
南亚科	36 741	32 478	46 975	-62.41	-68.65	15.99	4.1	19.1	18.3
华亚科	37 385	35 295	58 993	-48.58	-38.39	37.14	3.7	1.5	0.5
旺 宏	19 429	23 888	22 204	35.75	9.93	8.79	21.9	20.8	24.6
华邦电	27 214	25 418	33 135	11.28	7.64	20.85	1.5	1.7	1.3
日月光	69 439	72 926	219 862	25.52	25.18	19.47	3.8	4.1	4.1
矽 品	56 553	57 710	69 356	15.21	17.56	20.81	3.5	4.3	4.9
力 成	36 795	25 320	37 605	24.41	16.68	14.05	2.4	4.2	3.2
均 值	54 703	61 114	82 662	16.33	16.48	30.13	12.04	12.91	12.15

数据来源：根据各上市公司 2011～2013 年年报整理计算而成。

第三节 两岸典型新材料细分市场对比分析

在新材料产业发展的各个细分市场上，海峡两岸的发展重点与程度各不相同。大陆是世界上稀土资源最丰富的地区，两岸的纳米材料的发展各有千秋，台湾已经发展成全球 LED 磊晶与封装产业规模最大的地区。本节将重点介绍两岸这三个典型细分市场的发展状况，以期能够为两岸新材料的发展提供一些建议。

一、现代工业的维生素——稀土功能材料

稀土主要指稀土元素，是化学元素周期表中镧系元素再加上性质相近的钪、钇等 17 种元素的总称。每种稀土元素都有着极丰富的光、电、热、磁等物理特性，素有"工业维生素"之称，且能与其他材料组成性能各异、品种繁多的新型材料，在电子、激光、核工业、超导等诸多高科技领域有着广泛应用，被视为战略性资源。中国大陆是稀土资源非常丰富的经济体，稀土储量和产量均居世界首位。大陆稀土工业和稀土应用成为从 20 世纪 60 年代开始伴随着世界性的新技术潮流而迅猛崛起的一项新兴产业。而台湾的稀土生产也从 20 世纪 80 年代中期真正走上工业化道路。目前台湾的稀土采矿、选矿、冶炼和材料加工、稀土产品的应用、稀土产品的进出口贸易等已有了一定的基础。

1. 两岸稀土资源总量与分布

（1）大陆拥有丰富的稀土资源

大陆拥有丰富的稀土资源，是唯一能够提供全部 17 种稀土金属的地区。大陆的稀土资源具有成矿条件好、分布面广、矿床成因类型多、资源潜力大、有价元素含量高、综合利用价值大等特点，这些都为大陆稀土工业的发展奠定了坚实的基础。

自 1927 年丁道衡教授发现白云鄂博铁矿、1934 年何作霖教授发现白云鄂博铁矿中含有稀土元素矿物以来，地质科学工作者不断探索和总结大陆地质构造演化、发展的特点，创立和运用新的成矿理论，从 20 世纪 50 年代开始相继发现并探明超大型白云鄂博铁铌稀土矿床、江西和广东等地的风化淋积型（离子吸附型）稀土矿床、山东微山稀土矿床、四川凉山"牦牛坪式"大型稀土矿床等，这些发现和地质勘探成果为大陆稀土工业的发展提供了最可靠的资源保证。目前，地质科学工作者已在大陆三分之二以上的省份发现上千处矿床、矿点和矿化地。稀土资源总量的 98%分布在内蒙古、江西、广东、四川、山东等省份，形成北、南、东、西的分布格局，并具有"北轻南重"的分布特点。

经过五十余年的努力，大陆稀土工业的生产水平和产品质量都产生了质的飞跃。1986 年中国大陆稀土的总商品量达到 11 860 吨,第一次超过了一直处于世界第一的美国,跃居世界第一。1988 年,中国大陆稀土矿产品产量达到 29 640 吨,超过美国 1984 年达到的历史最高年产量,成为名副其实的世界第一稀土生产地[①]。20 世纪 90 年代以来,大陆稀土产品开始并迅速向永磁、荧光等材料方面发展。2012 年,大陆稀土永磁材料中烧结钕铁硼磁体毛坯产量和粘结钕铁硼磁体产量分别为 8.3 万吨和 4 400 吨,达到历史最高[②],成为世界最大稀土永磁材料生产地。由于稀土的提炼并不容易,过程中会产生不少污染,以致欧美等经济发达地区都回避其生产制造,大量的稀土出口使得中国大陆曾占全世界的 71.1%的稀土储量不断下降,根据国务院新闻办 2012 年发布的《中国的稀土状况与政策》白皮书显示,当时中国大陆稀土储量约占世界总储量的 23%。

(2)台湾稀土资源的开发利用以黑色独居石为主

台湾具有一定数量的稀土资源,主要是稀散地分布在台湾岛西甫沿海地区的重砂矿,其共生经济矿物包括独居石、锆石、金红石、白榍石、钛铁矿、石榴石、磁铁矿等。比较富集的地带为坐落在南北 80 千米范围内的 10 个沙洲,其特定位置常因风浪影响而游移。这些矿区的储量约 50 万~55 万吨重砂精矿,原砂中重砂精矿平均品位为 1.5%,重砂精矿中独居石含量约占 8%~15%。独居石分为黑色和黄色两种,前者储量约为后者的 10 倍,且经济价值高,便于处理。台湾稀土工业主要是黑色独居石的开发利用。除此之外仍有无限量的低品位砂矿资源,分布于古今海岸、浅海及河床地带,其中重砂矿的品位约在 0.2%~0.5%[③]。

1950 年台湾曾用独居石精矿提取钍产品,而稀土混合物仅作为副产品。20 世纪 70 年代初期台湾开始研究稀土分离技术,并于 1983 年逐步将稀土分离技术转向工业化生产。20 世纪 80 年代中期由鑫海稀土公司首先建立了台湾唯一的稀土生产企业,专门从事稀土资源的开发利用,如独居石的开采、选矿和冶炼等。生产出的各种稀土产品,除大部分产品自用外,还有一部分产品销往岛外。20 世纪 90 年代以来,台湾稀土工业获得了更快的发展,目前台湾在稀土开采、选矿、冶炼、应用和贸易等方面,已具有牢固的稀土工业基础,并为今后继续发展准备了充分的条件。

① 红枫:《我国稀土产业现状和发展趋势》,《科技日报》2003 年 12 月 5 日,第 08 版。
② 胡伯平:《稀土永磁材料的现状和发展趋势》,《综述·动态·评论》2014 年第 45 卷 No. 2:66~77。
③ 洪广言:《台湾地区稀土概况》,《稀土》1995 年第 3 期:53~59。

与大陆相比，台湾的稀土生产能力及产量仅为其 1/130 和 1/94[①]，产品类别就更少。因此，台湾的稀土工业有待大力发展，其潜力很大。

2. 稀土功能材料的应用、市场和前景

（1）大陆稀土需求及进出口状况

1）大陆稀土需求旺盛

大陆历来是稀土消费旺盛的地区，如表 2-9 所示，2004～2011 年大陆稀土总体消费量呈增长趋势，尤其在 2005 年，增长率达到 55%；2006 年、2007 年和 2010 年增长率都在 20% 左右；其他年份稀土总体消费量基本与前一年持平。这表明大陆对稀土的需求量将始终处于良好的增长态势，且随着近年来稀土深加工技术的提高，高附加值产品所占比例越来越大，越来越多的稀土产品被用于自身消费，制成含稀土应用产品或器件用于自身消费或出口，因此大陆的需求量所占比重将越来越大。

根据表 2-10 中所示的稀土消费结构，大陆稀土应用领域可分为传统领域和新材料领域两种。传统领域有冶金 / 机械、石油 / 化工、玻璃 / 陶瓷和农轻纺领域；新材料领域包括荧光材料、液晶抛光材料、催化材料、贮氢材料和近几年消费量迅猛增长的永磁材料。由于稀土新材料是高科技产品的生产材料的重要来源，因此，近年来，大陆在新材料领域的消费量增长迅速，2011 年稀土新材料的消费量是 2004 年的 3.46 倍。其中新材料领域中永磁材料的消费量远远大于其他材料的消费量，且呈指数型增长态势，是 21 世纪稀土消费的主要增长点，这也与它指数型增长的产量相匹配。与之相反的是，传统领域的稀土消费量增长缓慢，甚至出现了部分消费市场萎缩的现象。自 2007 年开始，新材料领域的消费量已经超过了传统领域的稀土消费量，并且两者的差距越来越大，2011 年稀土新材料的消费量是传统领域稀土消费量的 2 倍。这表明传统领域的消费市场已经趋于饱和，这些应用领域将不再是目前和将来主要工业发展的重点。

此外，根据稀土消费结构的发展趋势，大陆单一稀土氧化物中自身消费量占比最大的有氧化铈、氧化镧和氧化钕。其中氧化铈主要用于冶金机械和玻璃陶瓷两大传统领域。氧化镧也主要用于传统领域，尤其是石油 / 化工领域，也用于稀土贮氢材料领域。随着传统稀土应用领域的消退，主要用于该领域的氧化铈和氧化镧将会逐渐失去主导地位，氧化铈需求比率将减少，但氧化镧由于

---

① 林河成：《我国台湾的稀土工业及其评价》，《有色矿物》1998 年第 5 期：58～64。

在稀土新材料领域中较多地用于生产稀土贮氢材料,因此未来将依然会保持较大的需求量,而贮氢材料生产将会是该氧化物未来的主要应用发展方向。氧化钕则主要用于稀土新材料领域中最具发展潜力的永磁材料中,因此,未来对该元素的需求量将与日俱增,大陆应增加氧化钕的产量。

表2-10 2004~2011年大陆稀土消费结构(吨,以稀土元素氧化物计算)

应用领域	年份	2004	2005	2006	2007	2008	2009	2010	2011
传统领域	冶金/机械	5 000	9 738	10 085	10 994	10 370	11 000	11 200	10 100
	石油/化工	4 000	6 000	6 800	7 548	7 520	7 500	7 500	7 500
	玻璃/陶瓷	6 200	6 500	7 607	7 872	7 160	7 200	7 600	7 000
	农轻纺	2 300	5 000	7 600	7 686	7 120	7 000	6 900	3 500
	合计	17 500	27 238	32 092	34 100	32 170	32 700	33 200	28 100
新材料领域	荧光材料	2 135	2 825	3 106	4 490	2 870	3 700	5 000	4 800
	液晶抛光	—	—	2 000	2 800	3 500	4 100	4 600	4 800
	永磁材料	10 756	15 404	18 095	22 250	20 100	23 000	34 125	36 600
	贮氢材料	2 000	4 333	5 000	6 200	6 160	6 200	6 300	4 430
	催化材料	1 020	2 100	2 500	2 710	2 880	3 300	3 800	4 380
	合计	15 911	24 662	30 701	38 450	35 510	40 300	53 825	55 010
总计		33 411	51 900	62 793	72 550	67 680	73 000	87 025	83 110

注:"—"代表数据不存在。

数据来源:国家发展和改革委员会稀土办公室(2005~2008),国家发展和改革委员会产业协调司(2009~2012)。

2)大陆稀土进出口情况

自1991年《国家矿物资源保护法》颁布以来,矿品的探查与开采有了相应的规范。于是,在"十五"期间(2001~2005年)开始针对金属矿物采取保守的态度,强调保护性矿种必须首先考量自身消费,以及资源保护等合理开发的重要性,并逐步强化对各矿品在采矿与冶炼生产过程中的掌管机制。大陆近年来对稀土产业所采取的各种管制措施有:控制稀土产量与出口配额、实行出口许可证制度、调高出口关税税率、调高稀土矿原矿资源税税额标准、划定稀土国家规划矿品、停止核发新稀土矿场经营牌照、提高稀土工业污染排放标准、推动行业工会的成立等。从2004年起,大陆决定大幅度削减稀土配额,从此进入配额政策的时代。

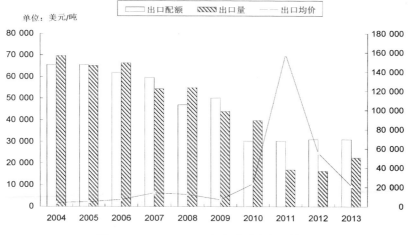

单位：美元/吨

图例：出口配额　出口量　出口均价

图 2-9　2004～2013 年大陆稀土出口情况

注：2013 年出口均价根据 1 至 10 月份价格数据算得。

数据来源：刘慧芳（2013），冯运光（2014），中国海关网整理。

由图 2-9 可知，2004～2012 年大陆稀土出口量逐年下滑，2013 年略有上升，出口价格总体呈上涨态势。大陆稀土的出口配额从 2004 年的 65 509 吨下降到 2013 年的 31 001 吨，降幅为 52.68%；出口量从 2004 年的 69 700 吨下降到 2013 年的 22 493 吨，降幅为 67.73%；出口均价由 2004 年的 4 020 美元/吨上升到 2013 年的 21 097 美元/吨，价格上涨 4.25 倍。2011 年大陆稀土价格达到历史最高且出现较大波动，上半年由于供不应求和出口配额下降的影响，稀土产品的价格出现快速上涨，最高的品种上涨了 10 倍。受稀土需求减少的影响，稀土价格在下半年下跌，3 个月累计跌幅达到 30%～50%，在 11 月份，引发了一股稀土企业的停产风潮。稀土出口配额也从"一吨难求"到无人问津，2011 全年配额为 30 184 吨，实际出口仅 18 600 吨，占配额总量的 61.6%。2012 年下半年，稀土产品价格持续走低，2012 年的出口配额也没有用完。2013 年稀土价格已经跌破 2010 年的平均价格（23 611 美元/吨），虽然实际出口稀土配额产品实物量 2.24 万吨，同比增长 36.3%，出口金额达 6.03 亿美元，稀土行业营业收入 769 亿元，同比增长 7.9%，但由于受稀土价格下降的影响，仅实现利润 77.4 亿元，同比减少 28.1%。

总体来说，大陆初步争取到了国际稀土价格的控制权，出口实现了量减价增态势，创汇金额上升。

（2）台湾稀土功能材料的应用及进出口状况

由于电子、信息及加工产业发达，稀土材料工业应用领域较广，也可以分为两部分，即一般技术（传统使用）和高新技术。一般技术的应用主要有稀土抛光粉、稀土催化剂、稀土颜料和稀土钢添加剂等；高新技术的应用主要有稀土永磁、稀土荧光粉、稀土晶体（人造宝石）和储氢材料等，但稀土总用量少。这些稀土材料除人工宝石、显像管玻璃及抛光粉外，其他全部依据进口。

1）一般技术的应用

①铈基稀土抛光粉。主要用于平板玻璃、显像管、光学玻璃、液晶显示器和磁片等的抛光，并已全部代替了过去所用的 Fe_2O_3，SiO_2 及 ZrO_2 等抛光粉。稀土抛光粉年用量约 320 吨，由台湾自给。此外，在电视显像管和平板玻璃中，加人 CeO_2 作为添加剂，以防止玻璃变成褐色，这方面的年用量约 250~300 吨，由岛外供应。

②稀土催化剂。主要用于石油裂化催化剂，其添加混合稀土，可将重质油裂解为轻质油，稀土催化剂用量 2 850 吨，含稀土为 0.85%~1.25%。用于汽车尾气净化催化剂，以分解和净化排出汽车尾气中的有毒物，添加 La_2O_3 的催化剂还可提高耐热性，年用催化剂约 3 000 吨。用于汽油抗爆剂，需要加入铈有机化合物制造，以消除无铅汽油燃烧时产生的震爆现象。

③在炼钢中加入稀土，以消除钢中的硫和氧杂质，并可改变夹杂物的形态，提高钢的性能，但台湾的炼钢产业中使用的稀土很少，年用稀土约 1.0 吨。

④电子陶瓷添加稀土，如陶瓷电容加入 La_2O_3，CeO_2 和 Nd_2O_3，年用量约 24 吨；在压电陶瓷中加 La_2O_3；在微波陶瓷中加 Nd_2O_3，年用稀土化合物约 24.5 吨。

⑤稀土陶瓷颜料。主要是生产镨黄颜料，这种镨黄颜料在 1000℃ 下稳定性好，制成的瓷砖及洁具呈纯黄色，颜色鲜艳，亮度高，惹人喜爱。台湾年生产镨黄颜料约 300 吨，年进口 Pr_6O_{11} 约 10 吨。[①]

2）高新技术的应用

主要用于稀土永磁、稀土荧光粉、稀土晶体（人造宝石）和储氢材料等，但稀土总用量少，且大部分靠进口。

①稀土永磁。1986 年开始稀土永磁的生产，各种磁粉均依靠进口。主要生

---

① 林河成：《我国台湾的稀土工业及其评价》，《有色矿物》1998 年第 5 期：58~64。

产烧结磁体 $SmCo_5$ 20 吨／年，Nd-Fe-B 为 40 吨／年和快淬粘结 Nd-Fe-B 磁体为 30 吨／年。这些磁体主要用于硬磁盘驱动器音圈马达、步进电机、精密微型电机和各种精密仪器等。而扬声器和耳机制品用稀土永磁，主要从大陆购进磁片约 10 吨／年。

②稀土荧光粉。主要用于彩色与黑白显像管及三基色灯等。前两者用彩色、黑白荧光粉，后者用三基色荧光粉。它们使用 Y_2O_3、Eu_2O_3、Tb_4O_7 和 La_2O_3 作为基质或激活剂，年需各种稀土荧光粉 155 吨。

③稀土晶体。这种晶体属于人造宝石，台湾称"苏联钻"，它是以氧化钇稳定氧化锆晶体，是台湾的晶体产业的最主要产品，年产量为 350～400 吨，占全球产量的 60%，加入 Y_2O_3 量为 20%，年用 Y_2O_3 70～80 吨，原料来自大陆。

④储氢材料。以 $LaNi_5$ 型储氢材料为主，储氢密度大，在一定压力下能够可逆吸放氢气，是一种储氢性能较好的材料，在镍氢电池中它可作为电池阴极材料，1999 年投入生产。

上述稀土的传统应用和高新技术应用领域还具有很大的发展潜力。近几年大陆的稀土产品供应台湾的总量日益增加，已占据了台湾稀土市场一半以上的份额，而且由于价格便宜，有继续增加的趋势。此外中国台湾还从美国、日本、荷兰、德国等地进口稀土产品，仅有极少量稀土原材料外销至泰国等东南亚国家。

3. 两岸稀土工业发展策略

综上所述，目前台湾的稀土工业尚属较小的行业，处于发展之中。大陆是稀土主要生产地之一，技术力量雄厚、产量大、质量好、价格低，这与台湾可形成极大的互补。

而大陆稀土工业虽然发展迅速，但也存在一些问题：缺乏明确的战略规划和顶层设计；宝贵资源未得到有效利用，产业发展以牺牲环境为代价；产业结构不合理，缺乏有效的监管和调控机制；稀土应用水平较低，亟待重大技术突破和创新。这些都需要两岸共同努力，互相借鉴，合作共赢。

二、纳米材料

纳米技术是在纳米尺度范围（典型但非唯一的范围为 100 毫微米以内的一维或多维空间）对物质及过程的认识和控制，在该尺度范围一系列尺度依存现象通常使原有物质及过程产生新的应用特性[1]。而用纳米技术研发的材料即为

---

① 国际标准化组织所采用定义。

纳米材料，即在三维空间中至少有一维处于纳米尺度范围（1～100 nm）或由它们作为基本单元构成的材料，这大约相当于 10～100 个原子紧密排列在一起的尺度。

1. 两岸纳米材料发展概况

（1）大陆纳米科技实力逐步加强

中国大陆作为参与推动全球纳米科技发展的经济体之一，一直高度重视纳米科技研发，20 世纪 80 年代国家自然科学基金委员会就对纳米科技进行了部署，并给予了连续的支持。科技部"863"计划、"973"计划均设立了与纳米技术有关的项目。中科院和教育部也通过各自的项目支持了纳米科技相关的研究。

"十五"期间，通过科技部"国家攻关计划"、"863"计划、"973"计划和国家自然科学基金委员会重大、重点、面上项目，以及中科院重大、重点项目的实施，纳米科技领域形成了一支高水平的研究队伍，纳米材料和技术的研发水平也得到了很大的提高，一大批技术含量高、极具成长性、拥有自主知识产权的科研成果相继问世，并引起了国际上的关注。

"十一五"期间是大陆纳米科技蓬勃发展的阶段，在基础研究和应用研究方面都取得了显著进展。2006 年，纳米科技被列入了《国家中长期科技发展规划纲要》。为了落实该纲要精神，科技部在"十一五"期间启动了"纳米研究"国家重大科学研究计划、"863"计划设立了"纳米材料与器件"专题和"纳米生物技术"专题；国家自然科学基金委员会除了设立"纳米科技基础研究"和"纳米制造"两个重大研究计划之外，还支持了一批重点项目；各地也投入了大量的人力、物力建设"纳米基地"，通过"纳米基地"构建纳米科技若干专业支撑平台，并实施了一批重大和重要方向性项目；教育部非常重视纳米科技教育和人才培养，设立相关专业，扩大研究生的招生，并通过"985"工程、"211"工程支持高校的相关装备建设。在此期间，发改委联合科技部、教育部、中科院等投资的国家纳米科学中心、上海纳米技术与应用国家工程中心、国家纳米技术与工业研究院等一批国家和地方的研究基地相继建成，还有一批纳米产业基地陆续开始建设。

2011 年 1 月，国家纳米科技指导协调委员会工作会议召开，提出将纳米科技的发展阶段定性为从"大"向"强"转变的关键历史时期，这标志着纳米科技发展进入新时期。经过"十一五"期间的发展，《纳米研究国家重大科学研究计划"十二五"专项规划》已经成为大陆纳米科技发展的旗舰计划。"十二五"

期间，大陆纳米研究展现出很好的产业化应用前景，碳纳米管触摸屏、绿色印刷、纳米抛光液、纳米传感器等产品在多个行业实现规模化生产；传染性疾病快速检测、组织工程修复材料、纳米化药物研发不断推进，纳米技术应用于生物医学前景良好，纳米技术在催化领域的应用取得重大突破；此外还开创了能源与环境纳米技术新领域。

（2）台湾纳米科技计划初见成效

作为新兴工业化经济体，在经历了 20 世纪 50 年代和 70 年代的两次进口替代战略、60 年代的出口战略、80 年代的出口扩张后，从 90 年代末到 21 世纪初，台湾经济面临全球竞争的挑战。随着传统制造业的日渐衰退，台湾提出了"科技导向"的经济发展战略，纳米技术也正是在这时得到了真正的关注。从 1999年开始，台湾开始推动纳米技术的研究，相继制订了"纳米材料尖端研究计划"及"纳米科技研究计划"等。进入 21 世纪，全球兴起了纳米热，世界各主要经济体纷纷制订高级别的科技计划，台湾也于 2003 年实施了台湾纳米科技计划。该计划已经推出两期，目前正处于第二期。

第一期计划执行期为 6 年（2003～2008 年），总经费为 231.9 亿元（新台币）[①]，由科技、经济、教育、原子能方面的主管部门共同推动执行。一期计划主要包括学术卓越、产业化技术、核心设施建置与分享运用以及人才培养 4个分项，旨在提升台湾纳米科技研究的原创性，促进所需核心技术的持续养成，建构国际级纳米共同实验室，发展跨领域纳米人才，使台湾在纳米科技方面持续保有竞争力。

第二期计划执行期也为 6 年（2009～2014 年），前五年预算已达 146 亿元（新台币），重点在于延续第一期计划的成果，实现纳米科技的产业化，重点方向为纳米前沿研究、生医农学应用、纳米电子与光电技术、能源与环境分析、仪器设备研发及纳米材料与传统产业技术应用等。为加快纳米科技产业化速度，自 2012 年起陆续对计划内容进行调整，停止了前沿研究计划，增加了学研合作计划和产学合作计划等。与第一期计划相比较，第二期计划不再设人才培养和基础平台建设计划，更加注重纳米科技的产业化，尤其在提升传统产业附加值方面。随着二期计划的推动，截至 2013 年 10 月已有 6 100 多篇国际期刊论文获得发表，近 1 500 件专利获得批准；在纳米技术移转方面，技术移转已达 630

---

① 沙建超：《台湾的纳米科技计划》，《海峡科技与产业》2013 年第 6 期：50～54。

件，产业投资有 860 件，投资总额近 145 亿元新台币。

纳米科技计划实施以来，台湾采取了多种形式的纳米科技产业化促进政策，纳米科技发展迅速，人才培养、学术重点设备中心建设成果显著，学术研究水平有较大提升，成立了产业平台、企业发发联盟等促进组织，但是，台湾在纳米技术应用和产业化发展上，至今仍然没有实现突破性进展。

2. 两岸纳米技术专利比较

专利作为集技术情报、商业情报、经济情报等于一体的知识载体，已成为研究具体科学技术发展状况、创新水平的重要对象。

（1）纳米专利年度分布比较

从 2000 年到 2008 年，大陆纳米专利数量一直保持增长，在 2008 年达到 237 件。从 2000 年到 2005 年，台湾纳米专利数量一直保持增长，到 2005 年达到顶峰，为 158 件，并且首次超过了同年大陆纳米专利量，之后台湾纳米专利数量开始降低，并且略有波动。无论是在总量方面，还是年度专利申请量方面，大陆均具有明显的优势。同时，大陆一直保持着较高的增长幅度，而台湾增长缓慢，甚至在 2005～2006 年、2007～2008 年期间，出现负增长，如图 2-10 所示。

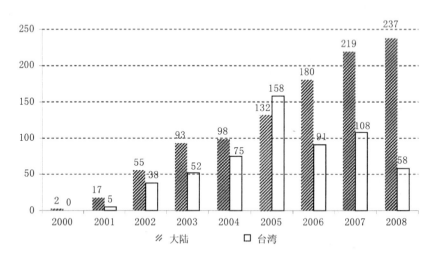

图 2-10 两岸纳米专利年度分布比较（专利的申请时间）

注：考虑到专利从申请到授权、专利在德温特数据库的入库等所带来的时滞问题，检索到的 2009 年的数据（大陆 134 件，台湾 10 件）并不全面，不予比较。

数据来源：高继平、丁堃：《海峡两岸纳米技术专利比较及其产业发展对策》，《科技管理》2012 年第 6 期：100～110。

（2）纳米专利研究热点及技术演进比较

德温特手工代码（英文为 Derwent Manual Code，简称 DMC）从技术应用的角度对专利予以分类，并通过频数（在一定程度上可以反映研究对象的受关注程度）来比较两岸纳米专利的研究热点。大陆频数排名前十的研究领域依次是：纳米技术、纳米粒子、碳纳米管、碳纳米结构、一般纳米技术、非金属导体—碳和石墨材料、纳米设备、电子器件和电子材料的其他制造和加工方法、医药学以及纳米尺度的形成和沉积。而台湾频数排名前十的研究领域依次是：非金属导体—碳和石墨材料、传导性纳米材料、碳纳米管、碳纳米结构、纳米结构、纳米技术、电极板、纳米设备、电子器件和电子材料的其他制造的加工方法、纳米尺度的形成和沉积。

可以看出，两岸在纳米技术的整个发展过程中，都非常重视纳米科学技术研究中基础性领域纳米材料、纳米设备器件等的研究。相对而言，台湾在纳米光电子器件方面的研究要领先于大陆，如传导性材料、电极板的研究等；而大陆则在纳米技术研究方面，尤其是应用于医药方面的研究较为领先。

从 2001 年开始，大陆的纳米研究是沿着下面的路线演进的：由富勒烯、碳纳米结构、纳米设备到碳纳米管与一般纳米技术、聚合物，之后则是纳米粒子、非金属导体—碳和石墨材料，再到纳米技术、电子器件和材料的其他制造和加工方法，再后来是 2007 年的太阳能电池、混合物与复合物，还有 2008 年的化工与污染控制和发光材料，以及催化剂载体和铁化合物的研究。台湾的研究热点是由碳纳米管、碳纳米结构到辐射冷却，然后到非金属导体—碳和石墨材料、传导性纳米材料，再到纳米技术，以及之后的放电灯、电子光学应用，再之后则是锂基以及半导体加工—电极、未定义的蛋白质/多肽。

表 2-11　两岸纳米技术演进路线表

	2001 年	2002 年	2003 年	2004 年	2005 年	2006 年	2007 年	2008 年	2009 年
大陆	E05-U02	U12-B03F2A	E05-U03	B04-C03	E31-W14	L03-E05B	X16-B01F1	G04-A	N06-F
	富勒烯	纳米设备	碳纳米管	聚合物	纳米粒子	纳米技术	太阳能电池	发光材料	催化剂载体
台湾	—	E05-U03	V04-T03A	L03-A02G	A12-W14	A12-E11	X16-B01F1	B04-N04	
	—	碳纳米管	辐射冷却	传导性纳米材料	纳米技术	电子光学应用	锂基	未定义的蛋白质/多肽	

数据来源：高继平、丁堃：《海峡两岸纳米技术专利比较及其产业发展对策》，《科研管理》2012 年第 6 期：100～110。

比较可知，大陆的纳米技术研究要比台湾稍晚一些。台湾在 2002 年开始碳纳米管研究，在大陆则是 2003 年；之后 2005 年台湾展开纳米技术的研发，大陆研发则始于 2006 年。2008 年以后台湾专注于纳米科学技术在生物方面的研究，如未定义的蛋白质／多肽；而大陆对纳米在太阳能电池、发光材料等方面的研究开始增多。

3. 两岸纳米材料的发展趋势与对策

纳米材料在当今的新热点是对纳米尺度基元进行表面修饰改性，从而使人们可以有更多的自由度按自己的意愿合成具有特殊性能的新材料。这些新材料在橡胶、颜料、陶瓷制品改性等方面很可能给传统产业和产品注入新的高科技含量，在未来市场上占有重要份额，而且这些纳米材料在医药方面的应用研究也非常引人瞩目。具体而言，未来纳米材料研究趋势有三：如何获得清洁、无孔隙、大尺寸的块体纳米材料，以真实反映纳米材料的本征结构与性能；如何开发新的制备技术与工艺，实现高品质、低成本、多品种的纳米材料产业化；纳米材料的奇异性能是如何依赖于微观结构（品粒尺寸与形貌、品界等缺陷的性质、合金化学）的。

《2013～2017 年中国纳米材料行业发展前景与投资预测分析报告》根据纳米材料的历史发展规律，结合当前的政策支持和纳米材料发展状况，预测2013～2017 年我国纳米材料的市场规模将出现较大幅度的增长，年均增幅在15%以上，到 2017 年纳米材料的市场规模将超过 70 亿元。

从各经济体对纳米材料和纳米科技的部署来看，当前世界各经济体的纳米科技战略是：以经济振兴和提高整体实力的需求为目标，牵引纳米材料的基础研究、应用研究；组织多学科的科技人员交叉创新，做到基础研究、应用研究并举和纳米科学、纳米技术并举，重视基础研究和应用研究的衔接，重视技术集成；重视发展纳米材料和技术改造传统产品，提高技术含量；重视纳米材料和纳米技术在环境、能源和信息等领域的应用，实现跨越式发展。我国的纳米材料发展也呈现相同的趋势，同时结合环境、能源环保、生物医药等行业重点发展相关纳米技术。此外，结合两岸纳米材料和技术的发展历程、现状及其优劣势，两岸的纳米产业发展，应该从以下几个方面进一步完善。

（1）重视创新主体的作用，加大人才培养力度

大陆的纳米成果主要源自高校，而技术发明所产生的经济效益、社会效益

需要企业去创造，故应当加大高校科研成果的转化效果与效率。尽管台湾的创新主体是企业，但是企业往往出自自身发展的需要，仅抓住自身发展需要的纳米科学技术研究项目，而忽略纳米的其他基础性科目研究，这就需要台湾的高校发挥其基础研究的优势，加大该方面的科技投入。

（2）强化优势领域，发展弱势领域

相对而言，两岸都有自身的优势学科领域，也有自身的不足门类。大陆在纳米材料制造、纳米微观属性研究等方面较强，故要在该方面进一步加强研究，以期在使之成为带头学科的同时引领世界前沿研究的未来方向；而台湾由于企业发展的需要，重视纳米通信技术、纳米电子器件的研究，而在纳米化学材料方面的研究有些不足。故而两岸应该加强交流合作，互相学习，在强化优势学科领域的同时发展弱势领域。

（3）合作共赢，共同促进纳米材料技术的发展

海峡两岸一方面在地理空间上相邻，另一方面在纳米技术研究中存在着优势互补，通过合作也可以诞生一些纳米新兴研究领域。开展两岸合作，尤其是在学术交流、普通的研究与开发及耗资大的设备及实验方面等方面意义巨大。同时两岸均应加强与其他经济体的合作，及时有效地获取纳米科技发展的最前沿信息，注重纳米材料技术的引进吸收和再创新，进行相关的技术转让，这可以尽快缩短同发达经济体的差距。

三、发光二极管

目前发光二极管（以下简称 LED）已普遍应用于资讯、通信及消费性电子产品指示器等装置上，成为日常生活中不可或缺的重要元件。不同于一般白炽灯泡，LED 作为新型固体光源，具有高效、节能、环保、寿命长、安全、色彩丰富、体积小、响应速度快、耐振动、易维护等显著优点，被公认为是 21 世纪最具发展前景的高技术领域之一。照明应用是全球第二大能源消耗，约占所有能源消耗的 19%，若用 LED 替代传统白炽灯，将节约 90% 的耗电量。因此，在全球气候变暖、节能减碳的风潮下，发展 LED 产业、推进 LED 的照明应用进程，对海峡两岸的可持续发展具有重大战略意义。

1. 海峡两岸 LED 产业现状的比较

（1）大陆 LED 产业现状

大陆 LED 产业起步于 20 世纪 70 年代，由于起步较晚，早期大陆 LED 企业多为封装企业，外延片、芯片全部从海外进口，LED 产品主要用于信号、标志、数字显示等低端领域。经过四十多年的发展，已初步形成了包括 LED 外延片的生产、LED 芯片的制备、LED 芯片的封装以及 LED 产品应用在内的较为完整的产业链。2013 年，全球经济复苏，应用需求回暖，大陆节能环保政策密集出台，在这些因素的影响下，大陆 LED 行业实现快速增长。根据最新出版的《2014～2017 年中国 LED 行业市场研究及预测分析报告》显示，2013 年大陆 LED 行业规模达到了 2 576 亿元，较 2012 年的 1 920 亿元增长 34.17%，成为 2010 年以后同比增幅最大的年份。从产业链环节来看，2013 年大陆 LED 行业无论上游外延芯片、中游封装还是下游应用增速都明显高于 2012 年水平。2013 年大陆上游外延芯片规模达到 105 亿元，中游封装规模达到 403 亿元，下游应用规模则突破 2 000 亿元，达到 2 068 亿元。

2013 年大陆 LED 产业分布情况如图 2-11 所示。

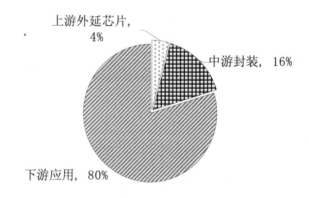

图 2-11　LED 产业链销售分布

数据来源：《2014～2017 年中国 LED 行业市场研究及预测分析报告》。

随着改革开放成果的显现，大陆的资金得到很好集聚，为 LED 照明产业的发展做了有力支撑，同时对节能减排的需求越来越迫切，随着《国务院关于加快培育和发展战略性新兴产业的决定》的出台，节能环保产业成为国家战略新兴产业、受到重点对待，这就使得 LED 照明产业的发展前景更好。但大陆 LED 照明产业的发展现状不仅要从资金、政策角度来说明，更重要的是要从技术层面、市场规模以及自身需求和进出口情况来进一步了解。

1）技术层面

中国大陆的 LED 虽然起步于 20 世纪 70 年代，但与发达经济体相比，一直都处于追赶状态，到 20 世纪八九十年代，中国大陆 LED 核心技术仍然是处于空白状态，这期间美国和日本研制出了超亮光 LED 红色、蓝光 LED 和白光 LED，处于 LED 照明产业链上游的核心技术基本上被这些发达经济体所垄断。当时大陆的 LED 芯片基本上依靠进口，自身只能凭借丰富的自然资源和人力资本进入该产业的下游环节——封装和应用。

进入 21 世纪后，随着改革开放成果的积累，大陆具备了一定的资金实力。同时通过引进和人才培养，有了一定数量的科研人员。特别是 2003 年，半导体照明工程在科技部的支持下揭开了序幕，技术攻关计划、"863" 计划的启动对 LED 照明产业进行了技术创新和产业化的大力支撑。中国大陆开始从该产业的中下游向中上游靠拢，逐渐涉足芯片制备和外延片生产，但此时关键的设备和专利仍然被一些发达经济体掌握着。产业发展是从分散到集中的过程，现在大陆的 LED 照明产业不再是只散落于个别城市的个别企业，而是经过科技部的批准，先后建立了上海、大连、南昌、厦门、深圳、扬州、石家庄七个国家级半导体照明产业基地，2009～2010 年，又审批设立了天津、杭州、武汉、宁波、东莞、西安六个国家级半导体照明工程高新技术产业化基地。到 2013 年，大陆半导体照明产业关键技术与国际水平差距进一步缩小，功率型白光 LED 产业化光效达 140 lm/W（2012 年为 120 lm/W 左右）；具有自主知识产权的功率型硅基 LED 芯片产业化光效达到 130 lm/W；自主生产的 48 片—56 片生产型金属有机化合物化学气相沉淀设备开始投入生产试用，大陆已成为全球 LED 封装和应用产品重要的生产和出口基地。

截至 2013 年，大陆芯片的自主生产率达到 75%（如图 2-12），在中小功率应用方面已经具有较强的竞争优势，但是在路灯等大功率照明应用方面还是以进口芯片为主。

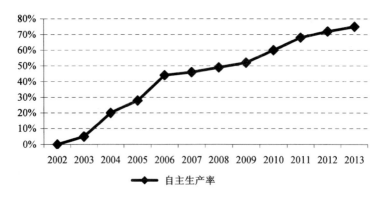

图 2-12　大陆芯片自主生产率趋势变化

说明：数据来源：半导体照明网：《2013 年中国 LED 照明产业数据及发展概况》，具体参见 http://www.yejibang.com/
news-details-4786.html。

2）各产业链的市场规模

行业咨询网的相关数据表明，现阶段大陆从事 LED 产业的人数达 50 余万
人，研究机构 20 多家，企业 4 000 多家，其中上游企业 50 余家，封装企业 1 000
余家，下游应用企业 3 000 余家，大陆已经成为世界上重要的中低端 LED 封装
生产基地，主要生产厂商分布如表 2-12 所示。

表 2-12　LED 产业链上的重点企业

材料体系	衬底等原材料	上游：外延芯片	中游：封装	下游：应用
InGaAlP	中科晶电：GaAs 中科稼英：GaAs 南大光电：MO 源	厦门三安、山东华光、厦门乾照、大连路美、南昌欣磊、上海金桥大晨等	佛山国星、广州鸿利、厦门华联、杭州中宙、宁波升谱、江苏稳润、深圳量子、杭科电子、蓝晶科技、天津天星、江苏奥雷、深圳普耐、宁波安迪、中山木林森、深圳瑞丰、深圳万润、深圳雷曼、河北立德等	真明丽、上海亚明、雷士照明、上海三思、浙江阳光、TCL、北京朗波尔、清华同方、山西光宇、浙江生辉、南京汉德森、江苏史福特、深圳帝光、深圳珈伟、深圳洲明、深圳伟志、上海小糸、上海鼎晖、西安立明、广州雅江、东莞勤上、北京利亚德、宁波燎原、宁波赛尔富等
GaN	云南蓝晶、武欧亚、青岛嘉星、重庆中联、哈尔滨奥瑞德：蓝宝石衬底	三安光电、杭州士兰明芯、上海蓝光、武汉迪源、清华同方、南昌晶能、武汉华灿、佛山旭瑞、湖南华磊、扬州中科、常州晶元、嘉兴亚威朗、扬州璨扬、江门银宇、广州晶科、大连路美、芜湖德豪润达、上海蓝宝等		
	南大光电：MO 源			
	大连光明化工、大连科利德：高纯氨			

资料来源：资料来源：吕海军：《我国 LED 产业发展现状及未来发展展望》，《照明工程学报》2013 年第 3 期：6～11。

可以看出，从上游外延芯片制造，到中游封装再到下游的应用，都有企业致力于其研究和生产，这样的产业区域分布，加强了同行业企业的联系，促进了大陆 LED 产业的整体发展。

图 2-13 展示的是大陆 2006～2013 年的 LED 照明产业各产业链的产值规模，同时还有该产业发展的增长率。

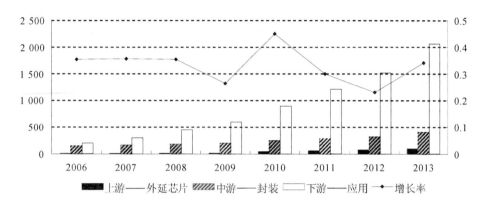

图 2-13　2006–2013 年大陆 LED 照明各产业链产值规模（亿元）

资料来源：半导体照明网，http://lights.ofweek.com/；张元猛：《基于 S-C-P 范式视角的中国 LED 照明产业组织研究》，中国海洋大学硕士学位论文，2013。

从上图中可以看出，LED 照明产业的各个环节的市场产值在绝对量上都表现为一个向上增长的态势，而产业整体发展的增长率受经济环境影响，则是一个起伏不定的态势。从 2008 年开始，受经济危机的影响，LED 照明产业呈现下滑的态势，到了 2010 年开始有所复苏，随后又开始下滑。这主要是受经济危机后遗症和"欧债危机"的影响，对外出口受挫。随着全球经济的复苏和应用需求的回暖，2013 年成为继 2010 年后的又一个快速发展年和变革年。

3）大陆 LED 产业内部需求和进出口情况

2013 年，大陆 LED 照明灯具产品产量超过 8.1 亿只，对内销量约 4 亿只，大陆 LED 灯具市场渗透率达到 8.9%，如图 2-14，比去年的 3.3% 上升近 5 个百分点，特别是在商业照明领域增长更为明显。据不完全统计，商业照明领域中 LED 灯具的渗透率已经超过 12%。

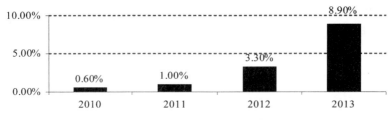

图 2-14　大陆 LED 灯具市场渗透率

数据来源：半导体照明网：《2013 年中国 LED 照明产业数据及发展概况》,具体参见 http://www.yejibang.com/news-details-4786.html。

从连续四年进出口数据来看，一直以来大陆 LED 产业进口高于出口，存在较大逆差。不过在 2013 年，这种形势有所好转，进出口贸易逆差呈现逐渐缩小的趋势。2013 年大陆 LED 器件进口数量为 759 亿只，进口金额为 54.1 亿美元，出口数量为 605 亿只，出口金额为 34.7 亿美元。另外，2013 年 LED 器件进出口平均单价分别为 7.0 美分和 4.6 美分，这在一定程度上反映出，大陆 LED 器件的出口还是以中低端产品为主。

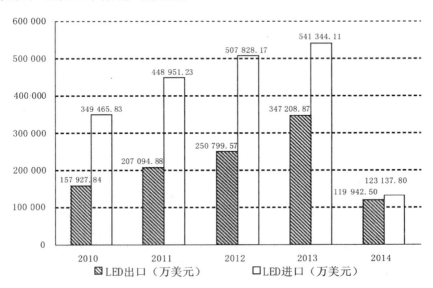

图 2-15　2010～2014 年大陆 LED 产业进出口情况

注：2014 年数据为第一季度数据。

数据来源：根据同花顺在线实时金融终端（iFinD）数据库的相关数据绘制而成。

从 2013 年中国大陆 LED 灯具出口地区分布来看，欧美地区呈现超高速增长，亚洲增速较慢，其中欧盟是中国大陆 LED 灯具最大的出口市场，占整体的28%；北美洲是中国大陆的第二大市场，占比超过 18%；日本占比近 9%。此外，以金砖国家为代表的新兴市场也是中国大陆 LED 灯具重要的出口地，大约占整体的 8%左右。[①]

（2）台湾 LED 产业现状

1972 年，美国电气公司德克萨斯州仪器 LED 部门正式进入中国台湾，引入全台第一条 LED 封装生产线。两年后，台湾本地 LED 封装厂——光宝诞生，台湾正式开放 LED 产业之门，随后大批下游封装企业陆续成立，大多集中在台北一带。中国台湾 LED 产业初期以下游封装为主，上、中游磊晶片与晶粒均需要依赖美、日大厂的供应，直到 1983 年、1988 年光磊、鼎元公司相继成立，才逐渐跨入中段切割。至于上游的磊晶片，1993 年成立的国联公司为台湾第一家上游磊晶片厂，开始了台湾上游磊晶基础的建立；蓝光磊晶片部分，则从 1996年台湾"工研院"与亿光合资成立的晶元光电开始发展。至此，台湾才建立了完整的 LED 产业上中下游供应链。经过 40 多年的发展，中国台湾已经发展成全球 LED 磊晶与封装产业最大的地区，成为仅次于日本的第二大 LED 生产地，产量位居世界第一，约占 40%～45%，产值位居世界第二，约占 25%。

1）台湾 LED 产值分析

台湾 LED 产业受 2005 年市场供需严重失调影响，产品单价大幅下滑，经营环境恶劣。2006 年起呈现出稳健增长趋势，市场增长率高于产业平均值。2013年台湾 LED 照明光电总产值为 219 亿元新台币，2014 年台湾 LED 总产值约为47 亿美元，预计 2015 年 LED 元件产业规模将持续成长至 54 亿美元。

为持续协助产业发展并落实节能减排，自 2012 年起，台湾经济有关部门以节能绩效保证专案模式推动 3 项"台湾设置 LED 路灯计划"，希望借由这次示范计划，提供厂商实绩验证机会，建立 LED 路灯完整产业链、形成产业群聚效应，提升产业国际竞争力。台湾将结合两岸优势与影响力进军国际市场；同时预估 2018 年台湾 LED 路灯产业产值可望达 340 亿元新台币，全球市场占有率达到 20%。另外，台湾经济部门指出，这项计划范围包括岛内 22 县市，其中补助或支付换装费用超过 27.68 亿元新台币，预计换装 32.6 万盏以上的 LED 路

---

① 数据来源：半导体照明网：《2013 年中国 LED 照明产业数据及发展概况》，具体参见 http://www.yejibang.com/news-details-4786.html。

灯，每年可节约 1.43 亿度电，减少 8.75 万吨二氧化碳排放，相当于 225 座大安森林公园碳吸附量，并进一步带动 44.81 亿元新台币的产值[①]。

从台湾 LED 产业的发展可以看出台湾在整合产学研、提升 LED 光源技术、推动 LED 产业标准及创造 LED 高附加值应用等全方位发展上所做的努力。中国台湾 LED 产值变化分析见表 2-13。

表 2-13　中国台湾 LED 产值变化分析

年份	全球排名	产值（百万美元）	全球市场份额占比
2009	第二	1772	25.4%
2010	第三	2393	19.1%
2011	第三	2609	19.0%

数据来源：台湾"产业情报研究所"，2012 年 8 月。

2）技术层面

台湾"工研院"近年攻克了 LED 产业领域多项关键技术，例如可直接使用交流电的 LED（即 AC LED）、主动矩阵有机发光二极管（即 AM OLED）、磁能 LED、广色域 LED 背光技术、LED 封装技术等，并研发出照明、显示领域的多种产品，在世界 LED 技术光电转换效率等一些性能指标提升、产品便捷化、产品技术集成化以及成本降低等方面做出了突出的贡献，为台湾厂商掌握核心技术、引领世界 LED 产业发展起到重要作用。

此外，台湾 LED 技术的产业化应用，过去主要是在手机产业领域。随着手机市场的渐趋饱和，LED 在手机方面的应用增长趋缓。而由于近年油电价格高涨、环保要求提高，台湾"工研院"将研发的多项 LED 关键技术应用于照明、医疗、娱乐、媒体等领域。

3）台湾 LED 内部需求和 LED 产业进出口分析

2013 年台湾照明的用电量约 220 亿度，如果全台湾的商用、工厂与民生照明一律改用 LED 光源，耗电量可降至 119 亿度，节省约 100 亿度电，相当于目前三座核电厂 2013 年发电量 416 亿度的 24%，节能效益达 45%，对降低台湾整体耗能环境与能源分配有相当大的助益。台湾 LED 市场规模为 100 亿美元上

---

① 资料来源：中国新闻网，《台经济部门：台湾 LED 路灯产值上看 300 亿元》，具体参见 http://www.chinanews.com/tw/2012/03-27/3775870.shtml，2012-03-27。

下，在全球半导体设备需求市场上的比例一直高居第一。虽然目前台湾 LED 照明渗透率约 22%，远远高于 2013 年大陆的市场渗透率 8.9%，但是台湾的 LED 市场潜力还是很大的①。

台湾有关部门 2014 年 5 月 7 日发布的海关进出口贸易资料显示，台湾 2014 年 4 月出口 266.0 亿美元，为历年 4 月次高，仅次于 2011 年 4 月，增长 6.2%；进口额为 240.6 亿美元，增长 5.8%，出超 25.3 亿美元，增长 10.3%。累计 2014 年 1~4 月台湾出口额达 999.2 亿美元，增长 2.3%，远超过大陆同期的 12 亿美元；进口额达 909.2 亿美元，小幅增长 0.2%，也远远超过大陆同期的 12.3 亿美元，累计出超 90.0 亿美元，增长 29.6%。

就 2014 年 4 月中国台湾的主要出口市场观察，除对日本出口下滑 3.2%外，其余出口至欧洲、东协（6 国）、美国及中国大陆（含中国香港）的金额分别成长 13.1%、8.5%、6.9%及 5.0%。在主要出口货品方面，除光学器材、通信设备、电机产品及矿产品等出口下滑外，其余货品多呈正向增长，特别是电子产品较上年同月大幅增长 14.7%，表现突出，主要为集成电路增长 11.5%、太阳能电池增长 64.6%及 LED 增长 12.5%；进口方面，受到中国大陆半导体主要厂商持续扩充高阶制程产品，生产半导体装置相关机械设备进口增加，资本设备进口较上年同月增长 18.9%，主要进口来源美国方面则大幅增长 30.3%。

2. 大陆 LED 产业发展趋势以及台湾经验启示

在产业政策和国际市场需求的双重拉动下，大陆 LED 照明产品市场也在加速发展。目前，全球 LED 产能正在向中国大陆转移，全球 50%左右的 LED 封装和 60%以上的 LED 应用都在大陆进行，中国大陆已成为全球半导体照明产业发展最快的经济体。在节能减排的大背景下，国家发改委等六部委联合出台了《半导体照明节能产业规划》，进一步明确阐述了"十二五"期间 LED 产业的发展目标、主要任务及扶持措施，并明确了要促进 LED 照明节能产业值年均增长 30%左右、2015 年达到 4 500 亿元的目标，其中 LED 产业应用产品达到 1 800 亿元。

借鉴台湾 LED 技术国际领先的经验模式、产业的发展历程，现对大陆 LED 产业的发展提出以下建议。

---

① 数据来源：半导体照明网，具体参见 http://lights.ofweek.com/2014-04/ART-220001-8120-28801742.html。

（1）积极与厂商进行关键研发合作，寻求产业化合作渠道

从关键技术研究初期到产品研发，再到技术成果产业化阶段，台湾"工研院"非常注重寻求与生产厂商的合作。为整合各部门相对分散的研究单位、加大技术转移力度，台湾于1973年成立了"工研院"，它在台湾LED产业的发展中扮演了重要的角色，如技术引进带头者、技术研究整合者，而其中最重要的就是技术转移扩散角色，形成了独具特点的"'工研院'模式"：选择具有发展前景、具备战略意义的重大课题，或自主研发，或联合业界商家合力攻关，而所形成的项目研究成果，则必须予以技术扩散、形成商业化，以成果产出赢回研究投入的空缺资金。与厂商进行研发合作，一方面可以降低研发所需的投入经费与承担的风险，另一方面可以结合厂商优异的制造技术，及其敏锐捕捉市场需求的能力，充分发挥"工研院"的研发与创造能力。

（2）积极参与产业标准规范的制定

LED产品技术的特殊性和多样性等特性，使得如果LED产业不存在公认的标准，各个厂家技术"各自为政"，就易出现技术竞争秩序混乱、研发资源投入浪费和低效的问题。对此，台湾LED产业从技术发展起步之始，就将制定标准工作提上议事日程。标准具有一定的地域范围，台湾LED产业不仅将标准应用范围落地于台湾本地，同时将视野拓展到全球。台湾"工研院"积极参与和推广LED行业标准的建立，突出"工研院"在LED产业中的重要作用，加入国际照明委员会等行业标准制定组织共同参与标准制定，协助台湾产业界在国际标准平台上争取话语权，并逐渐提升"工研院"研发的可直接使用交流电的发光二极管（即AC LED）在国际LED领域开发上的影响，争取在台湾进入国际市场之时可以节省成本、发挥市场影响力。

（3）超前部署专利布局，采用循环人才培养方式

台湾"工研院"从引领LED技术研究之始，就将LED专利的累积放在重要位置。在台湾经济主管部门"法人科专"计划的支持下，"工研院"将LED专利内容细分，包括元件、模组、照明光学等领域，总共引入8万项专利，开发成专利平台，进行电子化操作。在专利库的技术信息引导下，台湾众多厂商可以有针对性地选择所需专利进行专利购买或避开专利壁垒另行研发，积极规避了潜在的"专利战"。此外采用循环人才培养方式，在引进外部智力的同时进行人才输出、高端培养，为台湾LED产业发展提供了强大的人才支撑。

参考文献：

[1] 王鹏：《海峡两岸高科技产业的优劣势比较分析》，《科技与经济》2004 年第 2 期：46～48。

[2] 北京市长城企业战略研究所：《新材料原创细分产业分析》，《透视》2013 年第 4 期：22～30。

[3] 陈建勋：《中国新材料产业成长与发展研究》，上海社会科学院博士学位论文，2008。

[4] 罗勇：《台湾推动科技计划概览》，《海峡科技与产业》2013 年第 1 期：72～76。

[5] 史冬梅：《国内外新材料产业发展现状》，《新材料产业》2000 年第 12 期：85～93。

[6] 《新材料产业：那片绕不过的蓝海》，《中国粉体工业》2013 年第 6 期：57～58。

[7] 上海东滩投资管理顾问有限公司：《新材料产业发展研究报告 2009》，2010 年。

[8] 赛迪顾问：《2011～2012 年中国新材料产业发展研究分析》，2012 年。

[9] 李立、刘志远、邓玉勇：《新材料产业发展状况评析及对策研究》，《青岛科技大学学报》2002 年第 3 期：34～40。

[10] 陆立平：《新材料产业统计方法的探索》，《上海统计》2002 年第 8 期：20～23。

[11] 徐洁茵：《台湾半导体业：走过景气谷底，半导体业可望向上攀升》，《两岸商情》2013 年第 6 期：29～32。

[12] 邵彩霞：《新材料上市公司经营效率及其影响因素研究》，湖南大学硕士学位论文，2013。

[13] 刘健：《新材料上市公司投资价值分析》，河北工业大学硕士学位论文，2012。

[14] 红枫：《我国稀土产业现状和发展趋势》，《科技日报》，2003 年 12 月 5 日，第 08 版。

[15] 胡伯平：《稀土永磁材料的现状和发展趋势》，《综述·动态·评论》2014 年第 45 卷第 2 期：66～77。

[16] 林河成：《我国台湾的稀土工业及其评价》，《有色矿冶》1998 年第 5 期：

58~64。

[17] 刘余九:《中国稀土产业现状及发展的主要任务》,《中国稀土学报》2007年第 3 期:257~264。

[18] 刘慧芳:《中国稀土出口管制及其效果分析》,《国际商贸》2013 年 1 月:137~140。

[19] 沙建超:《台湾的纳米科技计划》,《海峡科技与产业》2013 年第 6 期:50~54。

[20] 高继平:《海峡两岸纳米技术专利比较及其产业发展对策》,《科研管理》2012 年第 6 期:100~110。

[21] 任红轩:《我国纳米科技发展十年巡礼》,《透视》2013 年第 3 期:57~61。

[22] 费琳:《专利计量视角下的我国纳米技术发展现状及趋势分析》,《科技管理研究》2014 年第 5 期:105~110。

[23] 林瑞明:《台湾地区纳米科技发展现状及启示》,《福建工程学院学报》2013年第 6 期:272~278。

[24] 刘耀彬:《我国 LED 产业的发展现状、趋势及战略选择》,《科技进步与对策》2010 年第 12 期:77~83。

[25] 吕海军:《我国 LED 产业发展现状及未来发展展望》,《照明工程学报》2013 年第 3 期:6~11。

[26] 张元猛:《基于 S-C-P 范式视角的中国 LED 照明产业组织研究》,中国海洋大学硕士学位论文,2013。

[27] 中国标准化研究院:《我国 LED 照明产业标准化现状分析与研究》,http://www.yejibang.com/news-details-4434.html,2013 年 11 月 26 日。

[28] 半导体照明网:《2013 年中国 LED 照明产业数据及发展概况》,http://www.yejibang.com/news-details-4786.html,2014 年 1 月 2 日。

[29] 林青海:《台湾推动 LED 照明产业蓝图及方针》,海峡两岸第十五届照明科技与营销研讨会,2008 年。

[30] 纪玉伟:《台湾"工研院"LED 关键技术透视及其研发与产业化管理模式启示》,《科技与产业》2008 年第 8 期:21~26。

第三章　两岸新材料产业技术发展状况比较

新材料产业是一种基础性和支柱性的战略性新兴产业，是现代高新技术产业的基础和先导。任何一项高新技术的突破往往都是以该领域的新材料技术突破为前提的，新材料产业在第三次工业革命中将起到无可替代的基础和支撑作用。因此，大陆已将新材料产业列为国家重点发展的高新技术产业、战略性新兴产业和民用产业。新一轮产业变革是建立在互联网和新材料、新能源相结合基础上的一种新经济发展范式。

第一节　两岸新材料产业技术发展状况比较分析

本节首先从新材料产业研发投入力度、科技创新能力、科技成果转化能力、产业基地规模四个方面分析了大陆新材料产业技术发展的总体状况；其次，重点阐述了两岸在不同新材料关键技术上的重大突破；最后，基于新材料产业技术发展的总体状况和关键技术突破分析，预测了未来两岸新材料产业技术发展态势和技术创新方向。

一、大陆新材料产业技术发展的总体状况

新材料产业对经济的发展具有举足轻重的作用，成为各个经济体抢占未来经济发展制高点的重要领域。主要发达经济体都十分重视新材料产业的投入和发展，我国海峡两岸均加大了对新材料产业的投入与支持，并取得了一定成效。信息材料、新能源材料、生物医用材料、纳米材料、超导材料等一批新兴材料在核心技术方面取得重大突破，从一个侧面反映了两岸培育和发展新材料产业成效显著。

1. 大陆新材料产业研发投入力度加大

大陆新材料产业研发能力稳步提升，各地都将新材料作为优先发展领域，并通过"863"计划、"973"计划和火炬计划等予以支持。截至 2012 年，中科院系统和中央所属的与材料相关的科研机构超过 100 家；设置材料类专业的高校有 421 家，占普通高等院校的 66%；列入"211 工程"的高校中，有 84 所设置了材料类专业，占比达到 88%；材料领域的工程技术研究中心有 44 家，占大陆全部工程技术研究中心的 30%。

新材料产业技术投入主要是通过高等院校新材料产业研究与开发（英文为Research and Development，简称 R&D）课题数、投入人员和投入经费等进行分析的。图 3-1 为高等院校新材料产业 R&D 课题数和投入人员，由图可知，高等院校中 R&D 课题数呈现逐步上升趋势，其中 2012 年 R&D 课题数量达到17 579 项，是 2001 年的 3.4 倍，可见大陆对新材料产业 R&D 投入力度在逐步增强。

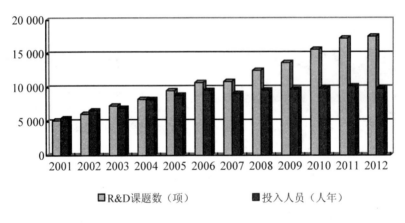

图 3-1　高等院校新材料产业 R&D 课题数和投入人员

资料来源：《中国科技统计年鉴》（2013）。

图 3-2 为高等院校新材料产业 R&D 投入经费趋势图，除了 2007 年、2010年和 2012 年 R&D 投入经费较上一年有所下降之外，2001～2012 年整体发展呈现上升趋势，其中 2011 年投入最大，高达 31.87 亿元，相比 2010 年增加了53.59%，虽然 2012 年比 2011 年有所下降，但仍高达 30.76 亿元，可见大陆对高校 R&D 经费投入力度之大，对新材料产业 R&D 发展重视程度也在加大。

单位：亿元

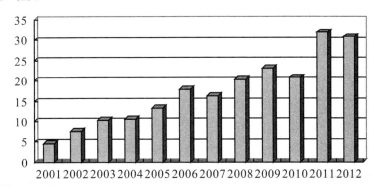

图 3-2　高等院校新材料产业 R&D 投入经费

资料来源：《中国科技统计年鉴》（2013）。

2. 大陆新材料产业科技创新能力增强

大陆新材料产业的发展依赖多学科交叉渗透，并呈现出多产业融合的趋势，具有知识和技术高度密集的特点，技术创新对促进新材料产业集群发展的作用日益凸显。

新材料的研发能力可以看作一个经济体技术水平的一种体现。近年来，大陆新材料产业创新能力明显增强，一大批核心关键技术的研发和产业化取得重要突破。在纳米技术方面，大陆已成为纳米技术专利申请最多的经济体之一，在全球纳米科技领域处于领先地位；在超导材料方面，山东华特磁电科技股份有限公司与中国科学院高能物理研究所联合研制的低温超导除铁器的主要技术指标达到国际领先水平，填补了此项技术的空白；在高性能结构材料方面，洛阳镭奇系统与材料技术有限公司 2011 年已研制成功了一种"晶莹剔透、性能优异"的新型透明陶瓷材料，使大陆在透明陶瓷材料领域大大缩短了与世界先进水平的差距，打破了发达经济体在这种材料上的封锁和垄断；在稀土新材料方面，大陆已由原来的稀土资源输出转向稀土新材料的研发与生产，中国三环、彩虹股份、包头稀奥科等一批掌握稀土材料关键技术的企业，在全球稀土新材料领域已占据一席之地；在电池材料领域，锂电池材料、太阳能电池基本实现完全自主生产。

3. 大陆新材料产业科技成果产业化步伐加快

"十一五"规划实施以来，大陆新材料产业保持高速发展，呈现科技含量高、产业融合、产品更新速度快及研发、生产、销售国际性强等特点。在产业规模不断扩大的同时，坚持科技创新与实现产业化相结合的原则，极大地促进了新材料科技成果的产业化。如：在半导体照明方面，重庆邦桥公司成为中国半导体产业联盟建设的首个展示体验中心签约单位，超硅公司月产60万片LED芯片的生产线正在加紧建设，新产品亮相国际峰会，自主研发的LED大屏亮相中美工程前沿研讨会。2010年，大陆已实现了自主生产外延片和芯片，进口的自产芯片替代比例逐年上升，2011年达68%，半导体照明整体产业规模达到1 500多亿元。在碳纤维方面，碳纤维材料已广泛应用于飞机、火车、汽车、石油化工、生物医学等行业的民用领域，同时也大量应用于航空、航天、导弹、舰船制造等领域。在生物医用材料方面，治疗性疫苗和抗体等新药、转基因动植物新品种、生物材料等新产品的研发速度逐年加快，2013年生物医药制造业和医疗器械分别实现产值21 000亿元和1 900余亿元，同比增长18%左右。

4. 大陆新材料产业基地规模不断扩大

在政策引导和市场需求的驱动下，依托矿产资源、产业基础、技术与人才、区位及市场优势等，大陆的新材料产业呈现出集群化发展态势，已经初步形成了"东部沿海集聚、中西部特色发展"的空间发展格局，环渤海、长三角、珠三角地区是核心发展区。截至2013年，已形成以包头稀土高新技术产业开发区、江西赣州经济开发区等为代表的稀土功能材料基地，以宜兴非金属材料产业基地、长兴无机非金属新材料产业基地代表的非金属新材料产业基地等一系列新材料产业基地。科技部从1995年开始筹建新材料产业基地。截至2013年，批准建立的火炬计划新材料特色产业基地有46个，占全部特色产业基地总数的17.76%；批准的国家新材料高新技术产业化基地32个，占全部高新技术产业化基地总数的18.6%。工信部批准的新型工业示范基地中有31个新材料产业基地，占基地总数的16.8%。

二、两岸新材料产业关键技术上的重大突破

重大技术突破是新材料产业发展的重要基础。系统掌握关键核心技术，控制产业链中的驱动环节，才能获得竞争优势，掌握产业结构调整、国际经济竞争的主动权，从而促进两岸新材料产业快速发展。从目前的情况看，两岸对新

材料产业的投资都在大规模增加，正在逐步掌握具有自主知识产权的关键核心技术，取得了一大批拥有自主知识产权、经济社会效益显著的重大科技成果。

1. 大陆新材料产业在关键技术上取得重大突破

（1）金属功能材料

特种金属功能材料被列为《新材料产业"十二五"发展规划》6大重点发展方向之首。在特殊金属功能材料中，稀土功能材料是一个重要发展方向。大陆高度重视稀土等具有优势的战略性资源保护以及企业对稀土资源的开发与利用，在合理规划资源开发规模、提高稀土新材料性能、扩大高端领域等方面取得了一定进展。

2013年4月，国家"863"计划"先进稀土材料制备及应用技术"重大项目"高端应用稀土荧光粉及其规模化制备技术"课题在咸阳通过了技术验收。该课题组通过组成优化和合成条件突破，开发出铝酸盐、氮化物、氮氧化物等体系10余款LED用荧光粉及其规模化制备技术，开发出5种普通型及宽色域型冷阴极荧光灯管（英文为Cold Cathode Fluorescent Lamp，简称CCFL）荧光粉及其规模化制备技术，建成了年产200吨的CCFL荧光粉和年产50吨的LED荧光粉生产线，相关研发产品在2012年的产值超过1.4亿元，申请发明专利20项、国际发明专利3项，发表学术论文29篇，形成了具有自主知识产权的专利网，促进了照明和荧光材料的发展，提高了大陆在本领域的地位，推动了稀土发光材料领域的创新和进步，加快了CCFL、LED、3D显示用荧光粉的国产化应用进程，提高了稀土氧化物产品的附加值和稀土荧光粉生产企业的核心竞争力[1]。

截至2013年，大陆的半导体照明工程启动已有十年。十年间，半导体照明产业取得了长足发展。这十年是成果卓著、跨越发展的十年。半导体照明产业已初具规模，形成了相对完整的产业链，且产业集聚初步形成，一批骨干企业正在茁壮成长，产业发展的关键技术与国际水平差距逐步缩小。2013年，功率型白光LED产业化光效达140 lm/W（2012年为120 lm/W左右）；具有自主知识产权的功率型硅基LED芯片产业化光效达到130 lm/W；自主生产的48片—56片生产型金属有机化合物化学气相沉淀设备开始投入生产试用；大陆已成为

---

[1] 《科技部：我国高端稀土发光材料已具备批量生产能力》，具体参见 http://www.gov.cn/gzdt/2013-05/08/content_2398182.htm。

全球 LED 封装和应用产品重要的生产和出口基地①。

（2）高端金属结构材料

高端金属结构材料，是应用最为广泛的材料之一，涉及从日用品、建筑到汽车、飞机、卫星和火箭等众多领域。"十二五"规划中提到了重点发展两种高端金属结构材料。第一种是高品质特殊钢。工信部《新材料产业"十二五"发展规划》中提到，建立高品质钢的基地，以上海、江苏江阴等为中心，重点建设华东高品质特殊钢综合生产基地；依托鞍山、大连等老工业基地，打造东北高品质特殊钢基地；在山西太原、湖北武汉、河南舞阳、天津等地建设若干专业化高品质特殊钢生产基地。第二种是新型轻合金材料。上述规划中明确提出，要重点支持新型轻合金材料的研发，以轻质、高强、大规格、耐高温、耐腐蚀为发展方向，发展高性能铝合金、镁合金和钛合金高强轻型合金材料，重点满足大飞机、高速铁路等交通运输装备需求；积极开发高性能铝合金品种及大型铝合金加工工艺，加快镁合金制备及深加工技术开发，开发镁合金在汽车零部件、轨道列车等领域的应用示范。

2013 年 8 月，宝钢下属公司宝银特钢以单价 100 万元/吨的价格，与东方重机签署了核电蒸发器 690 U 形管 2 亿供货合同，打破了发达经济体对 690 U 形管的垄断。690 U 形管是不锈钢领域的皇冠产品，世界上只有两三家企业生产，主要集中在德国。中国大陆所使用的 690 U 形管以前主要靠进口，自产 690 U 形管技术产品是近几年才开始研发的，到 2013 年实现推广。这表明中国大陆已成为世界上第三个能生产核电蒸汽发生器用 690 U 形传热管生产的经济体，并标志着该核电关键产品已真正实现了自主生产②。

2013 年 8 月，由河北钢铁集团承钢公司承担的国家科技支撑计划项目"钒系列合金材料高效制备及产业化技术研究"，在钒合金材料制备技术方面取得突破性进展，其创新工艺"电铝热法"生产钒铝合金技术为世界首创，成功冶炼出航天航空终端用 55 钒铝合金（含钒 55%的钒合金），产品达到世界钒铝合金生产领军企业——德国福尼斯公司制定的 55 钒铝合金产品标准，并摸索出多项工艺参数，为下一步建立工业生产线奠定了坚实基础。这一技术突破有望解决

---

① 中国半导体照明网：《2013 年中国半导体照明产业数据及发展概况》，具体参见 http://www.china-led.org/article/20131231/3979.shtml。

② 欧浦钢网：《核电联姻国产新材料 百万元每吨的钢管物有所值》，具体参见 http://news.gtxh.com/news/20130906/guancai_314074909.html。

中国大陆航空航天在钒合金材料使用方面长期依赖进口的局面[①]。

（3）先进高分子材料

"十二五"期间，大陆将集中力量组织实施一批重大工程和重点项目，突出解决一批应用领域广泛的共性关键材料品种，提高新材料产业创新能力，加快创新成果产业化和示范应用，扩大产业规模，带动新材料产业快速发展。先进高分子材料相关工程及项目计划主要为高性能膜材料专项工程，同时，《新材料产业"十二五"发展规划》突出了特种橡胶及工程塑料等两大新材料产业发展的其重要地位。由于工程塑料事关新能源汽车产业的安全，因此，工程塑料作为其中应用最广泛的化工新材料得到了政策的扶持，同时也取得了一定进展。

在特种橡胶领域，采用自主技术建设的世界首套万吨级合成反式异戊橡胶工业化生产装置于 2013 年在山东青岛莱西市李权庄工业园区建成。我国是第一个拥有该工业技术的国家，且合成工艺原理也是世界首创；在膜材料领域，南京工业大学采用具有化学和热稳定性的多孔陶瓷膜作为支撑体，开发了一系列既有自主知识产权的有机/无机复合渗透汽化膜。该有机/无机复合渗透汽化膜已在异丙醇和乙醇脱水中得到应用；在特种纤维领域，烟台氨纶、神马集团、常州兆达均宣布生产出合格的对位芳纶产品[②]。

（4）新型无机非金属材料

新型无机非金属材料涉及的领域众多，建筑材料、特种玻璃材料、先进陶瓷材料、人工晶体、石墨材料等，都属于此类。其耐高温、耐腐蚀、耐磨性好、强度高等特质，让无机非金属材料可以得到很广泛的应用，而作为一类基础物质，其将主导未来的科技方向。

2013 年 8 月，位于河南省南阳市唐河县的全球最大微粉抛光砖生产线顺利投产运行。该生产线由福建省闽清籍企业家组建的南阳亿瑞陶瓷有限公司投资兴建，占地 600 亩。现已投产的第一条生产线购买使用的是由佛山市恒力泰机械有限公司生产的 8 台 YP40 型液压自动压砖机，该生产线主要生产 800×800 (mm) 的微粉抛光砖。该生产线出砖顺利，压砖机运行非常稳定。按该条生产线首创的"八机一线"的配置，日产量超过 3 万平方米，预计年产量可

---

① 中国行业研究网：《河北钒合金材料制备技术获突破》，具体参见 http://www.chinairn.com/news/20130821/145806723.html。

② 中国创新网：《核心技术落后，化工新材料亟待突破》，具体参见 http://www.chinahightech.com/html/760/2013/0429/136383839323.html。

达 1 000 万平方米[①]。

特种玻璃作为国家未来十年重点培育的战略新兴产业和国民经济支柱产业之一，也受到广泛关注。《建筑材料工业"十二五"发展指导意见》明确提出，要重点发展"太阳能玻璃、超薄基板玻璃等深加工制品"，指出特种玻璃生产主要选择在新兴战略性产业布局或相关下游产业较发达的省份。在各大中城市和物流条件较好地区，支持建设节能门窗、幕墙、功能玻璃、精品装饰及家居玻璃生产基地。

（5）高性能纤维及复合材料

高性能纤维及其复合材料已成为 21 世纪新材料技术发展的重要方向之一。以碳纤维及其复合材料为代表的各种高性能复合材料成为人类实现节能减排、清洁发展、低碳经济等可持续发展战略的重要物质保证。2011 年，世界著名碳纤维公司纷纷推出扩产计划，亚洲新兴经济体也实现了碳纤维产业化，高性能纤维复合材料产业进入激烈竞争的时代，探索创新型碳纤维及其高性能纤维复合材料的制备和应用技术，拓展整体产业上下游产业链的宽度和深度，成为大陆高性能纤维复合材料产业实现跨越式发展的关键。

2014 年，由中简科技发展有限公司领衔的 T700/T800 碳纤维及其复合材料研发、产业化及在航空领域的示范应用项目，被发改委、财政部和工信部列为 2013 年新材料研发及产业化专项项目，并将获得 8 000 万元资金扶持，标志着大陆碳纤维新材料的应用和产业化进一步提速。中简科技率先突破 T700 级工程化制备技术，建成了大陆第一条 T700 级高性能碳纤维三百吨级生产线并实现稳定量产。同时，经科技部专项专家组鉴定，中简科技 T800 碳纤维的各项指标已达到碳纤维先进代表——东丽 T800 的水平[②]。

2014 年 8 月，江苏航科复合材料科技公司的 T1000 碳纤维产品已经中试成功，从原丝到技术均为自主研发，而且包括稳定性在内的各项产品性能指标完全可以比肩日本东丽公司的同类产品，这是航科公司继 2012 年建成大陆首条 T800 碳纤维生产线并实现稳定批量生产后取得的又一突破[③]。

① 中国陶瓷家居网：《世界最大微粉抛光砖生产线南阳投产》，具体参见 http://www.taocijiaju.com/News Center/NewsDetails/3937。

② 《我国高性能碳纤维材料实现新突破》，《科技日报》2014 年 4 月 8 日，第 06 版。

③ 中国玻璃纤维复合材料信息网：《高性能碳纤维工业化再次突破》，具体参见 http://www.cnbxfc.net/1_echo. php?id=62108。

（6）前沿材料

前沿新材料处于材料科学顶尖领域，汇聚了最顶尖的技术，也代表了新材料产业未来的发展方向。在工信部的《新材料产业"十二五"发展规划》中，在关于重点发展的6大领域之一"前沿新材料"的阐述中，第一部分就强调要"加强纳米技术研究，重点突破纳米材料及制品的制备与应用关键技术"，要"积极推进纳米材料在新能源、节能减排、环境治理、绿色印刷、功能涂层、电子信息和生物医用等领域的研究应用"。未来纳米科技将扮演重要角色，将是重要引擎和推动力量，包括欧盟、美国、日本和韩国等在内的众多经济体正在规划2020年纳米科技发展愿景。前沿新材料共分为纳米材料、生物材料、智能材料和超导材料四大类。大陆一直把发展前沿新材料作为新材料发展的重中之重，并取得了一定进展。

2014年3月，北京市科委支持科研项目取得科技创新型突破——北京化工大学弹性体中心，在北京首创轮胎有限责任公司的协作下，成功研制出了三个规格的碳纳米管复合材料高性能节油轮胎。试验轮胎油耗等级达到欧盟《轮胎标签法规》C级以上，并且抗静电性能达标，从而首次实现了碳纳米管在实用橡胶制品中的规模化应用。这也是着眼于推动北京纳米技术与产业快速发展的"北京纳米科技产业跃升工程"再次取得的一项具有全球领先地位的科研成果，令北京在未来科技与高端制造业中，抢占了战略制高点[1]。

2014年1月，以赵忠贤、陈仙辉、王楠林、闻海虎、方忠为代表的中国科学院物理研究所和中国科学技术大学研究团队在40K以上的温度下发现了铁基高温超导体。这一发现突破了传统理论的限制，将大陆在该领域的研究推向世界最前沿，也有望激活超导体潜在的应用前景[2]。

2. 台湾新材料产业在关键技术上取得重大突破

（1）高端金属结构材料

高端金属结构材料是比传统金属结构材料具有更高的强度、韧性和耐高温、抗腐蚀等性能的新型结构材料，被广泛应用于能源、汽车、装备制造、家电、化工、海洋工程、航空航天、军工等领域。近几年来，台湾高端金属结构材料

---

① 北京市科学技术委员会网：《我国成功研制并生产出了国内首条碳纳米管绿色节油轮胎》，具体参见 http://www.bjkw.gov.cn/n8785584/n8904761/n8904885/n8930916/9933365.html。

② 人民网：《40K以上铁基高温超导体的发现及若干基本物理性质研究》，具体参见 http://scitech.people.com.cn/n/2014/0110/c1057-24081628.html。

行业发展迅速。

2013 年 5 月，由台湾台塑集团投资超百亿元的项目福欣特殊钢一期炼钢生产线进入试投产阶段，进入试投产阶段主要生产 400、300 系列高纯度不锈钢热轧板卷和冷轧板卷，热轧板最薄可达 0.3 毫米，冷轧板最薄可达 0.2 毫米。福欣特殊钢项目主要分两期建设，一期项目投资 13.5 亿美元，选用德国西玛克、日本三菱、奥地利安德里斯技术和设备；二期计划增加投资 9.11 亿美元，扩充炼钢产能，使热轧板卷总产能达 144 万吨/年。项目一期的成功启动为今后两岸进一步深化合作打下坚实基础[1]。

（2）节能环保材料

节能环保材料也叫生态环境材料，主要包括环境友好材料、绿色建筑材料和生态工程材料。这类材料的特点是消耗的资源和能源少，对生态和环境污染小，再生利用率高，而且从材料制造、使用、废弃直到再生循环利用的整个过程，都与生态环境相协调。

台湾在发展绿色建筑、开发建筑新材料等方面取得了很大的成绩。2012 年，台湾研发出混凝土两大科技产物——强塑剂和卜作岚材料。这两种科技产物直接提供了一种解决百年来混凝土耐久性难题的可行方案和途径，只要将这两种科技产物按适当比例搭配，就能发挥其功效。有了强塑剂和卜作岚材料，混凝土中只需要混合入较少的水和水泥，就可以使建筑物寿命率提高数倍。在大陆，长期以来建筑的耐久性通常是被忽略的，在结构设计之初就基本被设计院、建设工程公司、顾问公司及工程师所漠视，甚至误以为耐久性只要采用Ⅱ型水泥、提高水泥用量及提高强度即可达到。但实际上在建筑物上强度不等于耐久性。在台湾，建筑的耐久性这一问题已经得到较好的解决。台湾科技大学教授黄兆龙把高性能混凝土引进台湾，其研发的高性能混凝土先后应用于建造台北 101 大厦、高雄 85 大楼、南港铁路地下化工程、卫武营艺术文化中心等知名工程。黄教授通过研究实践，首创了致密堆积高性能混凝土配比设计方法，大量减少水泥量，而使强度增加数倍，从而引领台湾混凝土产业走上了一条"绿色材料"的新型道路[2]。

---

① 中国新闻网：《台塑投资百亿福欣特殊钢一期项目试投产》，具体参见 http://www.chinanews.com/tw/2013/05-12/4809361.shtml。

② 海峡建材资讯网：《台湾建筑新材料技术相中平潭欲有所作为》，具体参见 http://www.hxjc365.com/newsShow.asp?dataID=10353/2012-9-26。

（3）化工新材料

2014 年 4 月，台湾"工研院"开发出了耐高温的食品级聚乳酸（英文为 Polylactic Acid，简称 PLA）材料，在温度高达 100℃时不会变形。通常情况下，食品级聚乳酸材料会在温度高于 50℃时变形，这就大大限制了它在餐具和其他食品相关方面的应用。而这种耐热、食品级聚乳酸的出现大大促进了世界各地对聚乳酸材料的使用。另外，这种耐热性、食品级材料在非食品应用中也非常重要，比如制作电子设备的元器件、加速发展 3D 打印等[①]。

2014 年 5 月，台湾新竹科学园区竹南基地的纳米碳管公司掌握了用塑胶材料制作太阳能支架这一技术，主要是利用纳米碳管加入塑胶材料中，提升塑料强度与耐蚀性的效果。该塑胶太阳能支架已经被世界太阳能大厂采用，两年内销售额将达 100 亿台币，预计 5 年内会达到 1 000 亿的市场规模[②]。

（4）高性能纤维及复合材料

高性能纤维复合材料是纤维高分子材料领域中发展迅速的一类特种纤维，主要分为碳纤维、芳纶纤维、特殊玻璃纤维、超高分子聚乙烯纤维等，其中碳纤维是一种重要的战略性新材料，是先进复合材料最重要的增强体之一，广泛应用于航空航天、能源装备、交通运输、建筑工程、体育休闲等领域。加快碳纤维行业发展、提升产品性能对带动相关产业技术进步、促进传统产业转型升级、满足经济和社会各领域的需求等具有重要意义。

台湾的碳纤维复合材料曾一度依赖从岛外购进，价格居高不下。到 2010 年，台塑公司的聚丙烯腈基碳纤维产能（约 6 150 吨/年）已居世界第四位，仅次于东丽（18 900 吨/年）、东邦（13 500 吨/年）和三菱丽阳（8 100 吨/年），而超过赫氏（5 100 吨/年）和氰特（2 000 吨/年），而且近两年在产品品质和高档产品方面迈上了新台阶，先后开发了比东丽 T700 模量还高的 TC-36S，以及强度（5 170 Mpa）和模量（290 Gpa）均高于 T700 的高强中模新品种 TC-42S，同时还开发了 TC-35 的 48k 大丝束碳纤维，已接近于 T800 水准。2013 年，台塑集团与华创车电结盟，正式启动台湾碳纤维电动车时代，以纳智捷电动车为

---

① 天工社：《3D 打印材料新突破，台湾开发出耐高温 PLA》，具体参见 http://maker8.com/article-677-1.html。
② 艾莱光伏网：《台湾纳米开发塑胶太阳能光伏支架新材料》，具体参见 http://pv.ally.net.cn/html/2014/new_0505/18845.html。

主要应用目标，预计两年内开发完成，年产可达 20 万辆，产值 1 000 亿元①。

（5）前沿新材料

纳米科技计划是台湾几项重要科技计划之一，台湾纳米科技计划在 2003 年启动后，2009 年已进入第二期。在二期计划推动下，2013 年预算已达 146 亿新台币，发表 6 100 多篇国际期刊论文，获得近 1 500 项专利，纳米专利数量在全球各经济体中排名第 4②。

2011 年，台湾"工研院"研发出新型偏光板保护膜，以独特的有机无机纳米混合材料技术制成。不但能让 LCD 显示器使用的材料更加绿色环保，并具备绝佳的透光性及稳定性，更能替代现有偏光板用三醋酸纤维素膜，有助于提升台湾 LCD 显示器产业的竞争力，成为应用更广泛的显示器上游材料。

2012 年 7 月，台湾"工研院"采用纳米级高分子材料开发锂电池安全技术。STOBA 是一种新型纳米级高分子材料，添加在锂电池中后，可形成防护膜，当锂电池遇高热、外力撞击或穿刺时，STOBA 会产生闭锁效果，避免电池发生短路及产生高热，确保电池安全性与实用性。"工研院" STOBA 技术已陆续应用于电池厂，极大拓展了台湾电池厂在全球市场中的贸易范围③。

三、新材料产业技术发展趋势预测

工信部《新材料产业"十二五"发展规划》明确指出：当今世界，科技革命迅猛发展，新材料产品日新月异，产业升级、材料换代步伐加快。新材料技术与纳米技术、生物技术、信息技术相互融合，结构功能一体化、功能材料智能化趋势明显，材料的低碳、绿色、可再生循环等环境友好特性备受关注。

1. 新材料技术跨学科发展

随着新材料在信息工程、能源产业、医疗卫生行业、交通运输业、建筑产业中的应用越来越广泛，世界各地都致力于跨越多个部门，把新材料的开发纳入产、学、研、官一体化的研发平台，以满足各个部门对新材料的所有需求，如高纯硅半导体材料是目前太阳能光伏材料和电子信息技术的核心材料。以半

---

① 复材在线：《台湾开启碳纤维复合材料汽车时代，时速媲美高铁》，具体参见 http://www.frponline.com.cn/news/detail_35000.html。

② 中国台湾网：《台湾纳米专利世界排名第 4，将推动未来科技发展》，具体参见 http://www.taiwan.cn/xwzx/bwkx/201310/t20131002_4967340.htm。

③ 中国设备网：《台湾"工研院"采用纳米级高分子材料开发锂电池安全技术》，具体参见 http://news.fengj.com/html/1035/news_show_1035973.html。

导体芯片技术为基础的数字化技术已融入现代技术的各个领域和部门，如生物芯片、半导体照明、仿生、通信、遥控、数字化制造、节能等。

新材料技术跨学科发展的特点使得新材料产业呈横向扩散和互相融合的趋势，新材料与器件制造一体化，上下游产业纵向联合，产业链向下游应用延伸。产品高性能化、功能化和多功能化，开发和应用联系更加紧密。如半导体照明，从上游的芯片材料到中游的各种产品开发到下游的应用，必须形成完整产业链，以提高效率、降低资源消耗。又如新型动力电池，也是从上游正、负极材料到中游电池产品，到下游的各种应用必须有完整的产业链，以满足各种要求。

2. 新材料技术注重可持续发展

面对资源、环境和人口的巨大压力，生态环境材料及其相关产业的发展日益受到关注。短流程、低污染、低能耗、绿色化生产制造、节约资源以及材料回收循环再利用是新材料产业满足经济社会可持续发展的必然选择。发展绿色、高效、低能耗、可回收再利用的新材料以及发展先进的数字化制造技术是新材料发展的主要方向，对实现持续发展非常重要。

未来新材料的发展将加强注重与资源、能源、环境的协调发展，注重资源的再生利用，发展低能高效、无污染或少污染制造技术，提高产品人性化、环保化。以绿色建材为例，未来新材料在建材领域的目标是：抗菌、防霉、隔热、阻燃、调温、调湿、消磁、防射线、抗静电等。

3. 新材料产业技术的关键是创新性

两岸新材料产业原创性技术与发达经济体相比仍然不多，还没有掌握核心技术。一般性能的新材料都能生产，但质量不稳定，高性能新材料主要仍靠进口。创新是新材料产业发展的核心环节，两岸的需要完善新材料产业的技术创新体系，强化企业在技术创新中的主体地位，激发企业自主创新的积极性，通过原始创新、集成创新和引进消化吸收再创新，突破一批关键核心技术，加快新材料产品开发，提升新材料产业的总体创新水平。

新材料的各项技术突破将在很大程度上使材料的产品实现智能化、多功能化、环保、复合化、低成本化、长寿命及按用户要求进行定制等。新材料的发展正从革新走向革命，开发周期正在缩短，创新性已经成为新材料发展的灵魂所在。

4. 两岸新材料产业技术创新重点方向

新材料的研究，是人类对物质性质认识和应用向更深层次的延伸，在新材料技术的发展过程中，前沿新材料特别是纳米材料相关技术发展尤为迅猛。纳米技术与信息技术、生物技术共同构成当今世界高新技术三大支柱，它深入到新型材料、微电子和计算机、医学与健康、航空航天、环境和能源、生物产业、石油化工和农业生产等众多的领域中。两岸已把纳米科学技术领域作为试点，提出了推动纳米研究的重大科学研究计划、"863"计划、支撑计划等。碳纳米管室温红外成像探测器研制，高性能碳纳米管导线成功研发，碳纳米管绿色节油轮胎生产等都表明了两岸新兴功能材料发展迅猛。在未来，两岸将继续推进纳米技术的发展，同时将重点发展新型功能材料、先进结构材料、高性能纤维及其复合材料、共性基础材料，推进航空航天、能源资源、交通运输、重大装备等领域急需的碳纤维、半导体材料、高温合金材料、超导材料、高性能稀土材料、纳米材料等研发及产业化。

第二节　两岸新材料产业技术创新能力比较分析

本节首先从官方和企业对新材料产业的技术投入和产出两方面描述并分析了两岸新材料产业技术创新状况；其次比较了大陆和台湾在技术产出方面的差距；最后，运用数据包络分析（英文为 Data Envelopment Analysis，简称 DEA）方法比较分析了大陆和台湾在新材料产业上的技术效率，为下文两岸在新材料产业技术交流合作方面提供理论支撑。

一、两岸新材料产业技术创新投入分析

新材料产业技术创新投入分析主要从两方面展开，一方面，通过对新材料产业进行财政拨款以及对新材料产业人员、经费投入等进行说明；另一方面，主要从企业对新材料产业研发投入来进行说明。

1. 官方新材料产业技术创新投入分析

大陆方面，财政部已设立了战略性新兴产业发展专项资金，"863""973"等科技专项也将加大对重点新材料开发的投入力度，政府对新材料重点产业基地、公共服务平台等建设的投入力度也在加大。图 3-3 为国家科技攻关计划中央对新材料产业财政拨款。

单位：万元

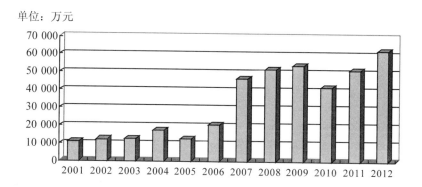

图3-3　国家科技攻关计划中央对新材料产业财政拨款

资料来源：《中国科技统计年鉴》（2013）。

由图可知，国家科技攻关计划中央对新材料产业财政拨款整体上呈现上升趋势，其中2001年至2006年国家科技攻关计划中央对新材料产业财政拨款较少，自2007年开始中央加大对新材料产业的财政拨款，金融危机之后的2009年，财政拨款达到5.36亿元，2010年财政拨款有所降低，但到2011年和2012年又开始回升，2012年达到了6.24亿元。

图3-4为"973"计划中央对新材料产业的财政拨款情况。

单位：万元

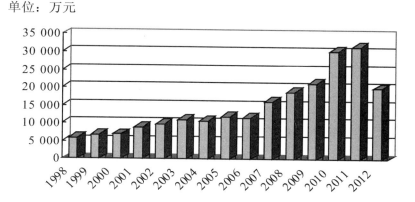

图3-4　"973"计划中央对新材料产业财政拨款

资料来源：《中国科技统计年鉴》（2013）。

由图可见，"973"计划中央对新材料产业的财政拨款大体呈现一种上升趋势，2011 年达到最大值 3.14 亿元；2012 年下降幅度较大，降到 1.99 亿元。

图 3-5 为新材料产业国家级火炬计划项目数量。

单位：项

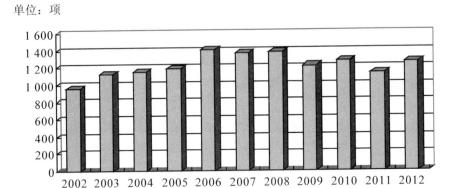

图 3-5 新材料产业领域国家级火炬计划项目数量

资料来源：《中国科技统计年鉴》（2013）。

由图可知，2002 年至 2012 年期间国家级火炬计划项目数量分布比较均匀，呈现了小幅的波动，在 2006 年至 2008 年间达到较高水平，每年的平均数量约为 1 200 项。

再来看台湾当局对新材料产业的创新投入情况。图 3-6 为台湾科技主管部门对新材料产业科技人员及研究经费的投入，与大陆相比，台湾科技主管部门对新材料科技人员及研究经费的投入变动趋势较为平缓。2007 年到 2011 年间，研究人员人数的均值为 730 人。2007 年和 2008 年投入均为 825 人，2009 年和 2010 年有所下降，但到 2011 年研发人数开始回升，由 2010 年 600 人上升为 2011 年的 647 人，增幅达 7.8%。自 2007 年开始，台湾加大对新材料产业研究经费的投入，金融危机之后，2009 年研究经费投入达到最大水平，约为 9.04 亿元新台币，2010 年和 2011 年研究经费投入有所下降，但总体趋势较为稳定。

表 3-1　台湾新材料产业人员与经费投入情况

指标　　　　年份	2007 年	2008 年	2009 年	2010 年	2011 年
研究员	527	545	478	378	433
副研究员	294	273	264	210	208
研究人员合计	825	825	750	600	647
经费（百万元新台币）	688.7	873.6	903.5	874.9	570.1

资料来源：《台湾科学技术年鉴》（2012）。

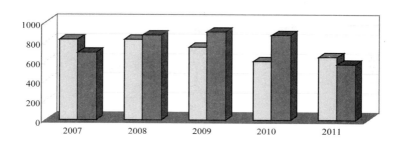

图 3-6　台湾新材料产业人员与经费投入情况

资料来源：《台湾科学技术年鉴》（2012）。

2. 企业新材料产业技术创新投入分析

表 3-2 为大陆与台湾新材料产业上市公司研发强度（研发费用占营业收入净额的比重）对比，由于某些上市公司披露数据不全，表中只给出了部分大陆和台湾新材料产业上市公司的研发强度数据。

表 3-2　大陆与台湾新材料产业上市公司研发强度对比（％）

指标	大陆			台湾		
	2011 年	2012 年	2013 年	2011 年	2012 年	2013 年
样本量	79	79	79	43	43	43
平均值	2.815 3	3.368 6	3.548 0	5.937	5.537	4.831
标准差	2.245 5	2.530 4	2.366 5	7.266	5.596	5.133
最小值	0.025 8	0.040 0	0.016 2	0.037	0.023	0.012
最大值	9.889 0	15.200 0	11.640 0	31.163	22.237	22.767

资料来源：根据新材料产业上市公司披露的各年年报整理。

由表 3-2 可知，大陆上市公司研发强度的平均值在逐年上升，2011 年研发强度为 2.82%，2013 年上升到 3.55%，而台湾上市公司研发强度平均值有所下降，2011 年研发强度为 5.94%，到 2013 年变为 4.83%，但仍要高于大陆的 3.55%。其中，2013 年大陆的研发强度最大值为 11.64%，台湾为 22.77%，是大陆的 1.96 倍。因此从总体来看，台湾新材料产业上市公司研发强度要高于大陆上市公司。

表 3-3 给出了台湾新材料产业样本上市 2011 年至 2013 年研发强度情况。

表 3-3　台湾部分新材料产业样本上市公司研发强度

股票代码	股票名称	2011 年	2012 年	2013 年
5434	崇越	0.01%	0.02%	0.04%
3474	华亚科	3.75%	1.50%	0.51%
3562	顶晶科	1.75%	4.14%	0.70%
3519	绿能	1.02%	1.66%	0.75%
3579	尚志	1.08%	1.77%	0.83%
3031	佰鸿	0.97%	0.82%	0.90%
6271	同欣电	0.99%	1.07%	1.07%
6226	光鼎	1.35%	1.34%	1.13%
3686	达能	0.92%	2.11%	1.72%
6121	新普	2.10%	1.59%	1.88%
3016	嘉晶	1.95%	2.62%	1.88%
2434	统懋	1.46%	2.18%	2.02%
3576	新日光	0.48%	1.32%	2.03%
2409	友达	2.27%	2.62%	2.05%
8938	明安	2.18%	2.41%	2.66%
3698	隆达	3.84%	2.94%	2.66%
6164	华兴	3.76%	3.04%	2.75%
2426	鼎元	3.58%	4.46%	2.91%
2393	亿光	3.85%	3.76%	3.06%
3339	泰谷	4.59%	8.21%	3.11%
1717	长兴	2.70%	3.43%	3.21%
2499	东贝	3.20%	3.29%	3.58%
3624	光颉	4.01%	3.41%	3.93%
3591	艾笛森	3.01%	3.63%	3.98%
2340	光磊	3.02%	3.55%	4.22%
4536	拓凯	3.45%	3.58%	4.48%
3061	璨圆	2.57%	2.96%	4.97%

股票代码	股票名称	2011 年	2012 年	2013 年
2448	晶电	4.55%	5.20%	5.47%
4956	光铉	6.39%	5.03%	5.96%
2342	茂硅	5.51%	5.51%	6.57%
3383	新世纪	2.70%	6.22%	7.42%
5305	敦南	5.19%	6.39%	7.57%
2330	台积电	7.92%	7.97%	8.03%
2303	联电	8.05%	8.46%	10.09%
2344	华邦电	12.12%	13.06%	12.65%
3443	创意	9.64%	9.66%	13.40%
3035	智原	22.06%	18.59%	22.54%
2337	旺宏	15.09%	20.52%	24.56%
4919	新唐	22.77%	22.24%	26.18%
8038	长园科	12.59%	21.23%	31.16%

资料来源：根据台湾新材料产业上市公司披露的各年年报整理。

图 3-7 为各上市公司落在不同研发强度区间的企业占样本总量的比例，也反映了各上市公司的研发强度。

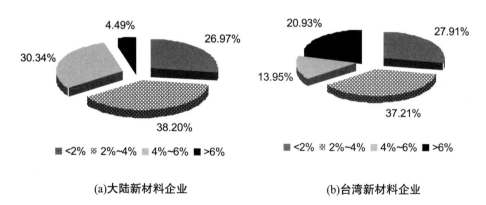

(a)大陆新材料企业　　　　(b)台湾新材料企业

图 3-7　2013 年大陆与台湾新材料产业样本企业研发强度对比

由图可知，两岸研发强度小于 4%的企业均占样本总数的 65%左右，大陆研发强度在 4%～6%的比例较大，为 30.34%，台湾仅为 13.95%，但研发强度大于 6%的企业中，台湾的要远远高于大陆的，占到样本总量的 20.93%，是大陆的 4.7 倍。

二、两岸新材料产业技术创新产出分析

图 3-8 为国际主要检索工具收录中国新材料产业科技论文分布趋势图。

单位：篇

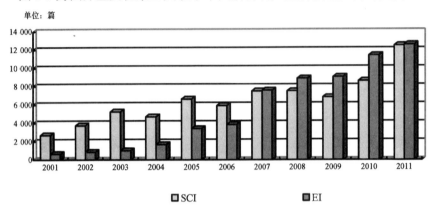

图 3-8　国际主要检索工具收录中国新材料产业科技论文分布

资料来源：《中国科技统计年鉴》（2012）。

由图可知，国际检索"科学引文索引"（英文为 Science Citation Index，简称 SCI）收录数量整体处于递增趋势，2011 年数量达到最大为 12 512 篇，较 2010 年增加了 45.43%；自 2001 年至 2011 年，美国工程检索（英文为 Engineering Index，简称 EI）收录数量每年都会递增，其中 2010 年变化最大，数量为 11 442 篇，相比 2009 年增加了 25.82%，2011 年也有所增加，为 12 596 篇，增幅为 10.08%。SCI 和 EI 检索数量的增加一定程度上反映了新材料产业科技成果较为丰富、科技成果的产出效率较高。

随着新材料产业技术市场的不断发展，交易技术合同数和交易金额也在不断增加。图 3-9 所示为新材料产业成交技术合同数和合同交易金额发展趋势。

由图可知，除了 2009 年合同数量较于 2007 年和 2008 年有所下降之外，整体上新材料产业成交技术合同数呈上升趋势，2012 年达到 12 415 项，与 2011 年相比增长了 14.19%。新材料产业领域成交合同交易额呈现同样的趋势，除了个别年份出现下降外，整体上技术合同交易金额呈上升趋势，2012 年合同成交金额达到 332.5 亿元，与 2011 年的 203.9 亿元相比，增长了 63.07%。新材料产业市场交易合同数和交易金额发展势头反映出新材料产业技术市场发展较为稳

定，技术与市场衔接良好。

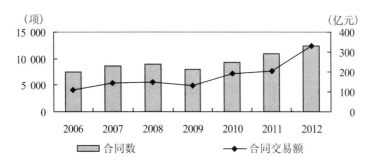

图3-9 新材料产业成交技术合同数和合同交易金额

资料来源：《中国火炬统计年鉴》（2013）。

表3-4 显示了台湾 2007～2011 年度纳米科技计划的一些重要绩效指标。

从硕士、博士的相关人才培育来看，人才培育总人数呈现先下降后上升的趋势，2009 年达到最低点，2011 年回升并超过 2007 年水平。从专利申请和获得的情况来看，2010 年 2011 年的相关专利申请件数相比前两年有所下降，但是结合所获得的专利来看，专利的申请成功率得到了大大提升并呈现稳步上升趋势，2011 年成功率是 2007 年的 2.67 倍。纳米科技计划的先期技术转移金额上，与人才培育趋势类似，先下降后上升，2009 年出现最低值。在厂商投资金额上，促进厂商投资的件数呈现上升趋势，投资的金额也基本处于上升过程中。2011 年度研究成果发表于国际学术期刊共计 1 567 篇，专利申请已有 525 件，获得共 438 件，转至相关公司已达 128 件，先期技术转移有 39 件，移转金额共计 2.2 亿元新台币。促进厂商投资已达 218 件，促进投资金额约为 37.4 亿元新台币，已培育硕士、博士研究生人数达 2 939 人。

表3-4 2007～2011 年台湾纳米科技计划创新产出情况

绩效指标		2007 年	2008 年	2009 年	2010 年	2011 年
期刊论文	发表于国际期刊	1 693	1 717	1 544	1 345	1 567
	发表于本地期刊	304	139	130	130	115
人才培育	博士生（人）	893	738	510	754	917
	硕士生（人）	1 394	1 281	1 049	1 237	2 022
	总人数（人）	2 287	2 019	1 559	1 991	2 939

绩效指标		2007 年	2008 年	2009 年	2010 年	2011 年
专利	申请件数	814	719	892	418	525
	获得件数	254	228	382	326	438
	专利申请成功率	31.20%	31.71%	42.83%	77.99%	83.43%
先期技术转让	件数	47	46	42	64	39
	金额(百万元新台币)	164.4	151.2	96.6	162	222.3
促进厂商投资	件数	98	171	173	210	218
	金额(百万元新台币)	2 174.9	2 849.8	2 718.8	2 956.8	3 740.3

资料来源:《台湾科学技术年鉴》(2012)。

三、两岸新材料产业技术效率分析

1. 技术效率评价方法

数据包络分析是一种通过数学规划模型对具有多个投入和产出的单位进行相对有效性评价的方法。数据包络分析评价方法主要根据评价单元的投入产出指标构建相应的评价模型,进而通过对投入产出数据的综合分析,得出反映每个评价单元相对有效性的综合效率指标。数据包络分析评价方法的优点在于:第一,避免指标权重确定中的主观性,采用最优化方法内定权重;第二,无须预设投入与产出的具体函数关系;第三,避免了各指标因量纲不一致而带来的评价困难;第四,与绝对有效相比,相对有效的评价方法具有更强的实际意义。基于此,本部分内容采用投入导向的数据包络分析模型,该模型既能计算技术创新效率又能计算规模效率,还能得到纯技术效率,可以进一步分析新材料产业技术创新无效率是源于规模无效率还是纯技术无效率,从而明确提高技术创新效率的着力点。

2. 企业技术效率评价的指标选取与数据来源

遵循科学性、可比性、可获得性和可操作性等原则,构建了新材料产业企业发展评价的投入产出指标(表 3-5)。其中,投入指标由企业固定资产净额(X_1)、员工总数(X_2)两个指标构成,反映了新材料产业上市公司在人力与物力上的投入情况;产出指标由营业收入净额(Y_1)构成,反映了新材料产业上市公司的经营成果。

表 3-5　新材料产业企业发展评价指标选取及说明

投入	企业固定资产净额 X_1	企业拥有或控制的固定资产
	员工总数 X_2	公司截至报告期末全体在职员工数
产出	营业收入净额 Y_1	日常经营业务过程中所形成的经济利益

本研究选取了 2012 年度和 2013 年度两岸新材料产业的上市公司作为样本来评价两岸新材料产业企业的技术效率。在大陆企业样本选择中，剔除了数据无法取得的企业，共 65 家上市公司；由于台湾部分上市公司自 2013 年起不再披露员工人数的数据，故 2012 年选取了 43 家台湾上市公司，2013 年只选取了 15 家。相关数据均来自于大陆和台湾上市公司披露的各年年报。

3. 两岸新材料企业技术效率比较分析

（1）新材料上市公司总效率水平

根据表 3-6 计算结果可知，大陆新材料产业总效率整体水平低于台湾，2012 年和 2013 年，台湾的平均总效率分别为 0.19 和 0.38，2013 年总效率比 2012 年提高了 1 倍，而大陆平均总效率仅为 0.18 和 0.17，2013 年相比 2012 年有所下降。如表 3-6 所示，2013 年台湾上市公司中总效率为 1 的占总样本的 13.33%，而大陆的仅占所选样本的 3.08%。所选大陆新材料产业上市公司中，总效率在 0.8 以上的企业所占比例很小，仅占到总数的 3.08%，大部分上市公司的总效率值落在 0~0.2 的效率区间，公司所占比例达到总样本数的 78.46%，而在台湾新材料上市公司中，总效率在 0.8 以上的企业占总数的 26.66%，这进一步说明了大陆新材料产业总效率水平低于台湾。

表 3-6　大陆与台湾新材料上市公司总效率对比（%）

总效率	大陆		台湾	
	2012 年	2013 年	2012 年	2013 年
0~0.2	73.85	78.46	79.07	46.67
0.2~0.4	18.46	13.85	9.03	20
0.4~0.6	3.08	3.08	2.33	6.67
0.6~0.8	3.08	1.54	2.33	0
0.8~1	0	0	2.33	13.33
1	1.54	3.08	4.65	13.33

（2）新材料上市公司纯技术效率水平

在数据包络分析模型下可以分别考察企业的技术有效性和规模有效性，由图 3-10 可知，台湾新材料产业上市公司的纯技术效率整体水平要好于大陆上市公司，其分布不仅较为平均，且落在 0.8～1 的效率区间的比例较高，达样本总量的 33.34%，而大陆落在 0.8～1 的效率区间的企业数仅占样本总量的 12.31%，其效率区间大多落在 0～0.2 内，高达样本总量的 60%。

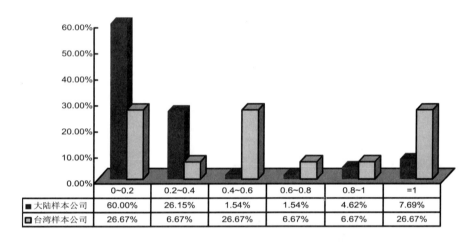

	0~0.2	0.2~0.4	0.4~0.6	0.6~0.8	0.8~1	=1
■大陆样本公司	60.00%	26.15%	1.54%	1.54%	4.62%	7.69%
□台湾样本公司	26.67%	6.67%	26.67%	6.67%	6.67%	26.67%

图 3-10　2013 年大陆和台湾样本公司纯技术效率比较

（3）新材料上市公司规模效益情况

上市公司规模效益情况如图 3-11 所示。

在所选样本中大陆有 50.77% 的企业处于规模效益递减阶段，这些上市公司可以通过减少投入来提高效率；46.15% 的企业处于规模效益递增阶段，这些企业可以用增加投入来提高效率；仅有 3.08% 的企业处于规模收益不变阶段。台湾大部分企业处于规模递增阶段，占总样本的 53.34%，规模递减企业占 33.33%，有 13.33% 的企业处于规模收益不变阶段。

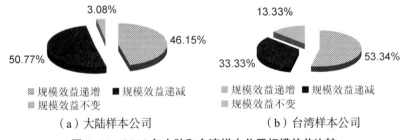

（a）大陆样本公司　　　　　　　（b）台湾样本公司

图 3-11　2013 年大陆和台湾样本公司规模效益比较

第三节　两岸新材料产业技术创新主要障碍及破解

本节首先从新材料企业自主创新能力、应用技术研究状况、科技成果转化能力、投融资体系等几个方面分析了两岸新材料产业技术创新中存在的问题；并针对出现的问题提出了相应的破解思路；最后探讨了两岸新材料产业的技术交流合作现状与前景。

一、两岸新材料产业技术创新中存在的主要问题

新材料产业作为现代高新技术和产业的基础和先导，受到了两岸的高度重视，在关键技术上也取得了一定突破，但在其发展过程中仍然存在很多问题，主要表现在以下几个方面。

1. 企业自主创新机制薄弱

企业自主创新机制较弱，主要表现为四个方面。一是创新目标模糊。创新本是技术、管理、组织、市场几类要素的有机结合，但仍有不少企业将技术创新与企业组织和管理体系的变革割裂开来，人为地给创新工程蒙上了一层纯技术化色彩。二是创新行为失范。为数不少的企业，尤其是那些中小型企业普遍缺乏完整的技术创新链，在机构建设、经费投入、人才培养和使用等方面都存在严重缺陷，"三无"（无专门管理组织、无严格管理制度、无激励机制和保障体系）的情况几乎随处可见。三是创新起点较低。它表现为：技术创新的物质技术基础落后，新材料领域掌握的关键技术比国际先进水平要落后 5～10 年；技术创新人才供给不足，且分布不均；缺乏技术创新的推动者——企业家。四是缺乏面向市场的战略管理意识。许多企业的管理工作是围绕工作流程展开的，企业领导人及其管理层关注工作流程的组织，却忽略了控制整个企业走向的战略管理体系的作用。

2. 新材料自主开发能力不强

新材料自主创新能力不强，主要是很多关键技术尚未突破，关键新材料保障能力不足。一般性能的新材料都能生产，但质量不稳定，高性能新材料主要仍靠进口，尤其在高端领域产品严重依赖进口，受到制约，比如高铁的轮对材

料、第三代锂电正极材料、半导体上游材料等产品仿制多，技术落后，核心技术受制于人；电子信息材料中的半导体材料硅也大量依赖进口，虽然多晶硅企业已基本掌握改良西门子法千吨级规模化生产关键技术，技术水平有很大提升，但生产出的高纯硅材料技术经济指标普遍不高，产品缺乏国际竞争力。而且，大部分已建和在建生产线对循环经济和副产物利用等问题考虑不足，也为未来发展埋下隐患。

3. 新材料产业应用技术研究落后

新材料企业普遍缺乏对产品的应用研究，对产品应用领域的开拓不太重视，造成两岸新材料产品的应用研究滞后，深加工技术落后，应用市场开发较弱，关联行业之间缺乏沟通、交流，更谈不上实质意义上的合作开发。研发的目标多是下游行业提出需求，新材料生产研发企业再根据需求来生产满足合乎客户要求的产品，缺乏主动性。如大陆自行开发的 PA1212 树脂，最佳的应用是在汽车管路中，但是由于汽车行业门槛高、研发投入大，还没有完全在该领域实现对进口产品的替代。同时，新材料产业还存在对部分产品盲目投资，这就会导致产能过大，企业开工率不足，造成大量资金浪费，内部竞争加剧，产品利润率下降，资源供应出现紧张。以合成橡胶行业为例，在建和计划建设项目有数十个，总产能为 220 万吨，大多数都是已有的产品和牌号。因此未来很有可能有很多项目将因为没有原料而被迫降低开工率甚至停工。

4. 科技成果转化和产业化发展滞后

两岸开展研究的大多是高校和科研机构，而企业在技术研究上的投入很少，一些企业在技术研发上的投入甚至不足销售收入的 1%，而且企业与企业之间、企业与高校和科研单位之间缺乏有效的沟通和合作。一般来说，高校和科研机构比较重视新技术的基础研究，而对其工程转化、实现工业生产的重视程度不足。而工程转化能力较强的企业对于技术较复杂、风险高的新材料生产技术的引进一般比较慎重，因此导致两岸新材料工程转化能力均比较薄弱，产业化技术落后，制约了科技成果的产业化。

5. 新材料产业技术创新的投融资体系不完善

投融资模式是对于某类具有公共特征的投资项目进行投资融资时可供仿效和重复运用的方案。新材料产业投融资模式包括三个基本要素：新材料产业投融资主体、新材料产业投融资渠道和新材料产业投融资方式。

两岸新材料产业虽然有了一定的发展，但始终在小范围、小规模、自然增长的态势中发展，新材料产业项目的投资方式和融资渠道比较单一，尤其缺少在国际资本市场上的融资能力。在新材料产业领域，大陆长期以来实行的是政府审批、政府投资、银行贷款的投融资模式，投融资模式单一，缺乏更有效的融资渠道。新材料企业获取资金的主要途径是自筹资金和银行贷款，融资结构和债务结构不合理，难以满足新材料产业持续发展的需要。另外，大陆新材料产业市场化程度不高，产业分割，条块分割，管理分散等问题依然存在，新材料产业项目投资风险较大，银行对这些项目贷款也十分慎重。

由于投入过少，缺乏足够的开发和研究，许多关键性设备必须依赖进口，导致整个新材料产业发展缓慢；技术的产业化、商业化程度低，达不到经济规模，从而制约新材料产业的快速发展。主动借鉴国际先进经验，选择适当的模式，实现新材料产业领域投融资体制由官方主导向依靠市场化手段引导转变，是解决未来两岸新材料产业发展资金瓶颈、提高投融资效率的必然选择。

二、两岸新材料产业技术创新问题的破解思路

两岸新材料产业发展迅速，并且逐渐形成了一定的产业规模和产业基础，如何改变新材料产业中存在的企业自主创新机制薄弱、新材料产业科研成果难以产业化以及投融资困难等问题，我们提出了以下改进思路。

1. 加强自主创新，提高企业技术创新能力和动力

技术创新是一个从新技术、新产品的研究开发到首次商业化应用的完整过程。在这一过程中，作为创新主体的企业行为方式和动力模型对于创新效率具有关键性作用。然而，动力模型和行为方式都是建立在制度基础之上的，塑造完善的企业技术创新机制，首先应推进包括产权关系在内的企业制度建设，使企业成为真正独立的创新实体和市场主体。就当前的情况而言，需要解决好两个问题：一是新诞生的企业从一开始就应当建立一种符合现代企业制度要求的、产权关系明晰的财产关系；二是那些依托于原有企业的新的项目，应当在准确界定财产边界的基础上，通过股权置换等方式，引进民营企业的经营机制，独立运作、按资本权益分配，以焕发创新的活力。此外，应当充分考虑新材料这一产业领域中众多企业属于科技民营型企业的特点，搞好技术等生产要素参与分配和科技人员持股经营等方面的工作，利用分配制度的改革，激励创新热情、塑造创新文化、提高创新效率。

2. 加强对企业技术创新的宏观指导和政策推动作用

在积极塑造企业创新机制的同时，还应加强对企业技术创新的宏观指导和政策推动作用。包括通过制定财税、金融、科技、贸易和人事等方面配套的措施，鼓励企业建立产学研长期稳定的合作机制，开发具有自主知识产权的核心技术和运行机制；对传统的科技成果评价系统实施根本性改革，鼓励科研院所从事研究开发的人才走向企业，面向市场，并对有重大创新成果和突出贡献的科技人员实行重奖，将技术成果的评价建立在能否转化为生产力，能否实现产业化、商品化，能否形成规模化生产，能否获得较大市场占有率，并给企业带来丰厚利润和市场效益的基础上。

3. 强化产业化创新平台建设，深入开展产学研合作

围绕新材料重点产业基地和园区以及重点领域，依托现有高校、技术研发中心、实验室和试验基地，建立新材料产业培训、材料性能设计与分析、产品测试等公共服务平台，推动新材料产业基地建设和企业技术创新。加强科技成果转化，引导企业加大科技投入，建设科技企业孵化器和加速器。以掌握关键技术为突破口，以开发高端产品为切入点，重点围绕碳纤维及其复合材料、高分子材料、特种铁合金等重点项目，组织开展产业链关键和共性技术、关键产品和缺失环节等攻关研究。

4. 完善投融资体系，努力突破资金瓶颈

发挥官方资金的引导作用，加大官方的扶持力度，设立新材料产业发展引导基金，围绕新材料产业发展重点，扶持关键技术、共性技术研发，加快重点领域、重点企业和重点项目的技术改造和技术创新。建立风险投资机构，吸引各类风险投资基金、私募基金、金融类公司等投资机构来拓展风险投资业务，设立新材料产业风险投资基金。充分利用知识产权质押贷款贴息相关政策，落实高新技术产业税收扶持政策，制定新材料产业税收减免政策。

三、两岸新材料产业的技术交流合作现状与前景

由于海峡两岸都面临着经济转型升级和增强竞争力的挑战，加强两岸在新材料产业方面的合作，共同促进科技进步和创新，符合全面深化两岸经济合作的目标。新材料产业作为七大战略性新兴产业之一，不仅是两岸未来经济发展的重要支撑和着力点，同时也是台湾重点发展的生物科技、绿色能源等新兴产业的重要基础，故海峡两岸展开新材料产业与技术合作交流意义重大。

1. 两岸新材料产业的技术交流合作现状

近年来，海峡两岸在新材料领域的合作交流也在不断加强，两岸材料研究学会多年来有着非常良好的合作关系，为推动海峡两岸新材料科学的进步和新材料产业的发展发挥了重要作用。2010 年 6 月 22 日，"2010 海峡两岸新材料产业论坛"在上海成功举办。论坛的主要议题是两岸新材料产业发展与现状（以能源材料为主）及建立两岸新材料产业领域的长期合作关系。这次论坛是海峡两岸首次在新材料产业领域内的合作与发展。

由于经济的快速发展对能源以及对环境伤害巨大，故发展清洁能源及电动汽车是保证两岸能源安全和环境可持续发展、实现节能减排的重大战略部署，而在新能源技术的各个层次中，二次电池是能量转换与存储的关键环节，同时也是海峡两岸合作交流的重点。2010 年，海峡两岸就已经在新能源产业技术的合作上取得了重大进展。2010 年 8 月，中科院大连化学物理研究所和由台商创办的大连丽昌新材料研究所共同组建的"锂离子动力及储能电池联合实验室"的签约和揭牌仪式在大连成功举行，标志着两岸在锂离子动力及储能电池关键材料和技术等领域的合作取得了进一步进展。

高分子材料是现代工业和高新技术的重要基石，已经成为经济基础产业以及防务方面不可或缺的重要保证。海峡两岸在高分子材料技术上的交流也在不断加深。2012 年 2 月，由台湾高鼎化学工业股份有限公司总投资 5 000 万美元的台湾高鼎聚氨酯材料项目成功落户江阴临港新城新材料产业园。该项目用地五万余平方米，主要生产聚酯多元醇、聚氨酯热可塑胶粒、聚氨酯胶黏剂等。这是目前该产业园投资规模最大的台资项目，也是 2012 年江阴市首个签约项目。2012 年 4 月，总投资 5.24 亿美元的允友成（宿迁）新材料项目由台湾允友成材料科技股份有限公司投资兴建。该项目位于宿迁经济开发区，初期将建设年产 1 万吨的生质塑料合成厂以及 2 万吨的塑料改性厂。该项目的落户，有力推动了宿迁经济开发区乃至宿迁新材料及其相关产业的快速发展，同时也提升了致力于聚乳酸环保材料的台湾允友成材料科技股份有限公司产品的品牌效应，实现了地方与企业发展的双赢。

随着合作交流的不断加深，海峡两岸不只寻求在新材料单个领域的合作发展，更积极寻求在各产业和技术领域的综合发展，两岸产业合作示范区作为一种基本能实现产业各方面全面对接的组织形式，十分有利于形成两岸产业融合度高、结构合理、辐射能力强的现代产业体系，被广泛用于两岸新材料产业技术合作方面。如 2013 年 6 月，海峡两岸（镇江）新材料产业合作示范区在江苏镇江新区揭牌成立。该示范区经工业和信息化部、国务院台湾事务办公室同意设立。根据"十二五"规划，到 2015 年，海峡两岸（镇江）新材料产业合作示范区新材料产业年销售规模将超过 800 亿元，拥有年销售额超百亿元的企业 2 家、超 50 亿元企业 8～10 家，超 10 亿元企业 20 家以上；建成省级以上工程技术中心、企业技术中心、企业博士后工作站等技术研发平台 30 个。在发展重点上，将壮大提升化工新材料、新能源材料、特种合金材料三大领域；在产业空间分布格局上，将建成以科技总部为中心，新型功能材料园、高性能合金材料园和航空复合材料园为主体的"一中心三园"格局。这个新兴产业示范区将打造长三角地区重要的新材料产业基地和对台经济合作特色示范区。

2014 年，为了更进一步促进海峡两岸在新材料及产业应用方面的合作与交流，海峡两岸就新材料的各方面做出了努力与规划。2014 年 3 月 24 日，天津市创业投资管理有限公司与台湾国富绿景创投签署了合作意向书，将开启科技金融新合作。双方将围绕台湾高科技技术、成果和产品在天津的展示、体验和推广，推动双方高科技企业合作；在新材料技术方面，则主要涉及新能源、生物医药、电动汽车等高新技术领域，并成功举办了以"新一代电动汽车关键技术""硼中子捕获治疗肿瘤技术以及基因芯片技术""视讯分析技术"等为主题的产业对接座谈会，双方企业共享先进技术，共同交流合作想法。此次合作意向的签署进一步深化天津市与台湾的科技、金融合作关系，并推动双方在新能源、新材料、生物医药等领域的合作。2014 海峡两岸先进材料科学与工程学术会议于 2014 年 11 月在台湾高雄举行，会议主题主要包括能源与环境材料、绿色材料制造技术、材料成型技术及装备、纳米材料应用、高性能金属材料、陶瓷及玻璃材料、薄膜与元件制造、工程材料及产业应用。此次会议将进一步促进海峡两岸在工程材料及产业应用与其他相关领域科技研究人员的交流，搭建两岸学术与产业领域合作平台。

2. 两岸新材料产业的技术交流合作前景

新材料产业具有产业链长、科技含量高等特点，与节能环保、新一代信息技术、生物、高端装备制造、新能源、新能源汽车等战略性新兴产业存在极高的产业关联度。加强两岸新材料产业合作，既有利于深化两岸在新兴产业领域的全面合作，也有利于扩大两岸贸易规模、优化两岸贸易结构。海峡两岸在新材料产业领域各具优势:大陆拥有广阔的需求市场和相对低廉的生产要素成本，台湾则具有较强的科研实力和相对成熟的产业集群。大陆在新材料的基础研究方面具有一定优势，而台湾对新材料的应用性研究较为擅长，故双方可以利用对方的优势互补形成合力，从下面几个方面来实现合作对接。

（1）搭建两岸合作平台

两岸有关部门可以充分利用现有的合作基础，依据《海峡两岸经济合作框架协议》，推动建立多元化的产业沟通与协商机制，以学术会议、产业论坛、合作示范区等多种方式加强两岸新材料产业的合作。

（2）深化两岸技术合作

新材料产业科技含量高，产业发展与研发实力息息相关。两岸在新材料研发方面各具优势，双方互补可以形成合力，加快新材料产品的开发速度，增强国际竞争力。

（3）促进两岸人才交流

大陆人才结构呈金字塔形，即初级劳动力较为充足、中级人才短缺、高级人才占比较低；而台湾人才结构呈橄榄球形，即两头的初级劳动力和高级人才较少、中级人才相对过剩。因此，两岸人才结构存在较大的互补空间，应积极促进两岸人才进行交流。

（4）加大双方投资力度

在新材料领域，台商大多把大陆当作生产基地，以大陆内需市场为指向的产品比例不高，研发等环节的投入相对较少；同时，大陆新材料企业在台湾投资的也很少。两岸应本着互惠互利的原则，进一步加强合作：台商应在大陆设立更多的研发中心，大陆新材料企业也应在台湾加强投资。

参考文献：

[1] 曹磊、罗贞礼：《新材料发展中的技术创新方法探讨》，《新材料产业》2010年第 4 期：75～78。

[2] 冀志安：《中国新材料产业发展分析与贵州省新材料产业发展探讨》，http://www.ccidconsulting.com/article/1896.html，2012 年 12 月 27 日。

[3] 汪锋、徐俊华：《我国新材料产业：现状、困局及升级》，《新材料产业》2011年第 2 期：76～77。

[4] 肖兴志：《中国战略性新兴产业发展报告（2013～2014）》，北京：人民出版社，2014。

[5] 陈祎淼:《核心技术落后，我国化工新材料产业亟待突破》,《中国工业报》2013 年 4 月 13 日，第 A03 版。

[6] 中华人民共和国工业和信息化部:《新材料产业"十二五"发展规划》, http://www.miit.gov.cn/n11293472/n11293832/n11293907/n11368223/14470388.htm，2012 年 2 月 22 日。

[7] 郑世林:《北京市新材料科技成果产业化困境与对策研究》,《北京社会科学》2008 年第 1 期：44～46。

第四章 两岸新材料产业市场培育 与商业模式比较

新材料产业是社会进步的物质基础，是高新技术发展的保障，是经济建设的支柱，是人类科技进步的标志，更是世界各经济体科技、人才、资源和综合实力竞争的制高点。海峡两岸在新材料领域优势互补，具有良好的合作基础和光明的合作前景。本章从分析世界新材料产品市场的现状和变动趋势出发，总结了两岸在化工新材料、电子信息材料和建筑节能新材料领域的市场供需状况，在此基础上，分析两岸新材料产业市场竞争格局，并展望两岸新材料产业合作前景。然而，新材料产品市场的健康可持续发展单靠企业间的竞争和合作是远远不够的，还需要通过商业模式创新来为企业、用户创造价值，提升产业竞争力。因此，通过对海峡两岸新材料产业价值链进行剖析，归纳台湾新材料产业商业模式特点，总结大陆新材料产业商业模式培育现状。以此为基础提炼台湾新材料产业成功商业模式经验，将其融入大陆新材料产业商业模式培育当中，形成具有特色的新材料产业商业模式创新路径，从而构建两岸新材料产业良好合作机制，促进两岸新材料产业共同发展。

第一节 两岸新材料产品市场的比较分析

在这个密集创新时代，多学科交叉融合，新技术不断涌现，由此带动高新技术产业群迅速崛起。而其中材料是支撑工业生产与工业技术的物质基础，新材料与许多高新技术产品都有着千丝万缕的联系。新材料产业已是公认的最重要、发展最快的高新技术产业之一。其中，微电子、光电子、新能源、化工新材料已成为研究最活跃、发展最快、应用前景最光明的新材料领域。从全球范围来看,新材料产品市场需求旺盛,规模急剧扩大,并且伴随着科技发展,新产品不断涌现。同时,也正因为新材料产业的光明前景和战略性基础地位,新材料市场也成为各经济体展开激烈竞争的焦点领域。

一、新材料产品市场现状及变动趋势

1. 产业规模急剧扩大,市场需求旺盛

进入 21 世纪以来,第三次工业革命风潮席卷全球。这次工业革命不单是提振制造业,而是向着纳米、新材料和新能源等新兴产业转移。其中作为支撑的新材料产业受到极高重视,美、日、德等世界发达经济体都将新材料产业作为增强自身核心竞争优势的战略产业进行规划和扶持,这推动着新材料产业成为发展最快的高新技术产业之一。据粗略估计,近十年来,世界材料产业的产值以每年约 30%的速度增长[①]。另据相关研究报告显示,全球新材料市场规模已超过 4 000 亿美元,由新材料带动而产生的新产品和新技术则是更广阔的市场。与新材料技术相关的产品部门年营业额有望突破 20 000 亿美元。

以细分领域为例,2012 年,全球复合材料市场价值已达 816 亿欧元,产量达到 920 万吨,全球复合材料市场正以 6%的年均速度增长;聚丙烯腈基碳纤维的需求自 2012 年以来表现出强势增长势头,全球市场需求将由 2012 年的 4.1万吨增长至 2020 年的 14 万吨;伴随着生物医疗产业的发展,生物塑料复合材料和生物可降解复合材料的全球需求也将以 19%的年增长率上涨,预计 2027年达 96 万吨;全球建筑纳米材料市场需求有望在未来五年增长 44%,增长的动力来自专业涂料和自洁净玻璃。由这些统计预测数据可以看出,全球新材料产业多个分领域市场需求旺盛,产业潜在市场规模巨大。新材料市场的快速发展不但能够取得丰厚的经济效益,也能实现绿色环保、节能减排等良好的社会效益。

2. 从军事需求主导向经济需求主导转变

早期新材料产业的多数子行业都起步于战争、核能利用和航空航天等领域。而进入 21 世纪后,随着世界一体化进程的加快,工业和商业发展更注重材料的经济性、知识产权价值、商业战略和绿色环保等社会效益。因此维护经济社会可持续发展、满足人们对环保低碳生活方式的需要已成为新材料产业发展

[①] 《抢占新材料产业制高点》,《中国经济导报》,2010 年 3 月 9 日,第 B06 版。

的主要驱动力和期望目标。

许多之前只用于军事用途的新材料，随着其制造工艺技术的成熟、成本价格的下降，开始大规模民用化。例如用于军事航空航天领域的光电材料逐渐普及，推动光伏发电产业的发展；超高强度泡沫塑料用于高铁、方程式赛车的制造；亚麻纤维复合材料用于汽车、建筑、土工、交通运输等方面。之前用于装甲车辆的防腐涂料开始运用在大型钢铁结构件、车床、仪器仪表等民用产品的防腐、耐高温、耐老化等方面。未来新材料的发展将在很大程度上围绕着如何提高人类生活质量、推动经济社会向着绿色低碳方向发展而展开。

3. 出现多个新材料产品新增长点

新材料产业涉及的范围比较广，包括稀土材料、磁性材料、金刚石材料、新能源材料、特殊陶瓷材料、光电子、信息材料、智能材料以及生物医用材料等行业。从国际新材料产业的发展来看，新材料产业当中出现了三大新的增长点，即围绕医疗卫生发展起来的医学材料业、围绕经济环境可持续发展的以纳米技术为核心的高性能材料业、以信息技术为核心的信息材料业。

生物医学材料涉及金属原料、陶瓷类原料、高分子聚合物原料、骨材类原料及其他类原料，主要应用于骨科、心血管、整形、肠胃等多个医疗领域。2010年全球生物医学材料的市场规模达 320.9 亿美元，年增长率为 10.8%。在 2013 年预计将达 471.8 亿美元，2010 年至 2013 年的年复合增长率可达到 13%以上[1]。从需求一方来看，生物医学材料的市场需求的增长动力主要来自美、欧、日等老龄化程度较高、慢性疾病问题较为严重的经济体。人工关节等骨科应用和心脏支架等心血管应用的需求持续攀升，预计未来市场将维持稳定增长态势。从供给一方来看，越来越多的厂商开始投入新式医学材料的研发和产品创新，例如生物可吸收材料、生物可兼容材料、电解研磨技术等的研发。同时，由于消费者对体内兼容性高及排斥性低的生物医学材料的接受度逐渐提高，因此对新兴生物医学材料产品的需求将进一步推动市场规模的扩大。

在纳米材料方面，无论是纳米技术还是纳米产品都是当前全球关注的热点。相关研究报告显示，2009 年全球聚合物纳米复合材料营业收入达 2.23 亿美元[2]，应用范围覆盖包括航空航天、汽车、食品、医疗和电子产品包装、体育

---

① 梁日杰：《全球生物医学材料市场研究分析》，《出国与就业：结业教育》2011 年第 20 期：121。

② 《全球纳米技术产业化初具规模，大陆纳米科技应用情况分析》，具体参见 http://www.chinavalue.net/Biz/Blog/2011-6-13/784226.aspx。

用品以及电子电气产品等多个领域。而纳米金属材料的市场需求也同样处于逐步扩大和增长状态，国际市场上每年消费纳米金属材料近 30 万吨。2013 年上半年全球纳米金属材料产量达到 15.5 万吨，同比增长 8.2%；市场销售量达到 13.8 万吨，同比增长 7.6%[①]。全球范围内基于纳米技术的产品市值已超过 2 500 亿美元，纳米材料在未来很长一段时间内都会是炙手可热的新材料领域。

在信息材料业当中，半导体材料的发展最受瞩目。国际半导体设备与材料协会在 2014 年 4 月 7 日公布：2013 年全球半导体材料销售额为 435 亿美元，与 2012 年相比，虽然 2013 年全球半导体市场规模减少了 3%，但是销售额却增长了 5%。从地区来看，北美洲的材料市场规模一直保持平稳发展，日本的材料市场规模收缩了 12%，而韩国和其他经济体的市场规模也有一定的萎缩。中国台湾以大型半导体制造工厂和先进封装为坚实基础，尽管没有保持每年的增长，但已连续四年成为半导体材料的最大客户。而受益于晶圆工厂材料的强大力量，在 2013 年，中国大陆和欧洲的材料市场规模有所扩大。

4. 以发达经济体中的大型国际企业为主导的市场格局已基本形成

虽然全球新材料产业规模一直保持较高的增长态势，但是其主体仍然是发达经济体中的大型国际企业。从国家和地区来看，美国、日本、西欧等发达经济体在新材料产业中处于全面领先地位，韩国、新加坡等紧随其后，中国大陆、巴西、印度等加快追赶，其他大多数发展中经济体的新材料产业仍较为落后。具体来说，美国凭借其强大的科技实力，在新材料领域全面发展，全球领先；日本重点开发纳米玻璃、纳米金属、纳米涂层等用于信息通信、新能源、生物技术、医疗等方面的新兴材料，注重实用性；以德国、英国和法国等为代表的西欧新材料水平整体较高，拥有一批实力雄厚的国际企业；韩国大力发展包括新一代高密度存储材料、生态材料、生物材料、高性能结构材料等在内的新材料，力争短时间内成为新材料强国。

从这些经济体的国际公司来看，世界著名的企业，如杜邦、道康宁等，规模大、研发能力强、产业链完善，在多个新材料领域占有技术垄断地位。而信越、瓦克、住友、MEMC 电子材料公司和三菱材料公司占据着全球半导体硅材料市场销售额的 79.1%；日本的日立电工、住友电工、三菱化学和德国的食品接触材料公司占据着全球半绝缘砷化镓市场的 90% 以上的份额；杜邦、3M 等

---

① 尚普咨询，《2014-2017 年中国纳米金属材料市场调查报告》，具体参见 http://www.tlhgw.cn/news/detail/30722.html。

七大公司占据了全球 90%的有机氟材料市场。此外，高分子发光二极管材料几乎被英国剑桥显示公司和日本住友所主宰。新材料产业多个市场领域被大型国际公司所分瓜的格局在短时间内难以改变。

二、两岸新材料产业的市场发展概况

1. 大陆新材料产业分领域供需状况

随着大陆电子信息、生物医药、航空航天、新能源等高技术产业的发展，以及传统产业的升级改造，大陆新材料产业快速发展，并呈现出科技含量高、新产品层出不穷、全产业价值链国际性强等特点。"十二五"规划中，新材料产业被确定为经济的先导产业，得到专项扶持和培育，新材料产业迎来新的发展契机。

在政策环境向好、制造业快速转型发展的推动下，大陆新材料产业规模持续扩大。据统计，2011 年，大陆新材料产业规模约为 8 140 亿元，较上年增长 25.2%。截至 2012 年，新材料产业市场规模已超过 1 300 亿元，产业持续增长的趋势较为明显。从总体发展趋势上看，2009 年到 2015 年，大陆新材料产业均以 25%的复合增长率快速增长，并在 2015 年实现大陆新材料市场规模超过 20 000 亿元。按照应用领域和 2013 年的研究热点，新材料产业主要包括化工新材料、电子信息材料和建筑节能新材料等领域。

（1）化工新材料

化工新材料是化工产业转型升级的重要方向，也是战略性新兴产业的重要组成部分。大陆化工新材料产业经过多年的发展，不但实现了关键技术的突破，而且部分产品的生产规模已达世界领先水平。化工材料开发应用集中在工程塑料、特种橡胶与弹性体、高性能纤维、有机硅材料、氟材料等领域。

工程塑料包括通用工程塑料和特种工程塑料，相关产品在航天、电子等方面有着特殊用途。大陆 2012 年通用工程塑料产量 107.9 万吨，特种工程塑料产量 0.4 万吨。行业的平均开工率为 58%，表观消费量约为 217 万吨，同比增长约 11%。虽然大陆工程塑料产量不断扩大，但是多数品种产品的关键原材料技术没有实现突破，需要依靠进口，因此造成这些产品供应不足，产业对外依存度高达 61%。

2012 年，大陆合成橡胶及弹性体总产能达到每年 412 万吨，产量达到 298 万吨，进口量 154 万吨，出口量 22 万吨，表观消费量 430 万吨，总体自给率达 69%。其中，特种合成橡胶及弹性体产量为 45.5 万吨，净进口量高达 84 万吨，大陆自给率仅为 35%。由此可见，绝大部分特种橡胶品种大陆仍未实现技术突破，即使部分品种的实现了自主工业化生产，但是不能生产高端产品。其造成的结果是，虽然大陆特种合成橡胶产能和产量不断增加，但是仍不能满足大陆市场需求，高端产品和关键原料依然脱离不了进口。

以碳纤维、芳纶和超高相对分子质量聚乙烯纤维为代表的高性能纤维产业 2012 年虽然产能达到 4.45 万吨，但是由于产业化技术水平低、原料质量不稳定，实际开工率较低。高性能纤维 2012 年产量达到 1.35 万吨，而消费量远超产量，达到 3.45 万吨。对此，大陆企业应当加大技术研发力度，提升产业水平，尽快打破目前的垄断。

在有机硅材料领域，当前中国大陆已成为世界最大的有机硅产品生产和消费地。2012 年大陆工业硅已建成产能达 360 万吨／年，工业硅产量 113 万吨，超过全球总量的一半。而有机硅的产能达到 213 万吨／年，也占全球一半以上，全年产量约 130 万。而与此形成对的照的是，大陆有机硅产品的表观消费量仅为 69.3 万吨，远低于产量，这就造成行业阶段性过剩，企业开工率仅为 65% 左右，赢利能力显著下降。

在氟材料领域，由于该产业上游原料配套条件好，可以推动下游消费市场快速增长。但是，与 2012 年聚四氟乙烯 6.6 万吨／年的产能相比，表观消费量仅为 3.8 万吨，产能过剩超过 70%，产品价格持续走低，产业效益大幅下滑。然而，与此同时，高性能聚四氟乙烯和其他含氟聚合物仍需大量进口，进口量分别占到表观消费量的 11% 和 46%。其他含氟产品如氟树脂、氟橡胶等的发展仍较为落后。2012 年大陆化工新材料各领域的供需状况如表 4-1 所示。

表 4-1　2012 年大陆化工新材料供需状况

品种	产能（万吨／年）	产量（万吨）	进口量（万吨）	出口量（万吨）	表观消费量（万吨）	对外依存度（%）
工程塑料	186.90	108.30	216.80	45.00	280.10	61.00
特种橡胶与弹性体	412.00	297.90	154.20	22.30	429.80	30.70
高性能纤维	4.45	1.35	2.10（净进口量）	—	3.45	—
有机硅材料	167.00	118.00	6.60（净进口量）	—	124.60	—
氟材料	189.20	107.30	1.53	22.38	86.40	—

资料来源：陈瑞峰、张丽等：《化工新材料产业发展趋势与热点》，《化工工业》2013 年第 8 期：1～6。

从大陆化工新材料的供需状况可以看出，虽然大陆化工新材料产业无论是在技术还是在产业规模上都取得了长足的发展，然而生产技术相对较低、产品结构性问题突出、整体创新体系落后等问题仍制约着产业发展转型。可见，大陆化工新材料产业在高端产品方面严重依赖进口以及低端产品缺乏规划造成产能过剩，是产业当前需要着力解决的两大现实问题。

（2）电子信息材料

电子信息材料是指用于半导体、集成电路、光电子器件和新型电子元器件制造的材料，主要包括微电子材料、半导体照明材料、液晶材料、激光材料、磁性材料、绿色电池材料等。这些基础材料及产品支撑着通信、计算机、信息网络技术等现代信息产业的发展。

电子信息材料作为基础性材料已渗透到人们生产生活的各个领域。"十一五"期间，大陆电子信息材料的行业规模得到进一步发展，自主创新能力不断提高。2010年，大陆从事电子信息材料研究生产的单位超过2 500家，从业人员约30万人，电子信息材料行业2010年总产值较2009年增长30.5%，达到1 730亿元。2010年太阳能硅材料、覆铜板、磁性材料等主要电子材料的出口额约为43.6亿美元，同比2009年增长29%。进入2011年，大陆电子材料行业生产增速略有起伏，效益增速放缓，投资增速高位回落，但出口保持平稳增长。

根据电子元件行业"十二五"发展规划，到"十二五"末期，大陆电子元件行业销售收入总额将达到18 835亿元，年均增长10%，占大陆电子信息产业收入的20%。到2015年，电子元件产业要实现新增销售收入约7 000亿元。同时，电子信息材料行业的总产值将达到2 500亿元，在"十一五"基础上增长50%以上。其中高端电子材料将占全行业产品的40%~50%，自产材料配套能力将提高到40%~50%。

从细分领域来看，在微电子材料方面，集成电路前道工艺相关配套材料已初步实现了自主生产，但高端微电子材料仍依赖进口；在集成电路后道工艺中，键合丝、塑封料、引线框架等相关配套材料方面，全球绝大部分市场被日本占据，而相关企业多以合资和外资形式存在，所生产产品已具有一定的市场认可度。在光电子材料方面，半导体照明材料是光电子材料的重要组成部分，2010年，大陆的半导体照明产业规模已达到1 200亿元，其中上游外延芯片产值50亿元，中游封装产值250亿元，下游应用产值900亿元，并初步形成了珠三角、长三角、北方地区、江西及福建地区四大半导体照明产业聚集区。大陆半导体照明产业的中游封装和下游应用产业优势明显，但是上游外延材料及制备工艺与国际先进水平差距较大，同时在标准和检测方面远落后于产业发展需求。以发光二极管外延材料为例，2009 年，大陆排名前十位的发光二极管外延片生产企业的销售额总和不及台湾晶元光电股份有限公司一家的年销售额。在液晶显示材料方面，2011 年大陆主要有 1 条第 6 代、4 条第 5 代和 3 条 4.5 代的薄膜场效应晶体管液晶显示器（TFT-LCD）生产线实现量产，7.5 代和 8.5 代生产线正处在建设之中。但是，其中占薄膜场效应晶体管液晶显示器面板成本 70%的原材料（包括玻璃基板、液晶材料、偏光片、彩色光刻胶等）被境外企业垄断，大陆企业不掌握核心技术和关键材料。在激光器方面，大陆高性能大功率半导体激光器的研发虽有进展，但是激光器件在功率、使用寿命等方面与国际先进水平尚有较大差距，导致大陆实用化高功率、长寿命半导体激光芯片主要依赖进口。

电子信息材料产业的发展规模和技术水平已经成为衡量一个经济体经济发展、科技进步和国防实力提高的重要标志，它在整体经济中具有重要战略地位，是科技创新和国际竞争最为激烈的材料领域。大陆已成为世界电子信息材料的主要生产地之一，产量约占世界总产量的 30%，中低档电子信息材料的产销量已居世界前列，成为全球重要的生产和出口基地。然而，产量大并不等于产品强。大陆在高端电子信息材料等产业核心环节仍实力薄弱，关键技术受制于人，甚至有些电子材料领域尚处于起步阶段。面临电子产业升级换代步伐的加快，培育大陆需求市场、加大研发投入力度、营造良好政策环境才是保障大陆电子信息材料产业持续健康发展的关键。

（3）建筑节能新材料

建筑材料是建筑行业的基础，据统计，在建筑成本当中有三分之二都属于材料费，而每年的建筑材料消耗量占材料消耗总量的比例非常之高。建筑材料在生产过程中能耗占社会总能耗的 27%左右，占各类能耗之首，对自然环境的污染也是最严重的。甚至有些建筑材料采用大量化学材料，具有不同程度的毒性。以黏土实心砖为例，大陆黏土实心砖仍占墙体材料总产量的近 80%，黏土实心砖生产能耗高、毁田地、污染重等问题十分严重。大陆每年消耗 22 亿吨的黏土资源，制砖毁田约 12 万亩，消耗 8 200 万吨标准煤，同时排放大量粉尘和二氧化碳。因此，发展新型节能建筑材料及制品关系到大陆可持续发展战略的实施，也关系到建材产业的健康发展。

经济建设的迅速发展和人民生活水平的不断提高，给新型建筑材料的发展提供了良好的机遇和广阔的市场空间。在市场需求的带动下，大部分进口产品已实现自主生产，多数新兴材料已实现自给。依照建筑工程节能目标，大陆现有的 400 亿平方米既有建筑中，约有 130 多亿平方米需要进行节能改造，若按 200 元/平方米计算，大陆建筑工程节能涂料存在 2.6 万亿元的市场潜力。以聚氨酯节能建筑材料为例，防腐聚烯烃、1,4-丁二醇、己二酸、硬泡聚醚、甲乙酮、富马酸二甲酯等产品近 3 年受到替代进口驱动而快速扩张。据测算，每 4 亿平方米建筑面积进行聚氨酯外墙保温工程能够拉动 44 万吨聚合二苯基甲烷二异氰酸酯、36 万吨硬泡聚醚多元醇、31 万吨环氧丙烷的需求，分别占 2010 年大陆表观消费量的 33.8%、22.5%、21.8%。随着新的节能建筑材料行业标准的出台，将推动该材料市场的大规模启动。

大陆的建筑节能新材料经过三十多年的发展，已形成了一个新兴行业，成为建材工业中重要产品门类和新的经济增长点。经济建设的迅速发展和人民生活水平的不断提高，给新兴建材的发展提供了良好的机遇和广阔的市场。但同时，智能化和纳米技术在新兴建筑材料的运用在大陆基本空白，发展新型绿色节能建筑材料大陆还有很长的路要走。

通过对上述三个主要新材料领域市场发展状况的总结，可以看出大陆新材料产业还未从根本上实现由资源密集型向技术密集型、由劳动密集型向高效经济型的转变。统计数据显示，大陆新材料产业发展起步较晚，大约 10% 左右的领域处于国际领先水平，60%～70% 处于追赶状态，还有 20%～30% 与国际水平存在着相当的差距。并且，大陆所有新材料品种中，仅有 14% 左右的材料可以实现完全自给，而且多为技术含量相对较低的品种。半数材料仍需大量进口，这在信息技术、高端装备等领域尤为明显。此外，还有三成材料在大陆的生产处于完全空白状态，显然大陆新材料产业发展空间广阔。

总体看来，大陆新材料产业发展呈现出三个层次：稀土功能材料、先进储能材料、光伏材料、有机硅、超硬材料、特种不锈钢、玻璃纤维及其复合材料等产能居世界前列；产业整体集中在以电子信息材料、化工新材料、新能源材料为主的中低端；高技术门槛、高资金投入、高附加值的生物医用材料发展相对滞后。

2. 台湾新材料产业分领域供需状况

台湾以中小企业为主的特性，决定了其在多数产业中不是以超级垄断企业为主，而是以一些骨干企业为核心，进行大胆创新投入，生产产业关键零部件或成品，而后凝聚众多上下游配套企业，形成产业集群。这些产业群发挥产业集聚效应，精益求精并不断压缩成本以获得竞争优势，从而推动台湾在电子信息产业、化学工业以及金属机械工业形成三大优势产业。此外，台湾产业在多年的发展过程中一直寻求新的转型和升级契机，在这期间不断有新兴产业出现并发展壮大，其中，最具代表性的半导体与液晶面板科技产业作为龙头在台湾经济发展过程中起到关键引领作用。以此为依托，台湾电子材料产业迅速崛起，无论在关键技术还是在产业规模上都取得了显著成绩，多个领域在全球电子材料产业处于领先地位。与此同时，随着台湾从 2001 年开始推行"绿色建筑推广计划"，台湾绿色建筑材料产业也实现了快速发展。

（1）化工新材料

作为化工新材料的重要组成部分，台湾的合成纤维产业在其纺织品贸易当中起着关键作用。在 2009 年，台湾纺织产业实现销售收入 122 亿美元，其中合成纤维产业的销售收入达 34 亿美元。到 2010 年，合成纤维产业的销售收入增长到 47 亿美元。中国台湾合成纤维的最终产品包括涤纶长丝、涤纶短纤、腈纶短纤，其当前产能在每年 250 万吨到 290 万吨左右，在世界诸多经济体中位列第三。

台湾合成纤维产业长期以来都致力于发展高技术新材料产品，例如功能纤维、绿色环保纤维、复合纤维以及工业纤维。台湾发展化工新材料的目的在于提高产品性能和附加值，与此同时，将合成纤维的应用领域拓展到家居装潢和电子材料领域。台湾合成纤维的高质量以及丰富的产品规格使得台湾成为全球化工新材料的主要供应地。

此外，台湾的合成树脂产业起步于 20 世纪 50 年代，是为了满足生产黏合剂和涂料的需求。到了 20 世纪 70 年代，合成树脂在纺织和人造皮革方面得到广泛应用。进入 20 世纪 90 年代，它又被用于印刷电路板、集成电路封装和其他电子材料当中。如今，台湾的合成树脂已从上游的原材料扩展应用于不同的产品领域，从打印墨水、黏合剂、密封剂到半导体、信息技术应用等。在 2009 年，台湾合成树脂的销售量高达 26 亿美元。表 4-2 汇总了 2009 年台湾各类合成树脂的产能状况，其中科技含量较高的高分子聚碳酸酯的产能最大。

表 4-2　2009 年台湾合成树脂产能

产品	产能（吨／年）
高分子聚碳酸酯	340 000
环氧树脂	272 688
聚丙烯酸酯丙烯酸树脂	261 200
聚氨基甲酸乙酯树脂	164 039
聚对苯二甲酸丁二醇酯	160 000
不饱和聚酯树脂	114 197
酚醛树脂	100 230
聚乙烯醇树脂	92 252
聚酯树脂	53 000
石油树脂	52 500
聚缩醛树脂	52 000
醋酸聚乙烯脂	40 880
饱和聚酯树脂	39 940
三聚氰胺甲醛树脂	18 930
脲醛树脂	16 380
聚酰氨树脂	11 670

资料来源：《2011～2015 年中国合成树脂材料市场供需形势及"十二五"投资热点跟踪研究报告》，博思数据研究中心，2011 年 4 月。

（2）电子信息材料

台湾当前几近成为世界半导体的中心，半导体制造商在设备和材料方面都加大了投资力度，并且预计台湾在这些方面的投入将在 2013 年的 200 亿美元的基础上持续增长。同时，随着半导体生产工艺的提升，半导体产业上游的设备和材料产业部门将进一步得到整合。依托台湾发达的半导体产业，台湾电子信息材料产业快速发展，不仅企业数量持续增长，而且这些企业在全球范围内布局，已成为世界电子材料市场中的主力军。

在 2010 年，台湾有 24 家销售收入超过 100 亿新台币的电子材料企业，38 家企业的营业额达到 20 亿～100 亿新台币，16 家企业的营业额达到 5 亿～10 亿新台币。这表明台湾电子材料生产企业正向着创造更高价值的方向发展，相应的，这也推动着材料产业愈加繁荣。在这些企业当中，吉阳太阳能材料和洋华光电公司实现利润率在三年里连续超过 10%，而台虹科技、富桥工业、台湾玻璃等企业已实现三年利润率领先，它们是台湾最好的电子材料企业，详见表4-3。

表4-3 台湾规模以上电子材料产业的重点企业

销售收入	企业
第一层次：超过100亿新台币	南亚塑胶工业公司、日月光集团、长春石油化学、欣兴电子、李长荣化学工业、和桐化学、台湾玻璃、南亚电路板、长兴化学工业、华立企业等
第二层次：20到100亿新台币	台耀科技、台塑胜高科技、华宏新技、万洲化学、威力盟电子、亿光电子、昇贸科技、台虹科技、胜一化工、义芳化工、合正科技、康泰、介面光电、金居铜箔、汉磊、旭晶能源、颖台科技、旭德科技、富乔工业、丹能等
第三层次：少于20亿新台币	扬博科技、嘉威光电、业强科技、尚茂科技、律胜科技、建荣工业材料、富晶通科技、安可光电、光濑科技、宇辰光电等

注：销售收入以2010年为标准。

资料来源：台湾"产业情报研究所"，2011年8月。

与此同时，台湾共有89家上市的和场外交易的电子材料企业。这些企业在2012年实现营业额3 030亿新台币，而这与2011年相比下降了0.2%。2013年台湾电子材料的价值增加到3 500亿新台币，这与2012年相比，增加了15.55%。所有的材料产业部门将受益于下游的电子产业复苏，并仍将处于增长阶段。

表4-4 2012年台湾利润率排名前五的电子材料企业

净利润排名	所属产业部门	企业名称	2012年			2011年	2010年
			营业额（亿元新台币）	净利润率（%）	营业额增长率（%）	营业额（亿元新台币）	营业额（亿元新台币）
1	锂电池	中钢碳素	82.56	23.90%	-7.39%	89.15	83.90
2	封装	顾邦科技	126.98	20.10%	11.40%	113.98	126.00
3	太阳能	吉阳光伏	34.74	17.30%	13.74%	30.55	26.80
4	封装	景硕科技	176.51	15.80%	4.61%	168.70	175.90
5	印刷电路板	台虹科技	59.77	10.40%	34.34%	44.49	68.60

资料来源：台湾"产业研究所"，2013年9月。

在 2012 年中国台湾电子材料产业受到电子消费疲软和韩国企业强烈竞争的影响，产业营收表现一般，总产值达到 3 030 亿新台币，略微下降了 0.2%。其中，半导体材料产值增长了 8.4%，达到 726.1 亿新台币；包装材料产值增长了 11.65%，全年总产值达 900.9 亿新台币；薄膜晶体管液晶显示材料产值强力增长 22.1%，达到 545.06 亿新台币；印刷电路板材料完成产值 580.45 亿新台币见表 4-5。因此，尽管台湾新材料产业总产值较上年略微下降，但是各主要分行业领域仍保持增长势头。

表 4-5　台湾电子材料分行业产值（单位：百万新台币）

	2012 年第三季度	2012 年第四季度	季度增长率	年增长率	2012 年	2013 年（实际值）	年增长率
半导体材料	19571	18103	-7.50%	27.07%	72608	78842	8.59%
电子封装材料	23433	23056	-1.61%	11.65%	90094	97912	8.68%
印刷电路板材料	15596	14464	-7.26%	22.24%	58045	68912	18.72%
LCD 材料	15213	13722	-9.80%	22.07%	54506	59738	9.6%
能源产品材料	6358	6141	-3.41%	0.85%	27703	44667	61.24%
合计	80171	75486	-5.84%	17.84%	302956	350071	15.55%

资料来源：台湾"工研院"，2014 年 2 月。

据台湾"工研院"的统计，2013 年台湾电子材料产业的总产值为 3 500 亿新台币。在所有的分行业中，电子封装材料产值为 979 亿新台币，占电子材料产业总产值的 27.97%，份额最大。紧随其后的是半导体材料和印刷电路板材料。总体来看，台湾电子材料产业仍保持增长态势，具有一定的产业投资吸引力。

电子材料产业既是电子产业的上游产业又是其基础，同时，它也是化工工业当中专用化工部门的重要组成部分。尽管与石化产业相比，电子材料产业仅有很小的市场价值，但是它的附加值很高。台湾的电子信息产业和化工产业占有优势的同时，这两个产业也带动了电子材料产业突飞猛进的发展。在未来三年内全球电子零部件产业将会维持 30% 的增长趋势，台湾电子材料企业无疑会进一步增强其竞争能力。

（3）绿色建筑材料产业

据统计，中国台湾共有 2 818 栋绿色建筑，若以密度计算，绿色建筑密度位居全球第一，这些绿色建筑每年共节电 8.9 亿度，节水 3.67 亿吨，回收二氧化碳 5.99 亿吨，节省经费 25 亿新台币。台湾自然资源贫乏，居民日常生活中98%的能源必须依赖进口，其中建筑占 28%，故台湾自 1999 年起便开始推动节能减碳的绿色建筑，由此也带动绿色建筑材料产业的发展。

在 2001 年，台湾以推出"绿色建筑推广计划"为契机，开始实施"台湾绿色建筑材料标签计划"，该计划将绿色建筑材料分为四大类，即生态、健康、可循环和高效，并为台湾岛内的建筑材料产业提供了一个独立和全面的系统，用来评估和审查建筑材料的环境特性。在 2009 年，台湾当局有关部门规定内部装修材料的绿色建筑材料使用比例从 5%提高到 30%，未来目标将是 100%。据台湾有关部门的统计数据显示，2010 年台湾绿色建筑材料产业的总产值为 7 686亿新台币（折合 265 亿美元），其中绿色材料产值 615 亿新台币；绿色建筑占2010 年新建建筑的 10%，预计绿色建筑材料的产值到 2015 年将增长到 694 亿新台币。为了顺应绿色建筑材料的发展趋势，台湾需要进一步促进绿色建筑材料产业发展，增强其制造的规模经济性和竞争力，建立定制化绿色建筑评级系统并创造稳健的岛内需求市场。

通过以上分析，可以看出台湾在拥有电子信息产业、化学工业以及金属机械工业三大优势产业的基础上，也实现了化工新材料、电子信息材料的快速发展，并取得全球市场领先地位。同时，随着绿色节能生活理念的兴起，以及经济发展追求低碳环保的新模式，台湾绿色建筑材料产业也走在世界前列，开辟出新材料产业新的运用空间，催生出新兴市场需求。

三、两岸新材料产业的竞争与合作

当前，海峡两岸都面临着经济转型升级、增强产业国际竞争力的压力。而新材料产业作为实现产业结构升级转型的基础，不但是提升国际竞争力的突破口，也是深化两岸技术、经济合作的重要基点。

1. 两岸新材料产业的市场竞争格局

大陆成为承接世界制造业中心转移的重要基地，台湾成为全球半导体的中心，海峡两岸的新材料产业实现了快速发展。大陆的钢铁、重要有色金属、主要建材、合成纤维等基础材料的产量均居世界前列，而在一些重点、关键新材料的制备技术、工艺技术、新产品开发及节能、环保和资源综合利用等方面取得显著发展成效，一批新材料产业逐渐形成和成长壮大，并初步形成了完整的新材料体系。而台湾通过设立共同研发中心、科学园区进行技术引进和招商投资，推动台湾半导体产业兴起。由此也吸引了本地传统工业材料企业和来自全世界的材料企业进入市场，并在半导体产业所在科学园区周边形成了聚集效应。产业聚集加强了企业间的竞争，从而迫使台湾本地材料企业加快技术创新、培养行业竞争力。在这样的环境下，台湾材料企业迅速成长，掌握多项新材料核心技术，不但进入了台湾市场，也在全球市场取得一定地位，半导体材料台湾企业总市场占有率达8.9%。从表4-6中可以看出，在世界各地区材料支出的排名中，中国大陆材料支出的增长率最高，达11%，而中国台湾材料支出的占比最高，达到了22%。由此可见，在新材料领域内，无论是大陆还是台湾都具有一定的市场竞争实力，彼此是对方最主要的竞争对手，也是潜力巨大的合作伙伴。

表4-6 世界各地区材料支出

地区	2012（亿美元）	2013（亿美元）	增长率（%）
中国大陆	50.7	56.2	11%
欧洲	29.8	31.2	5%
中国台湾	102.7	105.5	3%
北美	47.8	48.7	2%
韩国	74.1	74.5	1%
日本	85.8	80.0	−7%
世界其他地区	80.1	79.3	−1%
合计	471.0	475.4	1%

资料来源：台湾"半导体材料及设备协会"新材料市场数据，2013年8月。

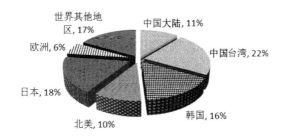

图4-1 2013年世界各地区新材料支出占比

资料来源：台湾"半导体材料及设备协会"新材料市场数据，2013年8月。

大陆有完善的制造业体系和潜力巨大的需求市场，这不但成为大陆发展新材料产业坚实的基础，也是吸引台湾和其他地区企业投资大陆的重要原因[①]。从发展状况来看，大陆虽然新材料产业发展迅速，但技术创新能力较弱，产品层次过低，关键技术和生产工艺有待改进，材料价格易受市场供需影响。而台湾岛内新材料市场规模不大，投资回报率有限，但是台湾在新材料特别是电子材料领域具有领先技术优势，面对大陆新兴市场，已有很多台湾厂商进入投资，设立分厂。2014年，在市场竞争格局下，虽然大陆在新材料市场竞争中处于劣势地位，但随着大陆将新材料产业划归为战略性新兴产业领域，在各项计划中给予了重点扶持，新材料产业基地的建设步伐也正逐渐加快，未来大陆将会凭借自身优势走上具有特色的新材料产业发展道路。

2. 两岸新材料产业的市场合作现状及前景

新材料产业具有产业链长、科技含量高的特点，它与节能环保、新一代信息技术、生物、高端装备制造、新能源、新能源汽车等战略性新兴产业有着极高的产业关联度。海峡两岸在新兴产业领域加强合作有利于扩大两岸贸易规模、优化两岸贸易结构。

海峡两岸在新材料产业领域各具优劣势。大陆天然资源丰富，材料工业专业人才众多，科研力量储备雄厚。材料产业下游规模大，消费市场潜力巨大，并且劳动力成本也相对低廉。然而，大陆方面资金相对短缺，营销渠道尚不完整，经营和管理人才缺乏，商业模式有待创新，市场经济体系不尽完善，新材料技术转化能力欠缺。与大陆相比，台湾在新材料领域资金较为充裕，营销网络完整，有较为成熟的商业模式，经营和管理人才水平都相对较高，新材料的技术转化能力也较强，与下游环节联系紧密，且实力较强。但是台湾受到地理因素的限制，天然资源缺乏，内需市场规模有限，基础研究人才较为欠缺，同时生产要素成本较高。

两岸新材料产业各自的优劣势充分显示了双方之间存在巨大的互补性，是今后进一步加强合作的良好条件和机遇。从2003年开始，每隔一年两岸材料研究学会就会举办"海峡两岸新材料发展论坛"，对当前新材料发展的一些热点和关键问题进行深入探讨。2012年5月，镇江市在台南市成功举办了"镇江海峡两岸新材料产业合作交流会"，许多客商当场表达了赴镇江考察投资的意向。

---

① 《新材料行业投资前景分析》，具体参见 http://www.reportway.org/guihuachengguo/280220119.html。

2012 年 9 月在哈尔滨市举办的新材料产业博览会上，参展的台湾企业都表示希望开辟更为广阔的大陆市场。目前，已有许多台湾企业在大陆投资设厂，开辟新市场。以台塑集团为例，台塑集团与三井化学公司合资在大陆生产电解液。据台湾有关机构的报告显示，这项合资项目的总资本为 820 万美元，由台塑集团和三井化学平摊，电解液制造工程计划在 2014 年实现产量 5 000 吨，工程总投资将达 2 000 万美元。

新材料产业科技含量高，产业的市场开拓与研发实力息息相关。大陆在新材料的基础性研究方面具有优势，而台湾在新材料的应用性和技术商业化方面较为擅长。双方互补可以形成合力，加快新材料产品的开发速度，增强国际竞争力，开拓更为广阔的新材料市场。

第二节　两岸新材料产业商业模式的对比

要培育新兴产业，只依靠技术和市场是不完备的，唯有通过商业模式的创新应用才能开创新的产业领域，提供全新的产品和服务，为客户和自身创造价值。新材料产业作为制造业的重要支撑，有机会通过开放式的商业模式创新实现技术向产品的转化，拉动新兴市场需求，取得产业领先地位。本节在对两岸新材料产业的价值链进行分析的基础上，概括总结出台湾新材料在产业层面和企业层面的商业模式创新特点，以及大陆新材料产业商业模式培育现状，以比较分析的方式，来深入分析两岸新材料产业商业模式创新状况。

一、新材料产业布局及产业价值链特点分析

从宏观视野来看，全球新材料产业以地方集群作为产业发展模式，产业竞争不仅表现为若干大型国际公司的竞争，更表现为地域产业网络组织即地方产业集群之间的竞争。而从全球新材料产业价值链形成的动力来源来看，购买者驱动型是主要动力来源。拥有强大品牌优势和大陆销售渠道的国际公司通过全球采购和生产等方式组织起来的国际商品流通网络，形成强大的市场需求，拉动出口导向的发展中经济体的工业化发展。在新材料产业价值链上，研发创新和品牌营销具有较高的附加值，是技术密集型环节，注重高层次科技、技术和工程人才的运用，这主要被发达经济体的领先公司控制；生产环节是资本密集型环节，注重的是规模和完善的生产制造体系，这主要由发达经济体来承担，并在这些经济体当中形成产业集群；更为低端的装配、包装、原料开采等环节是劳动密集型环节，需要大量廉价劳动力，这主要以资源丰富、劳动力价格低廉的经济体为主。海峡两岸的新材料企业也充分参与到全球新材料分工、协作和竞争当中，利用各自优势向新材料产业价值链高端攀升。

1. 大陆新材料产业布局及产业价值链特点

大陆新材料产业经过多年的发展，已经表现出区域性、特色性产业集聚、新材料产业链日臻完善、产业结构横向扩散的特点。从产业布局来看，大陆各地特色材料产业呈现出聚集趋势，并已经在长三角地区形成了浙江东阳、宁波、海宁磁性材料特色产业区域，杭州湾精细化工特色产业集聚区，江苏沿江新材料产业带等新材料特色产业集中区。在珠三角地区初步形成了建筑卫生陶瓷、改性塑料、新型电池、高性能涂料等产业集群。此外，山东、福建、江西、湖南、辽宁等省区也开始出现新材料产业集群化态势。以这些产业集聚区为基础，大陆新材料产业基地快速发展，如武汉、长春、广州、西安等城市由于在光电材料上有较好的技术积累，从而促进和带动了当地新材料产业的发展。

从产业价值链特点来看，在大陆，技术先进、产品附加值高的高端材料主要依赖进口，而在低端材料方面优势明显。例如在电池材料方面，大陆厂商如杉杉科技、深圳贝特瑞等厂商无论在生产规模还是产品质量方面都走在前列，但在锂电池隔离膜方面，几乎全部依赖进口。因此，大陆的新材料产业仍处在终端生产、低端装配、包装等价值链环节。在大陆新材料产业内部，近些年来整合步伐明显加快，多数有实力的企业通过进入新材料上下游产业来降低经营成本、提高产品附加值、创造有利的竞争地位，从而增强企业自身整体的赢利能力。在这一过程中，许多新材料企业从技术欠缺、规模弱小成长为技术领先、具备大规模生产能力的上市公司及知名企业。原先无序定价的恶性竞争也逐渐转变为向客户需求和市场导向的方向发展。其中典型的企业如包头稀奥科公司进入贮氢合金、电池极板以及镍氢电池三个生产领域，形成了完善的镍氢电池产业链；中信国安盟固利、青鸟华光、天威英利等公司进入下游电池领域，形成电池材料、电池生产上下游结合的产业链布局。大陆新材料产业在整合过程中不但使产业链上下游紧密结合，也使得产业链价值创造向着研发端、集成服务端等具有更高附加值的方向发展。

2. 台湾新材料产业布局及产业价值链特点

台湾产业布局最为完善、产业价值链极具特点的新材料产业领域是电子材料产业。从产业布局来看，除了新竹科学工业园区之外，中国台湾液晶显示器件和材料产业也集中在台南科技园和台中科技园。在这三个主要的科技园中的企业拥有高度多样化的供应链，与设在美国、日本和韩国的上下游产业供应链部门有着紧密的联系。可以说，台湾拥有世界上最完整的电子材料产业链，因此也较早进入大陆投资（独资与合资）办厂。与此同时，中国台湾的代工工厂分布在东欧、中国大陆、印度、越南和中美洲等地区。产业生产线可用于代工最终产品装配，例如笔记本电脑、手机、液晶显示器电视、数码相机、电子宠物、游戏机和全球定位系统，还有其他零部件，例如连接器、仪表板、集成电路、冷却组件和设备外壳等。正是产业链的完整性，为台湾电子材料产业在世界电子材料市场当中赢得重要席位。

电子零部件产业是电子材料产业的下游，包括光电元件、印刷电路板、无源器件、开关元件和能源元件产业部门。其中，台湾光电子元件产业在 2011 年占据世界第三大市场份额（图4-2）。

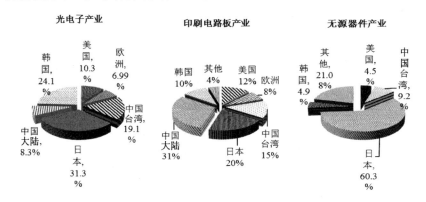

图4-2 中国台湾电子材料产业下游环节所占市场份额

资料来源：台湾"产业情报研究所"，2011年8月。

得益于2011年全球经济的复苏所出现的市场机会，台湾印刷电路板的产值实现增长。台湾电子材料产业在全球电子零部件产业当中起到了重要作用。不仅电子材料产业自身取得良好的发展，而且带动产业的下游环节获得全球竞争力（表4-7）。

表 4–7　中国台湾电子材料产业下游环节的全球地位

	年份	全球排名	产值（百万美元）	全球市场份额占比
印刷电路板产业	2009	第二	8 500	24.4%
	2010	第二	9 767	25.9%
	2011	第一	10 935	27.1%
封装基板	2009	第二	1 570	21.6%
	2010	第二	1 857	23.9%
	2011	第二	2 056	25.2%
LED	2009	第二	1 772	25.4%
	2010	第三	2 393	19.1%
	2011	第三	2 609	19.0%

资料来源：台湾"产业情报研究所"，2012 年 8 月。

例如中国台湾电子材料产业的下游印刷电路板产业、封装基板产业、发光二级管产业连续多年全球排名前两位。预计，全球电子零部件产业在未来三年内维持 30% 的增长趋势，台湾材料产业链无疑会进一步增强其全球竞争实力。

与此同时，因为电子材料需要按照下游的电子产业的应用来设计和生产，所以产成品的质量非常重要。上下游的技术可能变化很快，并且消费者必须获得质量保证，同时也关注品牌的重要性，整个产业有很高的进入门槛和较长的学习曲线。因此，电子材料不可避免地有更高的附加价值，甚至有一些材料的毛利率超过 50%。此外，因为一些材料的生产要求有很高的设备投资，这些设备有很高的折旧和分摊比例，因此产品的附加值必须高于那些普通制造和化工产品。台湾电子材料产业的全球化布局，以及完整的产业链使得产业链的价值创造不但实现了高品质，还创造了品牌效应，为产业带来丰厚的附加价值，使整个产业处于全球价值链的中高端环节。

二、台湾新材料产业的商业模式特点

台湾新材料产业的成功依赖于两大基础：技术和商业模式。其新材料产业的商业模式基于不同的视角呈现出各异的特点。

1. 新材料产业层面商业模式特点

新材料产业商业模式创新是一种系统性工程，而非某一环节的局部改良。

其商业模式以整个产业为研究对象，将呈现出以下特点。

第一，"主管部门先导，民营为主"的商业模式特点既降低了新材料产业的研发投入负担，又有效地保证了新材料产业对于市场环境变化的敏感性。台湾新材料产业的真正发展始于20世纪80年代，其总体发展模式是先由台湾当局主管机关（如教育主管部门、经济主管部门等）建立研究机构及试验工厂，然后引进先进技术加以改造创新，最后向民营企业转移并对整个产业形成正面的外溢效应。20世纪90年代，台湾当局有关方面一方面确保学术界的实用性研究的先导作用，一方面鼓励企业加大研发投入的力度，从而形成企业和政府双向驱动效应，加快了新材料产业的发展。2001年，台湾经济主管部门开始转向"台湾技术交易市场机制发展计划"的推动，当局有关方面出资成立了"台湾技术交易中心"，并由"经研院"运营管理，这在纵向和横向层面均加大了台湾新材料产业的扩散范围，并使得岛内新材料产业的技术水平逐渐向国际先进水平靠拢。截至2010年，中国台湾"技术交易市场整合服务中心"已经促成了4632项技术的授权及转让；到2013年为止，中心已经和美国、英国、日本及韩国等新材料产业领先经济体的相关机构形成了技术中介组织联盟。

台湾新材料产业的这种商业模式特点对台湾半导体产业的起步有着非常重要的作用，现今台湾半导体产业中的领导企业（如联电、台积电、台湾光罩及世界先进）都是借助这种特点才从岛内众多企业中脱颖而出。以台积电为例，其成立于1987年，依托"主管部门主导，民营为主"的发展思路，到2013年为止，台积电已经成为全球规模最大的专业集成电路制造公司，晶圆年产能已达430万片，占全球晶圆市场规模的60%。这种商业模式最大的特点在于主管部门只是充当新材料产业向导的角色，在保证新材料产业相关技术研发投入的情况下，放手由民营企业自主经营，充分利用了民营企业对于市场需求反应灵敏、资金周转迅速、管理高效等优点，从而使得台湾地区的新材料产业在全球范围内占有一定的主导地位。

第二，以中小企业为主的分散经营模式特点加快了台湾新材料产业对于市场和技术的反应速度，从而形成产业的领先优势。台湾地区的新材料产业借鉴美国硅谷的发展经验，在结合自身资源状况的条件下，以中小型企业作为新材料产业中的发展主体，依据"两高、两大、两低"六项原则（即市场潜力大、产业关联性大、附加值高、技术层次高、污染层度低、能源依存性低），确定了电子器件、半导体、机密机械与自动化、航天材料、高级材料、化工材料及生物医疗材料等新材料产业作为中小企业发展的主要方向。这就使得台湾新材料企业对于市场极其敏感，往往能领先于其他对手，成为微软和英特尔等国际企业制定标准后行动最快的生产者，从而使得企业能真正抓住发展商机。此外，这种发展特点也使得企业逐渐吸收岛外的先进技术，从而形成自己的自主创新优势。截至 2011 年，台湾对中小企业按收入排名，前 10 名中小企业中，新材料企业就占据了 7 名，主要涵盖半导体、电子器件、工程塑料等子行业[①]。

第三，台湾新材料产业商业模式的成功依赖于科学工业园区的设置强化了企业的群集效应。与大陆新材料产业基地相对应，台湾在发展新材料产业时以科学工业园区为战略依托，为新材料产业提供技术支持。但台湾在科学工业园区建设方面起步早于大陆，因此在新材料技术方面处于领先优势。20 世纪 80 年代，台湾就设立了第一个工业园区——新竹工业园区，1996 年又建立了台南工业园区。截至 2003 年，岛内已建成软件工业区、航天工业区、生物科技工业区、研究园等 17 个工业园区。总体来说，台湾新材料产业集群发展采用"多元轴向式"的空间布局模式，以新竹、南部及中部等三大科学工业园区为产业集群的核心地带，以此向周边地区辐射，形成了台湾新材料产业的技术源泉。

以最著名的新竹工业园区为例，它被誉为"台湾岛内的硅谷"，是台湾新材料产业的科技高地。新竹工业园区于 1980 年设立，占地 580 公顷，位于新竹市东南，周围被"工研院"、精密仪器发展中心、天然气研究所以及大专院校等科研、教学机构所环绕。新材料产业中的半导体元件产业制造，包含电路设计、集成电路等，均由该园区所垄断，使得中国台湾成为全球第四大半导体工业制造者，仅次于美、日及韩国。截至 2013 年，园区已拥有 256 家科技公司，年产值高达 4 000 亿新台币，园区研发投入占产区总之比率高达 5.4%，是岛内整体水平的 2.7 倍。

2. 新材料企业层面商业模式特点

就新材料企业而言，商业模式的核心在于价值创造，其构成要素包括价值主张、商业网络、关键资源、运营管理和赢利模式等五个要素。新材料企业商业模式的创新在于将上述五个基本要素进行有效整合、重构，从而为企业在价值链中寻找真正的利润区。基于企业视角，台湾新材料企业商业模式表现出以下特征。

---

① 中国新闻网：《台湾五千大企业去年营业收入缩水 1.4 万亿新台币》，具体参见 http://www.chinanews.com/tw/2012/06-05/3938362.shtml。

第一，技术创新是新材料企业商业模式创新的基础。台湾本岛由于资源禀赋的限制，发展新材料产业必须基于科技变革来推动自身产业结构的升级，而这往往需要扎实的科学基础知识和新技术的强力支撑。新材料产业的产品大多为技术创新的成果，为资本密集型产品。所以，商业模式在连接技术和市场的过程中，必须以技术创新为前提，即通过商业模式创造价值支撑企业研发；反之，企业研发带来的技术创新成果能够使企业商业模式差异化，从而提升商业模式的价值创造能力。总之，商业模式与技术创新是新材料企业发展的两大支柱。

第二，发掘细分市场是新材料企业商业模式创新的关键。台湾新材料企业处于技术、市场需求、竞争者行为策略等因素不断变化的环境中，企业要通过市场细分明确自己的目标市场并强化自己的竞争优势，从而巩固自己在缝隙市场中的地位。这就使新材料企业能更为有效地应对产业环境的变迁和外部冲击。

第三，新材料企业的市场定位的不断优化是其商业模式成功的根本。台湾新材料产业作为岛内有关部门推动产业结构升级的途径，是台湾经济总量中重要的组成部分。其中新材料企业不同于以企业利益最大化为目标的传统企业，它还肩负着重要的领导者责任，对未来产业网络的发展具有极强的创新带动作用，对相关的传统产业也具有一定的辐射效应。因此，新材料企业市场定位不仅要着眼于企业自身发展，还应根据产业环境变化适时地优化定位，从而使得企业商业模式能创造更高的价值。

第四，正面的社会环境效应是新材料企业商业模式的客观要求。新材料企业以资源能耗低、就业机会多、辐射效应强等良好的社会环境效应，使企业在创造价值的同时能实现企业的社会责任，从而加速了企业商业模式的良性循环。

第五，商业模式差异化是新材料企业发展的重要手段。对于台湾的新材料企业而言，技术与产业环境的不断变化，要求企业的商业模式及时随之调整，短期有效的商业模式可能会因竞争企业的搭便车行为——模仿而造成价值的流失。所以，必须保证新材料企业商业模式的动态发展，从而使企业商业模式具有异质性，提升企业的赢利能力。

三、大陆新材料产业商业模式的培育现状

新材料产业作为其他六大战略新兴产业的物质基础，要实现其技术的产业化，必须重点关注商业模式的创新。商业模式的创新源于两大基准点：战略性

和新兴。战略性要求新材料产业商业模式着眼于产业整体结构进行价值创造的方向性规划；新兴则要求新材料产业在借鉴其他产业商业模式的基础上根据自身产业的特质对商业模式进行创新。新材料产业的发展不仅依赖于资源禀赋、技术创新，更取决于商业模式的改进。只有商业模式的成功，才能使新材料产业成果转化为经济效益，加速产业升级并提升产业聚集度。由于大陆在新材料产业商业模式的培育正处于初始阶段，所以，本部分内容将就大陆新材料产业商业模式创新重要性、特点、驱动力、风险及举措等方面来总体概述其商业模式的培育现状。

1. 商业模式创新与新材料产业商业模式培育的内在联系分析

首先，商业模式创新是新材料产业化的必要保证。新材料产业需要适宜的商业模式为其实现产业化拓展市场需求。其一，对于新材料产业中的共性技术而言，一个成功的商业模式给产业带来的影响甚至能超过技术本身。技术本身并没有任何经济价值，只有通过商业模式将技术成果——产品引入市场才能创造价值，从而实现产业化目标。其二，对于新材料产业内部激烈的技术竞争，甚至是与其他关联性产业中可替代技术间的竞争，商业模式的创新都能在一定程度上弥补产业本身技术上的缺陷。其三，商业模式的创新能改变新材料产业的业态形式，为其发现或拓展新的市场。

其次，新材料产业发展是商业模式创新的动力。新材料产业发展所引起的辐射效应会使得传统产业结构重组。新材料产业作为国家七大战略性新兴产业之一，其背后是技术的变革，而这种技术变革必将引起商业模式的重构。比如新材料产业中的半导体光伏产业所带来的节能环保变革，不仅促进了新能源材料的变革，而且也迫使传统能源产业进行变革，从而带动整个能源产业的商业模式的变革。

最后，新材料产业的国际化需要商业模式创新。2008 年次贷危机以后，各经济体为了保持或提升自己在全球经济中的地位开始寻求内部产业的升级、轮换，以期寻找到能带动竞争增长的优势产业。由此，大陆根据全球经济形势以及自身状况将战略性新兴产业作为未来发展的方向，其中新材料产业更是其他相关产业的基础。面对各国需求、文化及政策的不确定性，为了发展实现中国大陆新材料产业的腾飞，商业模式创新必不可少。

2. 大陆新材料产业商业模式培育的特点分析

第一，注重需求端培育，降低新材料市场的不确定性。新材料产业作为新兴产业的代表，虽然产业前景广阔，但其产品或服务能否得到市场的认可，新材料企业能否满足顾客的价值诉求，都是新材料产业在发展过程中必须克服的阻碍。然而，商业模式创新注重客户的需求，从消费终端入手，从根本上解决了新材料产业需求端问题，从而降低了新材料产业市场的不确定程度。截至2013年年底，大陆新材料产业需求主要来源于其他六大战略性新兴产业，具体情况如表4-8所示。

表4-8　新材料产业需求前景分析

新能源	"十二五"期间，风电新增装机6 000万千瓦以上，建成太阳能电站1 000万千瓦以上，核电运行装机达到4 000万千瓦，预计共需要稀土永磁材料4万吨、高性能玻璃纤维50万吨、高性能树脂材料90万吨、多晶硅8万吨、低铁绒面压延玻璃6 000万平方米，需要核电用钢7万吨/年、核级锆材1 200吨/年、锆及锆合金铸锭2 000吨/年
节能和新能源汽车	2015年，新能源汽车累计产销量将超过50万辆，需要能量型动力电池模块150亿瓦时/年、功率型30亿瓦时/年、电池隔膜1亿平方米/年、六氟磷酸电解质盐1万吨/年、正极材料1万吨/年、碳基负极材料40万吨/年；乘用车需求超过1 200万辆，需要铝合金板材约17万吨/年、镁合金10万吨/年
高端装备制造	"十二五"期间，航空航天、轨道交通、海洋工程等高端装备制造业，预计需要各类轴承钢180万吨/年、油船耐腐蚀合金钢100万吨/年、轨道交通大规格铝合金型材4万吨/年、高精度可转位硬质合金切削工具材料5 000吨/年；到2020年，大型客机等航空航天产业发展需要高性能铝材10万吨/年，碳纤维及其复合材料应用比重将大幅增加
新一代信息技术	预计到2015年，需要8英寸硅单晶抛光片约800万片/年、12英寸硅单晶抛光片480万片/年，平板显示玻璃基板约111亿平方米/年，薄膜晶体管混合液晶材料400吨/年
节能环保	"十二五"期间，稀土三基色荧光灯年产量将超过30亿只，需要稀土荧光粉约1万吨/年；新型墙体材料需求将超过230亿平方米/年，保温材料产值将达1 200亿元/年；火电烟气脱硝催化剂及载体需求将达到40亿吨/年，耐高温、耐腐蚀袋式除尘滤材和水处理膜材料等市场需求将大幅度增长
生物产业	2015年，预计需要人工关节50万套/年、血管支架120万个/年、眼内人工晶体100万个/年，医用高分子材料、生物陶瓷、医用金属等材料需求将大幅度增加；可降解塑料需要聚乳酸等5万吨/年、淀粉塑料10万吨/年

资料来源：《中国新材料产业发展年鉴》（2011～2012）。

第二，新材料产业技术变革是商业模式创新的动力，会引起现有产业、企业商业模式的重构。对新材料而言，突破型和激进型技术创新必然会致使商业模式的全面变革。这种创新要求企业从战略层面重组企业资源，从而保证向市场提供高品质、低价格的技术产品或服务。

第三，新材料产业中商业模式的成功依赖于整个价值网络的完善。以新材料产业中的电子信息材料、新能源材料及化工新材料等子产业为例，上述产业的用户价值体现在整个价值网络中。这些产业中的生产或服务提供是新兴技术系统所提供的复杂性、综合性成果，因为这一集成技术系统需要众多的子系统相互嵌套、配合，才能聚合成完整的产业链条。

总之，新材料产业需要根据复合产品的技术特性，更新行业标准，重新定位产业链中的参与者角色，从而为顾客提供更好的产品或服务。

3. 大陆新材料产业商业模式创新驱动力培育分析

新材料产业商业模式创新驱动力随着企业类型变化而有所不同。根据企业边界，其商业模式驱动力可以分为内部动力和外部动力。内部动力主要包括管理者的创新精神和创新决策；外部动力则指市场需求、产业竞争、政府政策和技术创新。具体内容如表 4-9 所示。

表 4-9　新材料产业商业模式驱动力

外部动力	市场需求	新材料产业发展的最终目的是以最有效的方式更好地满足市场需求，因此，产业的发展需要紧跟市场需求的变化趋势，通过各种形式的创新及时适应市场需求的变化。从这个意义上说，正是需求的变化驱动着企业商业模式的不断创新
	产业竞争	市场竞争迫使企业寻求新增长点。面对新一轮科技革命，国际上的其他企业纷纷加大研发投入，开创新型商业模式，而大陆企业依靠低成本、低端加工的经营模式已走到边缘
	政府政策	政府为推动产业发展出台一系列产业扶持政策，这些政策可能直接促进某种创新，也可能导致新规则的产生，从而形成商业模式的改变
	技术创新	新材料产业以环保、智能、低能耗等技术卖点在满足消费者需求的同时，也改变着企业内部及企业间的交互形式，从而产生全新的商业模式
内部动力	管理者创新精神	企业家精神本身就要求企业的经营者不断寻找新的商业机会，不断开拓新的商业模式；不同企业凝聚不同的企业家精神，创造独特的商业模式，这成为企业生存、发展的基础，并可形成其他企业难以模仿的竞争力
	创新决策	针对商业模式创新需要涉及企业各个层面和多种智能的系统化变革，仅仅依靠专业的研发部门或市场营销部门是难以推动和把握的；只有能够掌握全局，同时了解需求变化趋势、竞争态势以及相关政策法规的企业家系统化地、统领性地制定创新决策才能推动企业商业模式各要素之间协同变革，最终实现商业模式创新的成功

资料来源：陈志：《战略新兴产业发展中的商业模式创新研究》，《经济体制改革》，2012 年第 1 期：115。

4. 大陆新材料产业商业模式培育的风险分析

同样，重构或改变新材料商业模式也会带来相应的风险。风险可以根据不同层次划分为：政府层面风险、产业层面风险及企业层面风险。

（1）政府层面风险

新材料产业发展会引起全国各地区资源的重新配置，但政府决策者的考虑往往局限在现有产业、商业模式中，对新技术、新商业模式的价值缺乏关注，从而致使新材料产业政策缺乏针对性和引导性。由政府产业政策引起的风险具体表现为：第一，不必要的产业管制，例如大陆的新能源材料、生物新材料产业审批、进入规定限制了企业的发展；第二，以协调市场失灵为目的的公共政策不完善，导致新材料产业基础设施、配套服务体系缺乏；第三，新材料扶持政策缺乏针对性，导致地方产业盲目发展，缺乏长远发展规划。

（2）产业层面风险

新材料产业依托产业聚合效应形成完整产业链条，借助全新商业模式，从而构建可持续发展商业生态圈。但在特定情况下，商业模式创新也会引起整个产业重组、洗牌，从而带来一定的风险。

①因产业需求制约，新材料产业商业模式创新需要解决产业链下游环节启动问题。以新型建筑材料为例，工业化住宅是其应用的方式之一。大陆 2008 年住宅建筑能耗和木材用量均十分可观，而工业化住宅能极大降低其建筑能耗及碳排放量，但由于成本、行业标准等原因，社会认可度不高，这就限制了新型建筑材料产业规模发展。

②相关子产业技术的限制，导致其商业模式独木难支。以高性能膜材料为例，大陆太阳能产业受制于高性能膜加工工艺落后，核心技术受制于外部企业，致使其产品难以真正打入国际市场。

③生产网络不足。以生物医用材料为例，尽管产业前景备受瞩目，但现阶段生产网络还未真正成形，从而限制了商业模式的发展。

（3）企业层面风险

商业模式的执行具体要落实到相应的企业运营上，新材料企业能力的差异会造成商业模式效果各异。因此，企业在创新商业模式时面临的风险主要有：第一，企业决策和执行能力不足，导致商业模式效果产生时滞性；第二，企业科层设计和协调能力不足，引起商业模式瓦解；第三，企业创新文化欠缺，使商业模式缺乏培育土壤。

5. 新材料产业商业模式培育的创新类型分析

截至 2013 年年底，大陆新材料产业中大多数子产业仍处于产业生命周期中的初创和成长阶段，商业模式的价值还未普遍被新材料企业所接受。总体而言，新材料产业商业模式主要包括：信息技术依托型商业模式、政府主导型商业模式、价值驱动型商业模式、基于产业价值链型商业模式和服务性商业模式。具体情况如表 4-10 所示。

表 4-10　新材料产业商业模式类型

信息技术依托型商业模式	信息技术依托型商业模式是指互联网与新材料产业相结合的商业模式，以网络互联模式使新材料企业真正做到无缝聚合，提高产业对市场的敏感度
政府主导型商业模式	政府主导型商业模式针对新材料企业起步阶段研发水平和基础设施的不足，以政府代替市场，为新材料企业前期发展提供助力，同时能正确引导新材料产业的正常发展
价值驱动型商业模式	价值驱动型商业模式则是指企业转变思维，开始以消费者为主体，从需求端入手，在满足顾客需求的同时，使企业创造价值
基于产业价值链型商业模式	基于产业价值链型商业模式是指从新材料产业价值链入手，通过改变价值链形态或专注价值链某一部分，从而寻求高利润
服务性商业模式	服务性商业模式的重心在于服务，即通过构建产业相关服务机构或公共平台来实现新材料产业的产业化

资料来源：陈周燕：《战略新兴产业发展的商业模式研究》，合肥工业大学硕士学位论文，2012。

由表 4-10 可知，虽然新材料产业商业模式包括上述五种类型，但由于新材料产业发展阶段的限制，大陆现阶段新材料产业中主要以政府主导型商业模式、基于产业价值链型商业模式为主。所以，新材料产业随着产业生命周期的变化，应该根据具体情况去选择合适的商业模式。

第三节　两岸新材料产业创新商业模式的路径选择

大陆新材料产业起步于 20 世纪 90 年代，主要涉及防务与航空等军事领域；20 世纪 90 年代后，新材料开始由军用向民用转变，产业化开始萌芽；1995 年，海门被列为第一个火炬计划国家新材料产业基地；2009 年，由时任国务院总理温家宝汇集广大中科院院士和工程院院士正式提出"七大战略性新兴产业"，新材料产业才正式成为重点产业发展方向；截至 2013 年，大陆已在 27 个省份建立了 138 个新材料产业基地。而台湾新材料产业始于 20 世纪 80 年代，台湾经济开始由外销导向型经济向"策略性工业"与"高科技工业"转变，重点鼓励民间投资，发展电子信息材料、精密器械及光电工业，并在新竹设立了第一个科学工业园区；20 世纪 90 年代以来，台湾重点发展高技术产业，并在"六年建设计划"（1991～1996）中，提出发展十大新兴产业，其中包含半导体工业、航天材料、高级材料、化工材料及电子信息材料等众多新材料；到 2001 年，高科技产业逐渐成为工业发展的主体，"科技岛"计划得以实现；截至 2013 年，台湾已形成以新竹、南部和中部三大科学工业园区为核心的产业群。台湾新材料产业比大陆新材料产业早发展 10 年，不仅在产业整体技术水平上要领先，而且其商业模式更加成熟。本节内容主要阐述两岸新材料主要生产企业商业模式的路径选择境况，以此为大陆新材料产业商业模式提供借鉴，并对其商业模式的路径选择提出建议。

一、两岸新材料主要生产企业商业模式的路径选择分析

截至 2013 年年底，大陆新材料产业发展重点主要集中在特种金属功能材料、高端金属结构材料、先进高分子材料、新型无机非金属材料、高性能复合材料以及前沿新材料等六大领域。而台湾新材料产业中比较优势的产业则集中特种金属功能材料、光电材料、高级材料、生物医用材料等方面。鉴于两岸新材料产业发展重点各有侧重，为了科学、有效地比较两岸新材料产业商业模式的优劣，现选取两岸特种金属功能材料产业中的子产业——半导体产业为例进行分析。由于半导体材料产业下又包含众多的细分子产业，且两岸的资源禀赋及市场需求等差异，为了便于比较，故选取两岸具有代表性的半导体企业为比较对象。选取的两岸半导体产业主要生产企业分别为"无锡尚德太阳能电力有限公司"和"台湾积体电路制造股份有限公司"。两家企业商业模式比较分析具体如下。

1. 两岸企业背景简介

上述选取的两家半导体产业生产企业，虽然各自的经营方向不同，但作为半导体企业的厂商，双方均能代表两岸半导体产业的总体发展情况。

首先，就大陆方面而言，无锡尚德太阳能电力有限公司（以下简称"尚德电力"）成立于 2001 年，是一家集研发、生产、销售为一体的高新技术光伏企业，主要从事晶体硅太阳能电池、组件、光伏系统工程、光伏应用产品的研究、制造、销售和售后服务。公司分支机构遍布北京、上海、旧金山、东京、慕尼黑、罗马、马德里、首尔、悉尼等全球重要城市，截至 2013 年已拥有 4 个生产基地，分别位于无锡、洛阳、青海、上海及日本长野，在全球拥有约 11 000 名员工[①]。

其次，就台湾而言，"台湾积体电路制造股份有限公司"（以下简称"台积电"）于 1987 年在台湾新竹科学园区成立，是全球规模最大的专业集成电路制造服务公司。台积电身为业界的领导者，提供业界最先进的工艺技术及拥有专业晶圆制造服务领域最完备的组件数据库、知识产权、设计工具、及设计流程。台积电公司 2013 年总产能已达全年 430 万片晶圆，其营业收入约占全球晶圆代工市场的 60%[②]。

2. 两岸企业商业模式路径选择分析

以尚德电力为例，公司成立于 2001 年，业务主要集中于太阳能电池及其组件生产，需求市场遍及 80 多个经济体。公司的发展历程如表 4-11 所示。

表 4-11　尚德电力发展历程

2001 年，公司由施正荣博士创立。
2004 年，被评为全球前十位太阳能电池制造商。
2005 年，成为世界光伏企业前五强，且成为第一家在纽约股票交易市场成功上市的大陆民营企业。
2008 年，公司已形成 1 000 兆瓦太阳能电池生产能力，跻身世界光伏前三强。
2009 年 4 月，公司与大学合作，共同研发锑化膜电池项目，但转化率方面遭遇失败，数亿元的投资坏死。
2010 年，前三季度，公司净亏损为 9 755.6 万美元，主要原因是第二季度亏损 1.74 亿美元，主要存在两大项支出：非晶硅电池板生产线关闭和投资太阳能硅片生产商顺达有限公司。
2011 年，公司总收入增长至 31.46 亿美元，而当年其净亏损也达到 10.06 亿美元。
2012 年，公司的负债总额已达到 35.82 亿美元，资产负债率高达 81.8%，市值已从上市之初的 49.22 亿美元跌到 1.49 亿美元，股价更是下跌到了 1 美元之下，已到退市的边缘。
截至 2013 年 3 月，公司对大陆九家银行负债 71 亿，启动破产重整。

资料来源：根据《无锡尚德电力公司企业年鉴》（2001～2013）整理而成。

---

① 过国忠：《谁是尚德战略重组的第三方》，《科技日报》2013 年 3 月 22 日，第 03 版。

② 《中国大陆与国际大厂之间的芯片代工差距》，具体参见 http://nengyuan.com/news/d_201310061111354467.html。

在尚德电力发展的 13 年中，公司形成了自己独特的"技术优势+创始者精神+全球整合资源+高端品牌"四位一体的商业模式路径，具体内容如下。

第一，前期技术优势领先为尚德电力打开市场。尚德电力由施正荣博士组建，而施正荣博士毕业于澳大利亚新南威尔士大学多晶硅薄膜太阳能电池技术专业，且师从国际太阳能电池权威、2002"正确生活方式奖"（因其权威性受到国际科学界和环保界的高度认可，也被称为"诺贝尔环境奖"）得主马丁·格林教授，这为尚德电力的建立奠定了国际技术基础；此外，尚德电力在发展过程中不断寻求与国际著名大学合作共同研发，这为其后续发展提供了动力；尚德电力凭借大陆的低廉的劳动力成本和高转化率技术优势，进一步降低产品成本。总之，这是尚德电力电力商业模式启动的关键一环。

第二，创始者精神凝聚尚德电力企业文化，形成商业模式软实力。尚德电力电力创始人施正荣博士毅然放下国外的优厚待遇，投身祖国的经济建设做出自己的贡献，被誉为"环保英雄"。同时，尚德电力的经营理念——"环保，拯救地球"，也为公司注入一股新兴的发展动力。这使得每个在尚德电力就职的员工都以尚德电力为荣，全面提升企业的执行效率，加速尚德电力商业模式的运行。

第三，全球资源整合使尚德电力着眼全球。尚德电力在建立之初，就以全球为市场定位，在 2002 年投产的 10 兆瓦太阳能电池生产线，产能已相当于当时大陆其他同类企业产能之和的四倍，这就注定尚德电力必须打开外部市场，寻求全球发展；此外，尚德电力在生产上也布局全球。尚德电力落户无锡缘于无锡地方政府在税收、土地方面的优惠，在后来的产能扩张时期，基于资源、市场等因素，分别在洛阳、青海、上海，以及美国、日本等世界各地设置生产基地；在采购环节上，尚德电力也是以全球为导向，针对上游硅材料的全球资源分布，分别在四川、美国等地布局上游硅材料来源；在管理方面，尚德电力亦是面向全球招揽人才，着力形成企业的管理团队；在资金方面，尚德电力除在本地获取投资外，更注重海外的资金募集，先后从高盛、英联、龙科、普凯等国际企业筹集资金；最后，尚德电力更在全球范围内寻求战略合作，与美国、德国、澳大利亚等地的多家企业形成战略合作关系。总之，尚德电力商业模式突破本土视野，放眼全球。

第四，打造高端品牌，走国际化道路。尚德电力在努力提升太阳能电池产品的品质的同时，更潜心于将自身塑造成集高技术、高品质及高业绩于一身的国际化品牌。其国际化品牌道路着眼于：①技术优势——尚德电力自身拥有20多项专利核心技术、3个研发中心、350多名研发人员；②严格把关的产品质量——尚德电力产品定位全球，产品质量通过多项国际认证；③注重业绩表现——尚德电力一方面追求低成本化，一方面提升产能，从而提高业绩表现；④国际化营销——尚德电力企业在营销方面，注重国际化宣传，并为品牌宣传注入传奇色彩，奠定国际化基础。

下面再来看看台积电的情况。截至2013年，该公司已经名列世界集成电路公司前十位，成功扭转了台湾半导体产业的局面，使得台湾半导体业进入世界先进行列，从而带动了台湾经济的转型。整体而言，台积电成功的原因在于其创新性的"倒向发展策略+纯代工模式+国际化经营"商业模式路径，为其在半导体产业另辟蹊径，成功赶超竞争对手。其商业模式实施的路径如下。

首先，从低利润环节切入，向"微笑曲线"两端移动。台积电发轫于部件组装和代工，形成规模之后逐渐自主创建品牌，再衍生出芯片代工、集成电路制造和集成电路设计等环节。在台积电成立之初，台湾半导体产业与国际先进行列相差甚远，台积电利用自身优势，避开竞争激烈环节，从低毛利环节入手，完成企业原始积累，再引领企业向"微笑曲线"两端移动，从而形成自己独特的倒向发展策略。

其次，顺应市场需求，催生垂直分工模式。在台积电成立以前，世界半导体产业主要以集成电路制造模式为主；直到台积电成立，垂直分工模式开始成为一种趋势。两者的关系如图4-3与图4-4所示。

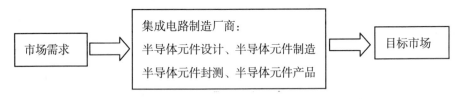

图4-3 集成电路制造模式

由图4-3和图4-4可知，在垂直整合改造集成电路制造模式中，半导体厂商负责从半导体元件设计到半导体元件产品制造的整个流程，资金壁垒和技术壁垒极高；而在这种垂直分工模式中，半导体厂商被分为四类，分别为拥有知识产权的厂商、封装测试厂商、晶圆代工厂商及半导体元件设计厂商，其中只有半导体元件设计厂商面对客户，前三种厂商为其服务，从而形成垂直的分工流程。而台积电则专注于分工中的晶圆代工这一环，确立自己在这个环节的领导者地位。

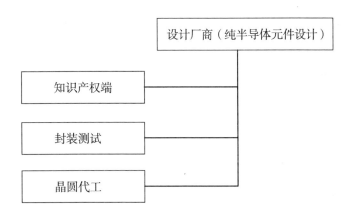

图4-4　垂直分工模式

之所以出现垂直分工模式，主要源于两点优势：其一，半导体产业具有规模经济效应，随着制程工艺的进步和晶圆尺寸的增大，单位面积上可容纳半导体元件数量随之增多，成品率上升，而单位成本降低；其二，半导体产业前期投资巨大，沉没成本高，而台积电专注于晶圆代工可打破进入壁垒，加速前期发展。

此外，台积电晶圆代工的模式核心驱动力在于低成本。其只为半导体元件设计厂商或集成电路制造厂商生产硅晶圆，形成自己的规模效应。对其而言，降低单位成本路径在于：增加生产线以扩大产能、提升制造工艺水平。但台积电在完成原始积累之后，也慢慢开始将发展重心转向技术研发和品牌营销环节，以便提升企业在价值链中的地位。

最后，着眼长远，打造企业国际化格局。台积电创始人张忠谋在创建初期就为企业发展定下国际化的目标，以此激励员工放眼全球。台积电国际化措施主要包括：效仿大型国际企业，构建国际化企业规章制度；聘请国际高端职业经理人，打开国际市场缺口；建立国际合作，构建国际工作团队；运用"股权金手铐"制度绑定企业员工，激发员工的工作热情。

3. 两岸企业商业模式路径选择的优劣对比

下面以两岸各自企业的财务数据为比较指标，来分析各自商业模式的路径优劣，如图4-5和图4-6所示。

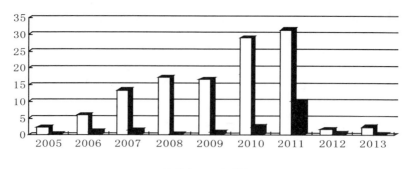

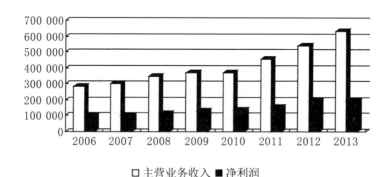

图 4-5　尚德企业年收入与净利润（单位：亿美元）

资料来源：根据《无锡尚德电力公司企业年鉴》（2005～2013）计算并绘制而成。

图 4-6　台积电企业年收入和净利润（单位：百万元新台币）

资料来源：根据《台积电企业年鉴》（2006～2013）计算并绘制而成。

由图 4-5 可知，尚德电力总收入从 2005 年开始不断上升，中间由于全球原材料价格上涨以及供给过度使其在 2009 年发生下降，此后仍继续上升，一直到 2011 年上升到顶点，为 31.47 亿美元。从 2012 年开始，尚德电力遭受债务危机，资产负债比率到达 82%，总收入从 31.47 亿美元降到 1.075 亿美元，到达最低水平，2013 年企业开始破产重组。同样，尚德电力的利润额在 2005～2011 年间呈现上升趋势，在 2011 年达到 10.18 亿美元，其间在 2008 年、2009 年出现回落，在 2012～2013 年下降到 0.5 亿美元以下。总体而言，历年利润占收入比例平均为 13.6%。

由图 4-6 可知，台积电主营业务收入在 2006～2013 年间一直呈上升趋势，且 2010～2013 年的上升速度要大于 2006～2010 年，其间在 2010 年出现小幅度波动；此外，台积电利润总额呈现出与主营业务收入相同的增长趋势。总体而言，历年利润占主营业务收入比率平均为 33.9%。

由两企业上述财务数据比较可知，台积电利润占收入比例为 33.9%，是尚德电力利润占收入比率的 2.5 倍左右，且台积电历年收入与利润额均稳定增长，而尚德电力则在到达 2011 年的顶峰之后，开始走下坡路，最终不得不破产重组。所以，台积电在财务数据上的表现要优于尚德电力，这也在一定程度上反映出两家企业商业模式的优劣。虽然，两家企业均以全球为其发展的战略方向，但采取的措施截然不同。尚德电力从一开始就大力推行全球战略，完全依赖于全球经济环境状况，而且将技术、产品制造全都整合在自己旗下，这必然导致企业资金压力巨大，从而为其埋下了破产重组的隐患；不同于尚德电力，台积电在一开始先专注于产业链的某一环节，注重企业的资本积累，在达到一定规模之后，才开始自己的全球化战略，并逐渐拓展自己在产业链中的业务范围。由此可见，两者之间商业模式的路径选择差异，导致两家企业不同的发展结果，这也为两岸其他新材料企业带来了一定的借鉴意义。

二、台湾新材料产业成功商业模式的借鉴意义

大陆发展新材料产业不仅需要在新材料技术上有所突破，而且需要在商业模式上进行创新和改进。通过两岸新材料产业的横向对比，台湾新材料产业成功商业模式为大陆在发展新材料产业方面提供了正面的参考。而商业模式的构建取决于内外两部分原因：其一，新材料企业是商业模式实施的主体，商业模式构建需要企业的主观努力；其二，商业模式效果的发挥依赖于外部环境，所以管理部门应该为新材料企业营造良好的外部环境。总之，鉴于台湾新材料产业成功的商业模式范例，大陆新材料在构建新材料产业商业模式时需要以下几方面的共同努力。

1. 新材料企业发展要因地制宜，稳中求快

大陆自提出"七大战略性新兴产业以来"，新材料产业就一直备受瞩目，政府更是为新材料企业在税收、金融、用地等方面提供了极大的便利。然而，大陆部分新材料企业由于产业前景乐观，往往忽略企业自身局限，一味追求扩张产能、拓展市场，这就容易导致企业的财务杠杆系数超过合理指标，引起企业

资不抵债，最后还需要政府出面挽救。以尚德电力为例，其在发展过程中不断扩展产能，甚至超过市场的承载能力，而且不顾企业本身资本现状，持续投入研发且投资无法收回，最终导致公司 2013 年杠杆系数到达 82%，远远超过的 40%~60% 的合理水平，引发企业的破产重组。所以，大陆在大力发展新材料产业的过程中，应该积极引导企业根据自身产能、资源及技术等条件，先稳步发展，再追求发展速度，以求为企业国际化打下坚实基础。

2. 培育多元化市场主体，发掘新材料产业需求

新材料产业的发展需要供给端和需求端这两方面的双向推动，才能保证新材料企业的可持续发展。针对供给端，政府应该充分利用市场，以"市场为主，政府为辅"，为新材料企业发展提供合理的政策支持，同时充分发挥政府科研机构和高校科研基地的作用，从而减轻新材料企业在发展初期的资金和技术障碍，但要引入市场竞争，以此避免新材料企业形成对政府的过度依赖。针对需求端，政府应该：①发挥政府采购的作用，积极推广新材料的使用；②加大对新材料产业的宣传力度，普及新材料知识，提高市场对新材料的认可度；③对新材料产业对外贸易实行关税优惠、出口补贴等措施，积极推进新材料产业的对外贸易发展。总之，对新材料产业需求和供给进行循环推动，有利于新材料企业商业模式的顺利展开。

3. 注重基础设施建设，加速新材料产业转化率

新材料产业商业模式的成功运行不但需要企业进行正确的战略选择，而且不可缺少实际运行过程中的基础设施的辅助作用。基础设施的构建能够为新材料产业中的价值创造主体搭建平台，同时，借助基础设施的商业模式能够缩短新材料产品被市场接受的时间，从而缩短技术到市场的距离。以新能源材料为例，新能源材料是指实现新能源的转化和利用以及发展新能源技术中所要用到的关键材料，主要包括以储氢电极合金材料为代表的镍氢电池材料、锂离子电池材料、燃料电池材料，新能源材料商业模式的构建依赖于新能源汽车以及其他新能源充电设施的建设。总之，大陆应该在发展新材料产业的同时，积极推进与新材料配套的基础设施建设，从而促进新材料企业商业模式的实施。

4. 协调中央与地方政府之间的关系，减少地方政府盲目发展新材料产业的短视行为

在大陆发展新材料产业的过程中，中央政府负责新材料产业发展的总体规划，而地方政府根据各地资源、技术、发展等状况，负责具体的地方产业扶持

政策。但鉴于中央与地方政府之间的信息不对称，地方政府出于政绩考虑，有可能不顾地方实际情况，盲目发展地方新材料产业，导致地方新材料企业数量在短时间内不断增长，从而造成新材料供给过度，形成行业过度竞争的不利局面。地方政府的短期行为，引起地方新材料行业的无序竞争，对新材料企业商业模式起到一种逆向削减的作用。以江苏为例，地方政府急切发展新材料产业的心理，使得新材料企业破产重组趋势已经开始显现，其中以无锡尚德电力和江苏中达新材料集团破产重组为代表。所以，新材料产业的发展切忌片面追求"量"的增长，更应该注重新材料产业的"质"的发展，而处理好地方和中央的关系，有利于新材料产业的"质"的发展，也有利于新材料企业的商业模式的构建。

5. 转变政府职能，变"主导"为"指导"

在大陆发展新材料产业的过程中，政府和企业往往处于信息不对称的地位。由于政府对新材料产业发展规律认识不足，因此，所制定的支持产业政策有时反而阻碍新材料产业的发展，从而减弱新材料企业商业模式的效果。台湾当局则更加重视市场在新材料产业发展中的作用。减少对企业行为的过度干涉。蒋硕杰是首位获得诺贝尔经济学奖提名的华人经济学家，他提倡斯密的经济思想，反对管制和人为干预，这种观点被台湾当局所接受。台湾当局随之在 2010 年推出新的产业创新相关办法取代之前的促进产业升级的相关办法，来推动新材料企业积极参与创新活动，并用市场来检验企业创新效果。所以，台湾当局在新材料产业发展中充分听取产业界和学界的意见，抓住了产业发展的关键时机，衍生出新材料企业各种类型成功的商业模式。总之，大陆在发展新材料产业中，政府要充分利用市场的作用，变"主导"为"引导"，积极推动产业的发展，为新材料产业打造良好的商业环境，从而推动新材料企业商业模式的创新。

三、大陆新材料产业创新商业模式的可行路径

两岸新材料产业的差异，不仅体现在技术上，更体现在商业模式上。通过两岸新材料产业商业模式的对比分析，可以为大陆新材料产业创新商业模式提供有益的思路。本部分内容，在借鉴台湾新材料产业成功商业模式的基础上，结合大陆实际情况，分别从创新商业模式的目标、保障措施及可行路径等三面，对新材料产业商业模式创新路径进行阐述。

1. 新材料产业创新商业模式的目标

基于不同的层面，新材料产业创新商业模式可以实现多层次的目标。从企业层面看，新材料企业商业模式创新可以提升企业在价值链中的地位，推动企业向"微笑曲线"的两端移动。商业模式创新能在一定程度上弥补企业技术上的不足，从而为企业带来一定的差异化优势，对企业未来的成长至关重要。从产业层面看，企业是产业的基本单位，新材料企业商业模式的创新能提升企业的赢利能力，从而使新材料的产业化进程提速。总之，商业模式创新对于大陆新材料产业的发展至关重要。

2. 新材料产业创新商业模式的保障措施

新材料商业模式创新不是自发产生的，需要相关主体的共同推动。首先，新材料企业要承担商业模式创新的主要责任，现代企业的竞争是商业模式的竞争，企业要形成自己的核心竞争力，离不开商业模式的创新，新材料企业应该积极引进相关管理人员，提升企业商业模式创新氛围，积极学习最新商业模式；其次，政府应该为新材料产业商业模式创造积极的土壤，鼓励新材料中小企业拓展商业模式，为其提供政策保障；最后，高校经管类及政法类专业应该与新材料企业合作，在理论和实践上为企业商业模式创新提供支持。

3. 新材料产业创新商业模式的可行路径

为了推动以电子信息材料、新能源材料、纳米材料、生态环境材料、新型功能材料、新型建筑及化工新材料等为重点的大陆新材料产业的发展，除了要继续加强对前沿技术的开发之外，更应该实现新材料产业的商业模式创新。而对两岸新材料产业商业模式的比较研究，为大陆新材料产业发展提供了全新的商业视角。基于新材料企业的具体情况，新材料企业商业模式可以有以下几种选择路径。

第一条路径：针对新材料企业的发展阶段不同，采取不同的商业模式。新材料企业按照企业生命周期理论，可分为初创型企业、成长型企业、成熟型企业三类。根据企业类型的不同，具体的商业模式也各不相同。

第一阶段，初创型企业处于密集资本投入阶段，其特点为：关键技术有所突破，但有待后续完善；产品种类单一，质量缺乏稳定性；市场规模小，增长缓慢；存在较大的技术和市场风险。初创期的新材料企业发展的重心在于技术，资本密集向技术开发投入，但企业除了利用自身资本积累和政府补助之外，要懂得获取风险投资机构的注资。只有这样，初创企业才能发展壮大，才能缩短自己技术走向市场的时间，才能抓住市场变化的关键时期，拓展市场规模。

第二阶段，成长型企业处于高速发展时期，上市融资是其最优策略。成长型企业的特点为：关键技术基本突破，制程工艺趋于完善；产业链逐步拓宽、延伸，产品品种多元化发展，质量标准化、稳定化；市场规模持续增长，市场需求迅速扩大；市场和管理风险成为中心。虽然，成长型企业的主要动力是市场需求和技术支撑，但市场需求的拉动效应更加明显。所以，在这一阶段，企业的资本投入主要用于对市场需求的开发，比如生产线增加与营销网络的构建，以便巩固企业的快速发展。总之，成长型企业应该抓准时机，选取合适的上市地点，为企业的成长募集资金。

第三阶段，成熟型企业应该运用自身盈利积累，逐步完成扩张，实现跨越发展，实现企业的多元化发展。在这一阶段，企业特点为：关键技术完全突破，开始其他核心技术的开发；产品种类丰富，质量稳定；市场需求增长速度开始下降；产业链趋于完善，产业内部已形成一定的企业布局，竞争由价格竞争向非价格竞争转化；企业风险在于管理风险。成熟型企业开始审视企业的核心业务与非核心业务，开始区分价值链的相对高增加值部分。因此，成熟型企业开始剥离非核心业务、低增加值业务，专注自己的核心优势业务，同时拓展其他新兴业务。

第二条路径：针对新材料企业的专业优势不同，可采取以下三种商业模式。

第一种，独立技术经营。对于拥有技术优势的新材料企业，应立足于技术优势，向专业化、精细化发展。而且，产业内技术专营公司的出现是新材料产业化走向成熟的重要标志。作为独立技术经营的新材料企业，要学会技术确权、技术授权、技术经营以及法律维权，充分利用企业的技术专利在满足其他新材料企业需求的同时，创造最大化的价值。这类企业由于专注于技术经营，所以要求企业必须掌握一定的关键技术，并且能保障后续的技术研发能力，所以这种商业模式适合珠三角和京津冀鲁地区的新材料企业，因为这两大区域科技创新迅速，高校和科研机构密集度最高。

第二种，提供集成解决方案。选择这种商业模式的新材料企业，立足核心新材料，向服务模式发展，为客户提供解决方案。具体而言，企业通过掌握关键新材料，再整合其他零部件新材料、设备、系统，形成解决方案，最后提供给客户。因此，这类商业模式适于西部地区和中部六省的新材料企业，因为这两地矿产与能源储量丰富，能为企业提供大量的关键新材料。

第三种，向新材料的深加工发展。选择这类商业模式的企业应该立足加工技术，充分发掘新材料的附加值，使之与制造业相契合。同时，企业还可以细分新材料规格、种类，使新材料向精细化、标准化发展，为顾客制造定制化的材料产品，提高材料产品附加值。这类商业模式适于长三角地区和东北三省的新材料企业，因为这两地制造业基础雄厚，基础设施齐全，可以充分挖掘材料深加工潜力。

参考文献

[1] 赵刚：《战略性新兴产业要重点关注商业模式创新》，《中国科技财富》2010 年第 23 期：4～5。

[2] 王洪：《创新商业模式促进我国战略性新兴产业发展的对策》,《经济论坛》2013 年第 10 期：63～65。

[3] 王德禄：《从新材料到原创型新兴产业》,《高科技与产业化》2012 年第 2 期：52～53。

[4] 李东、李红蕾：《先行者商业模式创新及其对发展战略性新兴产业的影响——以尚德为典型案例的研究》,《中国软科学》2010 年 S1 期：88～96。

[5] 王德禄：《新材料企业的资本运作与商业模式创新》,《新材料产业》2008 年第 10 期：29～30。

[6] 余康：《有关新材料企业的商业模式创新初探》,《现代商业》2012 年第 11 期：115。

[7] 陈志：《战略性新兴产业发展中的商业模式创新研究》,《经济体制改革》2012 年第 1 期：112～116。

[8] 乔为国：《战略性新兴产业的商业模式创新分析》:《科技促进发展》2012 年第 3 期：65～70。

[9] 陈周燕：《战略性新兴产业发展的商业模式研究》:合肥工业大学硕士学位论文，2012。

[10] 周辉：《战略性新兴产业中核心企业商业模式评价实证研究》,《科技进步与对策》2013 年第 22 期：127～132。

[11] 段浩、袁洋:《中国新材料产业基地布局导向与发展模式》,《新材料产业》2012 年第 12 期：59～62。

[12] 韩莉、徐洁：《论台湾地区高新技术产业发展的主要特点和经验》，《北京联合大学学报》2003 年第 2 期：14～20。

[13] 熊俊莉：《台湾产业技术转移模式研究》，《台湾研究》2010 年第 4 期：39～44。

[14] 郑雪玉：《台湾高新技术产业园规划特征研究》，《福建建设科技》2010 年第 5 期：46～47。

[15] 胡石青：《台湾优势产业与劣势产业分析》，《海峡科技与产业》，2011 年第 11 期：35～38。

[16] 王振、史占中：《IC 产业的商业模式创新与技术赶超》，《情报科学》2005 年第 4 期：605～609。

[17] 龚志起、张智慧：《绿色建筑材料的界定与评价》，《建筑管理现代化》2003 年第 2 期：6～9。

[18] 韦东远：《世界新材料技术及其产业发展总体态势》，《海峡科技与产业》2006 年第 4 期：1～7。

[19] 刘馨、王杰义：《新材料产业市场及竞争力分析》，《新材料产业》2008 年第 11 期：12～15。

[20] 钮冰：《环保型建筑节能材料的发展与应用》，《建材世界》2012 年第 6 期：115～117。

[21] 胡勇：《海峡两岸新材料产业合作正在兴起》，《化工新型材料》2013 年第 3 期：3。

[22] 张玮珊：《台湾光电材料及元件制造业：版图重组洗牌复苏见暖阳》，《海峡科技与产业》2013 年第 6 期：37～40。

[23] 成弈：《新材料产业：技术与市场的全面对接》，《高科技与产业化》2011 年第 2 期：103～104。

[24] 李强：《独树一帜的台湾绿色建筑》，《海峡科技与产业》2011 年第 8 期：16～18。

[25] 梁日杰：《全球生物医学材料市场研究分析》，《出国与就业（就业版）》2011 年第 20 期：121。

[26] 刘祯、蔡永香：《北京电子信息材料产业发展研究》，《新材料产业》2012 年第 1 期：1～7。

[27] Wu Hsum Cheng, Wen Fa Lin and Chuang Chung Tsai: Prospects of Taiwan's Chemical Industry, 26th CACCI Conference, 2012.

[28] Che Ming Chiang, Ting Ting Hsieh, et al. Taiwan Green Building Material Labeling System and Its Sound Insulating Assessment, 20th International Congress on Acoustics, 2010.

第五章 两岸新材料产业财税政策比较

为抢占未来科技主导地位，引领世界产业发展，各经济体都频繁地对内部产业出台激励政策，同时更加注重对新兴领域和高科技领域的投入与支持。新材料产业作为高科技产业中的重要组成部分，在许多经济体中都享受了优惠的政策措施与条件。其中，作为大陆战略性新兴产业的一部分，政府对新材料产业也投入了大量的政策支持，以保障其健康、快速发展。而对于台湾而言，其由 20 世纪 80 年代的代工生产模式到如今在全球高科技领域中形成自己独特的竞争优势，也离不开当局的支持与保障。一个经济体对产业的支持主要分为财税支持、金融支持与技术支持。本章将单独针对两岸在新材料产业上的财税政策支持进行一个总结与概括，在此基础上对比两岸政策的差异，提出相应的改进措施。

第一节 大陆新材料产业的财税政策

20 世纪八九十年代，由于国家高技术研究发展计划（"863"计划）、国家科技攻关计划、国家重点基础研究发展计划（"973"计划）及火炬计划等的实施，大陆新材料的科技水平得到很大提高。同时，由于政策的引导，大量的社会资金投向新材料领域，提高了新材料科技成果的转化水平，极大地推动了大陆新材料产业的发展，初步形成了比较完整的新材料产业体系。从此，大陆新材料产业开始进入发展期，政府对于新材料产业的政策支持力度也不断加大，从中央到地方都发布了一系列的政策支持，其中不乏财税政策。

大陆新材料产业政策法规在制定过程中坚持的原则有：市场导向原则，即在准确把握新材料产业发展趋势的基础上，加强了新材料产业的规划实施和政策制定；突出重点原则，即在鼓励各类新材料的研发生产和推广应用的基础上，重点围绕经济社会发展的重大需求，组织实施重大工程，加快发展关键性的新材料；创新驱动原则，即强化企业技术创新的主体地位，激发和保护企业创新积极性并运用原始创新、集成创新和引进消化吸收再创新来突破关键核心技术，加快新产品开发并提升创新水平；协调推进的原则，即通过加强新材料与下游产业的相互衔接，充分调动研发机构、生产企业和终端用户积极性；坚持绿色发展的原则，即政策制定要重视新材料研发、制备和使役全过程的环境友好性，进而提高资源能源利用效率，促进新材料可再生循环，走低碳环保、节能高效、循环安全的可持续发展道路。

一、国家级财税政策

1. 中央财税政策

大陆新材料产业的发展主要依靠国家和地方制定的相应发展计划及基金的支持。从 20 世纪 80 年代实施启动的旨在调高大陆自主创新能力的国家高技术研究发展计划（"863"计划）、国家科技攻关计划、火炬计划到 20 世纪 90 年代的国家重点基础研究发展计划（"973"计划）、高技术产业化新材料专项等，政策的大力支持使得大陆新材料技术取得了一系列的突破与显著的成果，同时也使得新材料产业有了快速的发展。具体如表 5-1 所示。

表 5-1　2008 年大陆计划和专项中新材料领域的情况

项目名称	新立项目及占计划总量比重	经费投入及占计划总量比重	主要成果
"863"计划	23 项（13.9%）	7.4 亿（14.3%）	建成大陆首条自主研发的第 5 代液晶玻璃基板生产线；研制成功世界首台符合数字电影倡导组织标准的数字电影规范的激光电影放映机；建立了年生产能力千余吨的镍/钴系列分体材料生产线；突破 Nb_3Sn 超导线材料制备关键技术，实现了规模化生产
"973"计划	33 项（12.1%）	19 亿（总体）	铁基高温超导研究取得系列重要进展，制出转变温度为 43K 的 $SmFeAsO_{1-x}F_x$ 和 41K 的 $CeO_{1-x}F_xFeAs$

项目名称	新立项目及占计划总量比重	经费投入及占计划总量比重	主要成果
国家科技支撑计划	13 项（9.4%）	5.1 亿（10.2%）	初步建成 1 000 万吨级的曹妃甸首钢京唐钢铁冶金、化工、电力、建材等多联可循环钢铁流程示范工程；开发出年产 1 万吨纯度为 99.9999%的全氟离子膜用四氟乙烯生产装置；在联合国注册成功世界上第一个干熄焦清洁发展机制项目，每年减排二氧化碳 20 多万吨
火炬计划	389 项（23.89%）	502.35 亿（总体）	预计年实现工业总产值 2 593 亿元，销售收入 2 558.07 亿元，缴税总额 257.96 亿元，税后利润 374.98 亿元，出口创汇 84.24 亿美元（总体）
科技型中小企业技术创新基金	261 项	1.49 亿（10.2%）	预计累计实现销售收入 386.93 亿元，实现净利润 72.44 亿元，上缴税金 45.69 亿元，出口创汇 4.87 亿美元，新增就业人数 5.32 万人（总体）

资料来源：王天睿、李孔逸：《新材料产业系列报告之——旭日东升的新材料产业》，安信证券行业专题报告，2010 年 8 月 30 日。

在 21 世纪，除了延续 20 世纪的产业政策以外，大陆又在分析新材料产业发展情况的基础上提出了新的适合产业发展的政策措施。

"十一五"期间，国务院及其下属各部委分别或联合制定了一系列强化科技创新的政策，出台的《关于实施〈国家中长期科学和技术发展规划纲要（2006～2020 年）〉若干配套政策的通知》和《关于充分发挥科技支撑作用，促进经济平稳较快发展的意见》等政策对新材料产业的发展起到了巨大的推动作用。《国家"十一五"基础研究发展规划》在加强产业核心和前沿技术研究方面起到了巨大的推动作用，国家发展改革委所组织的新材料产业化重大专项对产业创新发展起到了积极的推动作用，《关于加快发展技术市场的意见》等政策在建设产业创新支撑体系方面起到了极大的推动作用，《关于做好高技能人才相关基础工作的通知》等政策对促进新材料产业建设高素质人才队伍起到了重要作用。

2005 年，国务院发布了《国家中长期科学和技术发展规划纲要（2006～2020年）》。对于新材料产业的发展规划为：大力发展新型功能与智能材料、先进结构与复合材料、纳米材料、新型电子功能材料、高温合金材料等关键基础材料；实施高性能纤维及复合材料、先进稀土材料等科技产业化工程；掌握新材料的设计、制备加工、高效利用、安全服役、低成本循环再利用等关键技术，提高关键材料的供给能力，抢占新材料应用技术和高端制造制高点。为了保证该规划的顺利实施，国务院又在 2006 年发布了《关于实施〈国家中长期科学和技术发展规划纲要（2006～2020 年）〉若干配套政策的通知》，指出将在科技投入、税收激励、金融支持、政府采购、引进消化吸收再创新、创造和保护知识产权、人才队伍、教育和科普、科技创新基地与平台和统筹协调等十个方面为科学和技术发展提供保障。其中税收激励的主要内容为：加大企业自主创新投入的所得税前抵扣力度，允许企业加速研究开发仪器设备折旧，完善促进高新技术企业发展的税收政策，支持企业自主创新能力建设，完善促进转制科研机构发展的税收政策，支持创业风险投资企业的发展，扶持科技中介服务机构，鼓励社会资金捐赠创新活动。

2010 年，国务院发布了《关于加快培育和发展战略性新兴产业的决定》，提出了包括新材料产业在内的七个新兴产业发展目标，在整个新兴产业发展目标的基础上提出了保障其实现的财税政策。该决定要求加大财政支持力度：在整合现有政策资源和资金渠道的基础上，设立战略性新兴产业发展专项资金，建立稳定的财政投入增长机制，增加中央财政投入，创新支持方式，着力支持重大关键技术研发、重大产业创新发展工程、重大创新成果产业化、重大应用示范工程、创新能力建设等；加大政府引导和支持力度，加快高效节能产品、环境标志产品和资源循环利用产品等推广应用；加强财政政策绩效考评，创新财政资金管理机制，提高资金使用效率。同时，该决定还指出要完善税收激励政策：在全面落实现行各项促进科技投入和科技成果转化、支持高技术产业发展等方面的税收政策的基础上，结合税制改革方向和税种特征，针对战略性新兴产业的特点，研究完善鼓励创新、引导投资和消费的税收支持政策。

2012 年，国务院发布了《"十二五"国家战略性新兴产业发展规划》。该规划指出对于新材料产业会大力发展新型功能材料、先进结构材料和复合材料；开展纳米、超导、智能等共性基础材料研究和产业化，提高新材料工艺装备的保障能力；建设产学研紧密结合的新材料产业创新体系和标准体系，发布新材料重点产品发展指导目录，建立新材料产业认定和统计体系，引导材料工业结构调整。具体的有关新材料的发展路线如表 5-2 所示。

表 5-2　新材料产业发展路线

时间	2015 年	2020 年
发展目标	突破一批关键的专利核心技术，形成一批具有自主知识产权的产品。培育拥有自主品牌和较大市场影响力的骨干龙头企业 20 家，提高自主生产高端新材料的自给率。	掌握新材料领域尖端技术和应用器件的规模化生产技术。构筑产业链，打破国际垄断，进一步提高自主生产高端新材料的自给率。
重大行动	关键材料开发及产业化：加快突破新材料先进加工制造技术和装备，推进高性能复合材料、先进结构材料、新型功能材料开发和产业化。建设一批关键材料产业化示范生产线，培育和发展一批新材料产业基地。关键材料推广应用：统筹考虑新材料设计、生产、应用等环节，着力推广一批重点新材料品种，打造一批龙头骨干企业。新材料产业创新能力建设：在重点领域建设一批新材料技术创新、产品开发、分析检测、推广应用和信息咨询的公共服务平台。	
重大政策	制定并发布新材料产业重点产品指导目录。建立健全新材料产业统计体系、认定体系和标准体系。制定新材料推广应用风险补偿机制。推动军民共用新材料产业化、规模化发展。	

资料来源：《"十二五"国家战略性新兴产业发展规划》。

在一系列重大行动和政策的推动下，大陆新材料产业预计到 2015 年将突破一批建设急需、引领未来发展的关键共性技术；到 2020 年，关键新材料自给率将明显提高。

除对七个新兴产业进行有针对性的规划之外，该规划还对加强整个新兴产业的发展提出了保障措施，主要包括：加大财税金融政策扶持；完善技术创新和人才政策；营造良好的市场环境；加快推进重点领域和关键环节改革等。其中财税扶持政策的具体内容为：在整合现有政策资源、充分利用现有资金渠道的基础上，建立稳定的财政投入增长机制，设立战略性新兴产业发展专项资金，着力支持重大关键技术研发、重大产业创新发展工程、重大创新成果产业化、重大应用示范工程及创新能力建设等。结合税制改革方向和税种特征，针对战略性新兴产业特点，加快研究完善和落实鼓励创新、引导投资和消费的税收支持政策。

2. 各部委财税政策

（1）商务部

2011 年，商务部、国家发改委等发布《关于促进战略性新兴产业国际化发展的指导意见》，要求在产业发展中突出产业特点、明确发展方向、利用全球创新资源提升产业创新能力；开拓和利用国际市场，转变贸易发展方式，创新利用外资方式，促进对外投资发展；推动创新基地建设，发挥国际化发展示范带动作用；加大扶持促进力度，完善支撑保障体系；夯实国内市场基础，营造良好发展环境等。

该意见特别指出：在新材料产业的国际化推进方面要支持国内企业并购国外企业和研发机构，加强国际化经营；鼓励生产高附加值产品的国外企业来华投资建厂；优化进出口商品结构，完善进出口管理措施，加大对新材料产品和技术进口的支持力度，鼓励高附加值新材料产品开拓国际市场；鼓励新材料企业兼并重组，提高企业国际竞争力。

在支撑保障体系方面，该意见要求在八个方面加大扶持力度：积极利用财税支持政策；用好出口信贷和出口信用保险；完善便利化措施；加强产业预警体系建设；加强海外信用风险防范；积极应对贸易保护主义；完善和推进知识产权海外维权机制；充分发挥行业组织的作用。其中积极利用财税支持政策的具体内容为：充分利用好现行促进战略性新兴产业国际化发展的有关财税政策，结合战略性新兴产业发展特点，积极落实《国务院关于加快培育和发展战略性新兴产业的决定》确定的各项财税支持政策。

（2）科学技术部

2010 年，科学技术部、教育部等发布了《国家中长期新材料人才发展规划》，指出要建设一支规模、结构、素质与实现新材料产业发展目标要求相适应的新材料人才队伍，为实现从"大"到"强"的转变提供人才支撑；造就一批本领域国际一流的科学家和科技创新创业领军人才，将新材料领域建成人才集聚高地；培养高水平创新团队，形成人才竞争比较优势，实现新材料人才资源总量翻番和"五个三"工程的目标。

为实现新材料人才发展的目标，该规划指出要全面落实《国家中长期人才发展规划纲要（2010～2020 年）》和《国家中长期科学和技术发展规划纲要

（2006~2020年）》的各项重大政策措施。同时在新材料领域先行先试，实施以"科技创新创业领军人才"为核心的"五个三"工程，落实创新人才推进计划，启动新材料人才强企行动、新材料西部人才行动，推进人才、团队、项目、基地的一体化建设，完善产学研用联合人才培养机制。其中《国家中长期人才发展规划纲要（2010~2020年）》指出要在十个方面促进人才发展：实施促进人才投资优先保证的财税金融政策；实施产学研合作培养创新人才政策；实施引导人才向农村基层和艰苦边远地区流动政策；实施人才创业扶持政策；实施有利于科技人员潜心研究和创新政策；实施推进党政人才、企业经营管理人才、专业技术人才合理流动政策；实施更加开放的人才政策；实施鼓励非公有制经济组织、新社会组织人才发展政策；实施促进人才发展的公共服务政策；实施知识产权保护政策。其中实施促进人才投资有限保证的财税金融政策的具体内容为：各级政府优先保证对人才发展的投入，确保教育、科技支出增长幅度高于财政经常性收入增长幅度，卫生投入增长幅度高于财政经常性支出增长幅度；逐步改善经济社会发展的要素投入结构，较大幅度增加人力资本投资比重，提高投资效益；进一步加大人才发展资金投入力度，保障人才发展重大项目的实施。鼓励和支持企业和社会组织建立人才发展基金；在重大建设和科研项目经费中，应安排部分经费用于人才培训；适当调整财政税收政策，提高企业职工培训经费的提取比例；通过税收、贴息等优惠政策，鼓励和引导社会、用人单位、个人投资人才资源开发；加大对中西部地区财政转移支付力度，引导中西部地区加大人才投入；利用国际金融组织和外国政府贷款投资人才开发项目。

（3）工业和信息化部

2012年，工业和信息化部依据《中华人民共和国国民经济和社会发展第十二个五年规划纲要》和《国务院关于加快培育和发展战略性新兴产业的决定》，制定了《新材料产业"十二五"发展规划》，指出到2015年，要建立起具备一定自主创新能力、规模较大、产业配套齐全的新材料产业体系，突破一批建设急需、引领未来发展的关键材料和技术，培育一批创新能力强、具有核心竞争力的骨干企业，形成一批布局合理、特色鲜明、产业集聚的新材料产业基地；到2020年，要建立起具备较强自主创新能力和可持续发展能力、产学研用紧密结合的新材料产业体系，使新材料产业成为国民经济的先导产业，主要品种能够满足国民经济和国防建设的需要，部分新材料达到世界领先水平，初步实现材料大国向材料强国的战略转变。为保障目标得以实现，《新材料产业"十二五"

发展规划》在以下几个方面进行了布局。

该规划强调了需要重点发展的材料：特种金属功能材料，主要包括稀土功能材料、稀有金属材料、半导体材料；高端金属结构材料，其主要的应用领域为电力、交通运输、船舶及海洋工程、航空航天；先进高分子材料，主要包括特种橡胶工程塑料等；新型无机非金属材料，主要包括先进陶瓷、特种玻璃及其他特种无机非金属材料；高性能复合材料，主要包括树脂基复合材料、碳/碳复合材料、陶瓷基复合材料、金属基复合材料；前沿新材料，主要包括纳米材料、生物材料、智能材料、超导材料等。

该规划要求各地区在区域发展总体战略和主体功能区定位的基础上，立足自身的材料工业基础，结合当地的情况大力发展区域特色新材料，加快产业基地建设，促进新材料产业有序、集聚和快速发展。同时，各区域的新材料产业还要协调发展。具体而言，就是要巩固扩大东部地区新材料产业优势，形成环渤海、长三角和珠三角三大综合性新材料产业集群；充分利用中部地区雄厚的原材料工业基础；积极发挥西部地区资源优势，加强与东中部地区经济技术合作，依托重点企业，加快促进资源转化，推进军民融合，培育一批特色鲜明、比较优势突出的新材料产业集群。与此同时，该规划还要求有序建设重点新材料产业基地，具体的措施包括：特种金属功能材料立足资源地和已有产业基地；高端金属结构材料充分依托现有大中型企业生产装备；先进高分子材料坚持集中布局、园区化发展，注重依托烯烃工业基地，围绕下游产业布局；新型无机非金属材料应在现有基础上适当向中西部地区倾斜；高性能复合材料原则上靠近市场布局，碳纤维等增强纤维在产业化和应用示范取得重大突破前原则上限制新建项目。

除此之外，该规划指出，在"十二五"期间，要集中力量组织实施一批重大工程和重点项目，突出开发一批应用领域广泛的共性关键材料品种，提高新材料产业创新能力，加快创新成果产业化和示范应用，扩大产业规模，带动新材料产业快速发展。到 2015 年，稀土及稀有金属功能材料专项工程的目标是使高性能稀土及稀有金属功能材料生产技术迈上新台阶，部分技术达到世界先进水平，在高新技术产业领域推广应用达到 70%以上；碳纤维低成本化与高端创新示范工程的目标是使碳纤维产能达到 1.2 万吨，基本满足航空航天、风力发电、运输装备等需求；高强轻型合金材料专项工程的目标是使关键新合金品种开发取得重大突破，基本满足大飞机、轨道交通、节能与新能源汽车等需求；

高性能钢铁材料专项工程的目标是形成年产高品质钢 800 万吨的生产能力，基本满足核电、高速铁路等国家重点工程以及船舶及海洋工程、汽车、电力等行业对高性能钢材的需要；高性能膜材料专项工程的目标是实现水处理用膜、动力电池隔膜、氯碱离子膜、光学聚酯膜等的自主化生产，提高自给率，满足节能减排、新能源汽车、新能源的发展需求；先进电池材料专项工程的目标是使先进储能材料、光伏材料产业化取得突破，基本满足新能源汽车、太阳能高效利用等需求；新型节能环保建材示范应用专项工程的目标是使高强度钢筋使用比例达到 80%，建筑节能玻璃比例达到 50%，新型墙体材料比例达到 80%，加快实现建筑材料换代升级；电子信息功能材料专项工程的目标是提高相关配套材料的自主生产率，获取原创性成果，抢占战略制高点，力争掌握一批具有自主知识产权的核心技术；生物医用材料专项工程的目标是提高人民健康水平，降低医疗成本，提高生物医用材料自主创新能力和产业规模；新材料创新能力建设专项工程的目标是提升新材料产业主要环节自主创新能力。

为了保证目标的完成，该规划提出要加强政策引导和行业管理；制定财政税收扶持政策；建立健全投融资保障机制；提高产业创新能力；培育优势核心企业；完善新材料技术标准规范；大力推进军民结合；加强资源保护和综合利用；深化国际合作交流。其中，制定的财税扶持政策主要有：建立稳定的财政投入机制，通过中央财政设立的战略性新兴产业发展专项资金等渠道，加大对新材料产业的扶持力度，开展重大示范工程建设，重点支持填补国内空白、市场潜力巨大、有重大示范意义的新材料产品开发和推广应用。各有关地方政府也要加大对新材料产业的投入；充分落实、利用好现行促进高新技术产业发展的税收政策，开展新材料企业及产品认证，完善新材料产业重点研发项目及示范工程相关进口税收优惠政策；积极研究制定新材料"首批次"应用示范支持政策。

二、地方财税政策

各级政府在中央及各部委出台的法律法规框架下，也纷纷出台了相关的地方政策来确保本地新材料产业的发展。本部分将重点陈述几个代表性的地区与产业基地的相关财税政策。

1. 各级政府财税政策

（1）北京市

2011 年，北京市经济和信息化委员会发布了《北京市"十二五"时期基础和新材料产业调整发展规划》，承诺"十二五"期间会继续大力扶持新材料产业的发展，完善产业政策，加强政府引导，到 2015 年，要实现工业总产值 6 500亿元，年均增长约 5%。在"十二五"期间，北京市将会积极推进基础产业调整升级，大力支持重点领域新材料发展，合理布局、引导产业集群化发展，加快促进信息化和工业化的深度融合。为了保障目标顺利实现，北京市将从六个方面加强政策扶持：完善产业政策，加强政府引导；整合科技资源，提高创新能力；培育核心企业，发挥重大项目带动作用；加强园区建设，发展绿色制造；凝聚高端人才，强化队伍建设；推动对外交流合作，提高国际化水平。

（2）上海市

2012 年，上海市经济和信息化委员会发布了《上海市新材料产业"十二五"发展规划》，提出上海市新材料产业要以加强对接、提高能级为重点，加快实现传统材料性能的升级，实现高品质基础材料生产能耗的大幅度降低，瞄准战略性新兴产业和本市先进制造业需求，大力发展新材料：继续促进高端金属结构材料的发展；重视先进高分子材料产业链的建设，建立完整的石油化工及其后续产品和精细化工产品的产业体系；加快新型无机非金属材料和高性能复合材料研究成果的产业化进程；到 2015 年，使新材料工业总产值达到 2 000 亿元。同时，该发展规划还指出要以特种金属功能材料、高端金属结构材料、先进高分子材料、新型无机非金属材料、高性能复合材料及前沿新材料为发展重点，根据各区域聚集特色，形成两个核心基地、四个扩展区、多个区域协同发展的空间布局。

为了保障其目标得以实现，该规划指出上海市将在九个方面加大政策扶持力度：依靠科技进步，坚持创新发展；完善政府引导和管理机制；完善投融资保障机制；发挥龙头企业带动效应；完善产学研用的合作机制；加大知识产权保护及技术标准研究力度；建立人才激励机制；加强国际科技交流合作；充分发挥行业协会作用。其中依靠科技进步，坚持创新发展的主要内容有：加大对研发创新的支持力度和投入，围绕重点投资项目、重点科技创新项目、重点配套攻关项目和重点消化吸收项目，制定有针对性的资金支持计划。鼓励企业建立研发中心、培养研发团队，重点支持拥有自主知识产权和自主品牌的技术创新，瞄准国际高端技术，着手研发前瞻性的技术和产品，加快新材料产品更新换代，推动传统材料工业企业的产品转型升级，将技术创新作为产业健康发展的动力。除此之外，上海市在 2009 年到 2011 年间施行了一系列的税收优惠政策，其中包括对增值税、企业所得税、个人所得税等的减免，对新材料产业的发展起到了极大的促进作用。

（3）天津市

2012 年，天津市发布了《天津市新能源新材料产业发展"十二五"规划》，提出到 2015 年，天津市要力争使产业产值突破 2 500 亿元，实现五年翻两番，产值规模占全市工业总产值 7%以上，建成两个国家级产业示范基地，国家级企业技术中心达到 20 家，市级企业技术中心达到 80 家，中国驰名商标达到 10 个。同时要重点发展先进复合材料、新型功能材料、电子信息材料、化工新材料、金属新材料、生物医学新材料及纳米新材料。为了保障目标的顺利实现，该规划提出了六点措施：加强统筹规划，完善制度建设；加大政府扶持，提升发展速度；引进培养人才，构筑创新高地；搭建服务平台，提供保障服务；实施示范工程，带动产业发展；加强区域合作，促进协调发展。其中在加大政府扶持方面，政府会加大投入，建立产业风险投资基金。

（4）深圳市

2011 年深圳市发布了《深圳新材料产业振兴发展规划（2011～2015 年）》，提出到 2015 年，深圳市要努力成为世界知名、大陆领先的新材料产业基地，全球重要的新能源材料研发生产中心和电子信息材料产业聚集区，大陆领先的改性高分子材料、特种玻璃材料、高性能纤维复合材料、高性能膜材料产业集聚区；培育一批自主创新能力较强的骨干企业，新建 50 家国家级、省级和市级的实验室；成为本市国民经济的先导，产值规模约 1 500 亿元，培育 1～3 家年销售过百亿元的龙头企业。此外，还指明深圳市要在规划期间增强自主创新能力，提升产业发展水平，优化产业布局，加强产业对外合作，拓展产业应用领域。为了使目标能够得以顺利实现，政府从五个方面制定了保障措施，即组织、政策、资金、人才及空间。其中资金保障的具体内容为：加大财政投入力度，设立新材料产业发展专项资金，支持新材料产业发展。

（5）山东省

2012 年，山东省发布了《山东省人民政府关于促进新材料产业加快发展的若干政策》，将陶瓷新材料、高性能纤维、特种新材料、建筑新材料及服装纺织新材料作为其发展重点。为了保障新材料产业的快速发展，该政策中规定要在财政、税收、金融及其他方面加大扶持力度。

设立扶持新材料产业发展专项资金，加大对新材料产业的财政投入，2010年到2012年，每年省级财政安排一定数量的资金，通过贷款贴息、补助和奖励等方式，加大对产业重点领域的技术创新和技术改造，对新材料领域开发的核心技术取得专利、成果实现产业化、市场前景好并获得良好经济效益的技术创新和技术改造项目进行重点支持，加大对新材料的推广应用；支持企业技术创新能力建设和重大产业化项目，每年安排一定数量的资金用于支持新材料企业创新能力建设，对研发能力强、成果储备多、在关键性和前瞻性技术和产品研发上成效显著的省级以上重点技术创新平台及列入国家和省新材料重大技术创新的专项项目，安排一定数额资金给予奖励；对上下游产品带动作用强、能够实现链式发展的新材料技术改造项目给予支持；支持新技术新产品的推广应用，每年安排一定数量的资金用于支持新技术、新产品的推广应用，对具有大陆领先和国际先进水平、拥有自主知识产权、市场前景良好、能迅速实现产业化的新技术和产品给予资金奖励；制定和完善新材料产品标准体系，及时将新材料的创新优势转变为标准优势，对企业标准被采纳为行业标准或国家标准的给予资金奖励；支持鼓励公共设施建设积极采用新材料产品，在同等条件下，提倡优先选购和使用省内新材料产品，并给予适当的资金奖励。

实行税费优惠政策，对新材料生产企业在开发新技术、新产品、新工艺的过程中发生的研究开发费用，未形成无形资产计入当期损益的，在按照规定据实扣除的基础上，可按研究开发费用的50%加计扣除；形成无形资产的，按照无形资产的150%摊销。对相关企业从事技术开发、技术转让业务和与之相关的技术咨询、技术服务业务取得的收入免征营业税。对相关企业行政事业性收费能免则免，不能免的按最低标准收取；加大政策宣传和贯彻力度，积极引导企业充分用好用足税收政策，落实技术开发投入政策、新产品财税返还政策、技术开发装备折旧政策、进口关税和进口环节增值税免税政策。

（6）湖南省

2010年，长沙市发布了《长沙高新技术产业开发区管理委员会关于促进新材料产业集群发展的若干政策意见》，指出为加快长沙高新技术产业开发区新材料产业结构升级，培育壮大产业集群，促进全区经济又好又快发展，将在财政、税收、产业化、创新、金融、知识产权及国际合作这七个方面加大政策扶持力度。其中财政政策的具体内容为：加大对新材料产业发展的财政投入，由长沙高新区财政每年安排 5 000 万元设立新材料产业发展专项资金，通过贷款贴息、补助和奖励等方式，对新材料产业重点领域市场前景好、获得良好经济效益并经长沙高新区管委会审批认可的技术改造项目和重大产业化项目进行重点支持；对新材料产业科技创新设立专项资金扶持，由长沙高新区财政每年安排 3 000 万元设立新材料产业科技创新专项扶持资金，主要用于对新材料产业相关创新项目和平台的创新基金配套、贴息、补助和奖励，并积极支持和协助企业申报和获得国家、省、市科技计划资金支持。税收政策的具体内容为：对新材料生产企业在开发新技术、新产品、新工艺过程中发生的研究开发费用，未形成无形资产可计入当期损益的，在按照规定据实扣除的基础上，再按研究开发费用的 50% 加计扣除，形成无形资产的按照无形资产成本的 150% 摊销；企业提取的职工教育经费在计税工资总额 2.5% 以内的，可在企业所得税前扣除；对新材料产业集群内企业优先支持申报高新技术企业，经认定后，享受 15% 所得税优惠政策；对相关企业从事技术开发、技术转让业务和与之相关的技术咨询、技术服务业务取得的收入免征营业税；对相关企业行政收费能免的则免，不能免的按最低标准收取；对新材料产业集群内企业用于研究开发的仪器和设备，单位价值在 30 万元以下的，可一次或分次摊入管理费，其中达到固定资产标准的应单独管理，但不提取折旧；单位价值在 30 万元以上的，可采取适当缩短固定资产折旧年限或加速折旧的政策。

（7）广西壮族自治区

2009 年，广西壮族自治区发布了《广西新材料产业发展规划》，指出将用十年左右的时间，倾力打造新材料产业集群、新材料产业园区和新材料产业基地。为了实现产业目标，自治区将以现有资源为依托，重点发展七大领域新材料，主要为有色金属合金材料、电子信息材料、纳米粉体材料、新型建筑材料、新型高分子材料、新能源材料和环境友好材料。同时将提高现有新材料产业集中度，发挥产业集聚效应，即在新材料产业空间布局上，规划建设"四个园区、五个基地、六条产业链、七个研究中心"。并在此基础上提出了六个方面的政策措施：以技术创新为主线，加快自治区新材料产业与国际接轨；推进大园区、大基地、大项目建设，走产业集群的发展路子；以龙头和骨干企业为核心，提升产业整体实力；深化企业改革，形成新材料产业发展新格局；加大资金扶持力度，发挥财政资金引导作用；健全风险投资机制，推进风险投资市场的发育。

其中加大资金扶持力度，发挥财政资金引导作用的具体内容为：自治区将根据每年可用财力，安排适当资金，采取资本金投入、贴息、奖励和补助等形式，支持本区新材料产业开发，扶持新材料产业龙头企业的发展和新材料产业园区及产业基地的建设。设立有新材料产业园区或新材料产业基地的市县，要重视对产业园区或产业基地基础设施的资金投入，发挥财政资金的引导作用。

（8）浙江省

2010 年，杭州市发布了《杭州市新材料产业发展专项规划（2009～2015年）》。杭州重点发展新能源材料、有机硅材料、光通信材料、半导体照明材料及电子与微电子材料；为鼓励发展绿色建材与节能建材、纳米材料、纺织新材料、高性能金属材料及高新能纤维复合材料及高分子材料；培育发展生物医用材料、海洋工程材料和轨道交通材料。为了保障产业发展目标得以实现，该规划提出了六个方面的保障措施：统一思想认识，加强组织领导；强化财政政策，加大扶持力度；融通资金渠道，缓解融资困难；合理规划，确保土地供应；加强技术创新，完善区域创新体系及坚持增量推动，加大招商引资力度。其中强化财政政策，加大扶持力度的具体内容为：认真落实中央激励自主创新的财政税收优惠政策，研究制定促进企业加大研发经费投入导向政策；落实中央在鼓励高新技术产品出口、促进高新技术企业发展方面的税收优惠政策，用足用好已出台的税前抵扣、税收减免、资产折旧等优惠措施；加强政府引导，发挥财政资金效益；进一步加大财政投入，支持新材料产业结构调整、重点产业发展、技术创新体系、基地基础设施和公共服务平台建设；进一步加大政府采购和市政工程建设对新材料产业发展的支持，建立自主创新新产品认证制度、认证标准和评价体系，按照"同等优先"原则引导财政性资金优先购置在杭企业自主创新的新材料产品；在某些重点新材料发展领域，如绿色与节能建材、太阳能光伏材料、半导体照明材料等，要通过政府采购和市政建设中的应用示范工程体现对新材料产业发展的支持。

（9）黑龙江省

2009 年，黑龙江省发布了《黑龙江省新材料产业发展规划》。为了保障规划目标的实现，提出了八项保障措施：完善部门协调机制，形成推进新材料产业发展的合力；强化政策支持引导，为新材料产业发展提供强有力的政策保障；整合新材料领域资源，建立富有活力的创新发展体系；加强军用民用新材料产业领域合作，加快科技研发与产业发展；广辟渠道，建立面向产业创新发展的多元化投融资体系；扶持中小企业发展，发挥中小企业在发展新材料产业中的作用；加强新材料人才队伍建设，为产业发展提供长期智力支撑及加强国际国内合作，注重体制机制创新，用开放的思路发展新材料产业。其中强化政策支持引导，为新材料产业发展提供强有力的政策保障的主要内容为：制定财政、金融、土地、环保、政府采购、人才等方面的促进新材料产业加快发展的优惠政策，落实中央相关税收优惠政策，充分利用有关专项资金，加大对新材料产业的投资力度，引导资源向新材料产业集聚。

（10）陕西省

2012 年，陕西省发布了《新材料十二五规划》，提出了八点政策措施。其中财政政策的具体内容为：利用现有产业发展类和科研开发转化类专项资金，采取贷款贴息等方式，支持新材料产业重大关键技术研发、重大技术改造和重大科研成果产业化等；积极争取多方资金支持，引导社会资本和民间资本投入，设立该省新型建材发展基金。税收政策的具体内容为：落实西部大开发鼓励类产业所得税 15%优惠政策，符合条件的新材料企业可依法享受高新技术企业相关税收优惠政策；新材料企业为开发新技术、新工艺、新产品发生的研发费用，未形成无形资产计入当期损益的，在按照规定据实扣除的基础上，再按照研发费用的 50%加计扣除，形成无形资产的，按照无形资产成本的 150%摊销；对纳税确有困难的新材料企业，经省政府同意，可定期减免城镇土地使用税。

（11）郑州市

2011 年，郑州市发布了《郑州市新材料产业发展规划》，指出到 2015 年，郑州市要力争使新材料产业实现销售收入超 1 000 亿元，培育年销售收入超百亿元企业 1～2 家，年销售收入超 50 亿元企业 5 家左右，年销售收入超 10 亿元企业 20 家左右，形成一批大企业集团和产业集聚区，新材料产业领域企业技术中心等创新平台达到 40 家以上。此外，该规划指出要重点发展超硬材料及制品产业、新型有色金属合金材料产业、新型节能环保产业、新型耐火材料产业、电子信息材料产业、汽车材料产业及新能源材料产业。为了保障产业发展的目标顺利实现，该规划提出了四点措施，主要包括加强组织领导、提升创新能力、构建融资体系及强化政策扶持。其中强化财税政策扶持的主要内容为：研究制订新材料产业扶持政策，对投资规模大、经济效益好、资源能源消耗低的新材料企业和项目，加大税收和财政支持力度，实行相关优惠政策，营造良好的产业发展和市场投资软环境。

（12）吉林省

2010 年，吉林省发布了《吉林省新材料产业"十二五"发展规划》。指出到 2015 年，吉林省要力争使工业总产值超过 1 500 亿元，年均增长 26%以上，新材料产值占全省工业总产值比重达到 5%以上。除此之外，该规划指明吉林省要重点发展金属材料、有机高分子材料、无机非金属材料及复合材料。为了保障目标能够顺利实现，该规划提出了七点措施，主要包括加强组织协调，强化政策支持引导，完善技术创新体系，加强科技成果转化，增强投融资保障能力，实施"标准、专利和品牌"战略及加强国际，区域和行业合作。其中在强化政策支持引导方面主要包括制定和完善有利于新材料产业发展的法规和政策，完善相应科技及产业政策，从财政、税收、人才、金融、科技资源配置等方面加大扶持力度等措施；在增强投融资保障能力方面主要包括加大财政对新材料产业创新的投入力度，现有省级科技发展的专项资金会向新材料产业发展倾斜等措施。

2. 新材料基地财税政策

2008 年，国家发展和改革委员会发布了《关于建设宁波等 7 个新材料产业国家高技术产业基地的通知》，指出将在新材料产业发展具有优势和特色的宁波市、大连市、洛阳市、金昌市、广州市、宝鸡市和连云港市等 7 个城市，建设新材料产业国家高技术产业基地。为了加快发展新材料产业基地，7 个城市都制定了相应的产业基地支持政策。

（1）宁波新材料产业基地财税政策

2009 年，宁波市发布了《宁波新材料国家高技术产业基地发展规划》，提出要重点发展磁性材料、高性能金属材料、电子信息材料、化工新材料、新能源及节能环保材料、新型纺织材料等六大材料领域的应用开发。该规划中提出到 2015 年，新材料产业产值要达到 2 000 亿元。其中财政扶持政策的主要内容有：新增中央投资产业升级和技术改造专项资金、宁波市科技三项经费、宁波市技术改造资金以及宁波市新兴产业和特色优势产业基地专项资金等要向新材料基地内的重大产业化项目、关键技术攻关项目、公共服务条件建设项目优先倾斜，四个特色基地集聚区视同市级新兴产业和特色优势产业基地享受基地有关资金扶持和政策优惠；设立由政府引导、社会参与、市场化运作的"宁波市新材料创业投资基金"，重点支持对基地建设及产业发展具有拉动作用的重大创新项目、全局性项目和规划内项目；积极申报和争取国家高技术产业化项目的资金资助，并对申报成功的国家高技术产业化项目由市、县两级给予一定比例的配套补助；对于一些处于技术高端的新材料领域，实施政府采购。

（2）大连新材料产业基地财税政策

大连市在"十二五"期间将大力发展发光材料、环保涂料膜材料、新能源材料、化工新材料产业，力争 2015 年使产业产值达到 1 000 亿元，打造 10 个产值规模在 500 亿元以上的重点产业集群，培育和壮大 10 个产业规模在 200 亿到 500 亿元的产业集群。2011 年，大连市发布了《大连市人民政府关于支持高新技术产业园区建设新型特色园区的若干意见》，提出了六点意见：统一思想，凝心聚力，把建设国家创新型特色园区作为大连市建设创新型城市的战略任务；集聚资源，引领创新，支持大连高新区提升自主创新能力建设；鼓励创业，深化服务，支持大连高新区实施企业成长计划；打造特色，壮大规模，支持大连高新区促进创新集群发展；聚焦政策，优化环境，支持大连高新区向更高发展水平迈进；加强领导，强化考核，全力推进大连高新区建设创新型特色园区工作。其中"聚焦政策，优化环境"的主要内容为：加大专项资金投入力度、完善园区特色产业空间布局、营造特色产业创新发展环境、探索高新区创新发展治理机制等。

（3）洛阳新材料产业基地财税政策

凭借具有发展新材料的技术条件、工业基础和原材料优势，洛阳市成为新材料产业国家高技术产业基地，是中部六省唯一入选城市。根据规划，洛阳市新材料产业的发展目标为：到 2015 年，全市新材料产业销售收入超亿元的龙头产业的销售收入突破 2 000 亿元，占规模以上工业企业主营业务收入的 40.95%，使洛阳成为有名的科技创新城市、重要的新材料产业技术辐射中心、中西部最大的新材料产业基地。洛阳市将重点发展晶体硅半导体材料及太阳能光电产业、新型功能材料产业、新型显示材料、聚氨酯等新型化工产业和磨料磨具产业。为推动新材料产业基地建设，洛阳市提出了六点保障措施，分别是：搭建国际视野平台；实施规模资本重组战略；实施人才开发战略；打造现代财政金融引导服务体系；创建优良的发展环境；加大政策支持力度。其中打造现代财政金融引导服务体系的主要内容为：采取招商优惠政策拉动投资、新材料产业财政引导基金拉动投资、先进技术成果入股拉动投资、技术创新补贴拉动投资、财政项目拉动投资等多种途径发挥政府拉动投资的作用。计划设立新材料产业财政引导基金规模为 20 亿元，撬动社会资本投资 100 亿元。

（4）金昌新材料产业基地财税政策

2012 年，金昌市发布了《金昌新材料国家高技术产业基地发展规划（2011～2020）》，指出金昌市将进一步健全完善新材料产业基地基础设施，大力发展循环经济产业，大幅度提高有色金属和化工新材料产业可持续发展能力，不断增强综合竞争力，引进和新增在全省有重要影响力的企业，实现工业经济总量翻番（年均增长 15%～20%），力争使新材料产业带动金昌市经济社会的进一步发展。为了保障产业基地的目标得以实现，该规划提出将在组织、政策、机制、人才、融资等五个方面保障产业基地的发展。其中政策保障的主要内容为：根据地方的具体情况，加大对发展新材料的财税支持力度，用好每年 1 000 万元的新材料产业市级专项扶持资金，主要用于新材料产业园区基础设施建设、入园企业贷款贴息、招商引资奖励和技术创新团队组建等；在税收上制定优惠政策，免收或减收市政公用设施配套费、消防费、环保排污费、电讯设施安装费、征用土地管理费和地籍变更费等地方市政费用；各级、各类工业发展专项资金要向新材料的重大产业化项目、关键技术攻关项目、公共服务平台建设项目优先倾斜。要积极申报和争取国家、甘肃省的新材料相关专项资金资助。

（5）广州新材料产业基地财税政策

2008 年，广州市发布了《广州新材料产业国家高技术产业基地总体发展规划》，指出要将产业基地建设成为产业结构高级化、产业发展集聚化、产业水平国际化的现代新材料产业体系。到 2015 年，力争使新材料技术产品达到 1 800 亿元的产业规模。为保障基地的建设目标得以实现，该规划提出了六点保障措施：强化主体功能区概念，加强政府产业政策引导；加大财政引导资金支持，带动社会产业资本投入；扶持龙头产业做大做强，推动产业集群发展；迅速增强自主创新能力，营造高端科技服务环境；拓展国内外市场，提升产业国际竞争力；完善产业服务配套体系，支持骨干企业上市融资。其中加大财政引导资金支持的主要内容为：不断加大财政资金对符合广州新材料产业重点发展领域、拥有自主知识产权的核心技术、具有较高品牌知名度、较好发展潜力、较高市场占有率的企业的支持力度，努力形成"政府投入为引导，企业投入为主体，金融借贷为支撑，社会投资为补充"的多元化产业资本投入机制。

（6）宝鸡新材料产业基地财税政策

2008 年，宝鸡市发布了《宝鸡国家新材料高技术规划产业基地建设发展规划》，提出将重点发展钛、锆、铪等有色金属及其合金材料产业；力争到 2015

年，销售收入过亿元骨干企业达到 20 家以上，超过 10 亿元企业或企业集团 10 家以上，超过 50 亿元企业或企业集团 2 家，实现年销售收入 650 亿元，利税 70 亿元，出口创汇 10 亿美元；力争基地企业总数达到 600 家，新上市企业 4～6 家，把"宝鸡·中国钛谷"产业集群打造成为世界著名的，具有鲜明特色和竞争优势的新材料高技术产业基地，成为大陆规模最大、品种最全的钛材交易中心。2012 年，宝鸡市发布了《九大产业集群百户重点配套企业成长计划实施方案》，指出要支持汽车及零部件、钛及钛合金、机床工具、石油装备、煤化工、酒类、轨道交通、航空安全装备、太阳能光伏等九大产业集群龙头企业加快发展，到 2015 年，百户重点配套企业工业总产值比 2012 年翻一番，力争工业总产值突破 300 亿元。为保障目标得以实现，方案提出了要加大政策的扶持力度，主要包括：在技能扩展、新产品开发、技术创新、两化融合等项目建设方面，优先为其提供贷款贴息、资金资助等扶持；对符合中央鼓励类的产业，要落实相关税收政策；对于百大企业引进高端专业技术人员，落实相关人才奖励和补助政策。

（7）连云港新材料产业基地财税政策

2009 年，连云港市发布了《连云港市新材料产业振兴规划》，指出政府要重点发展复合材料、电子信息材料、新型无机非金属材料、新能源材料和化工新材料；建设连云港新材料产业国家高技术产业基地和国家火炬计划东海硅材料产业基地。为了振兴新材料产业，该规划提出了六项政策措施，即加大招商引资、促进产业集聚、加大扶持力度、增强创新能力、培育龙头企业及实施品牌战略。其中加大扶持力度的主要内容为：积极争取中央、省层面的各项政策和资金扶持，引导社会资金投向新材料产业领域。连云港市设立的专项引导资金，对重大工程、重点支柱行业、重点企业、重点项目优先扶持，支持关键技术研发及产业化，鼓励骨干企业进行技术改造及产品结构调整，通过发挥财政资金的导向和激励作用，引导企业提高创新能力，加大技改投入，促进产业升级。

三、大陆财税政策特点

1. 坚持以市场为导向

大陆新材料产业政策的制定始终坚持以市场为导向。在市场需求引导下，遵循市场经济规律，突出企业的市场主体地位，充分发挥市场配置资源的基础作用。借助市场竞争机制，准确把握新材料产业发展趋势，辅以适当的政策干预和引导，以促进市场充分竞争为最终目标。在市场导向的基础上，财税政策侧重对产业进行引导与规划，改善和维护市场环境，使新材料的生产以满足市场需求为重点。在政策的指引下，新材料产业布局较全面，结构较合理，已具备大批量生产的能力，同时某些方面取得了关键性的突破。以市场为导向，使大陆的财税政策有了具体的实施方向与实施目的，不但促进了新材料产业的发展，还维护了良好的市场竞争秩序。

2. 坚持重点突出原则

大陆新材料财税政策在几乎涵盖了所有环节和领域的同时，坚持重点突出的原则。由于新材料品种繁多、需求广泛，大陆在鼓励各类新材料的研发生产和推广应用的基础上，重点围绕经济社会发展的重大需求，组织实施重大工程，突破新材料规模化制备的成套技术与装备，加快发展产业基础好、市场潜力大、保障程度低的关键新材料。正是由于财税政策的重点突出，在所有的政府文件中都指明了新材料产业需要发展的重点方向，并制定针对性的财税政策鼓励企业具体实施，才使大陆能够形成一批新材料产业技术创新、产品研发、分析检测、推广应用的平台，一批新材料的产业基地，一批关键材料的产业化示范生产线，能够在关键技术上取得突破，形成具有自主知识产权的产品，满足大陆的高端新材料产业的需求，逐渐脱离其他经济体对某些新材料产业核心技术的主导。

3. 支持力度逐年加大

大陆对新材料产业的财政支持力度逐年加大。以大陆科技经费投入来说，2010 年的经费投入总额为 7 062.6 亿元，2011 年为 8 687 亿元，2012 年为 10 298.4 亿元，年增长率均高于 18%；"863" 计划于 2011 年新启动了 65 项主题项目，17 项重大项目，新立项目课题 554 项，新材料项目占 17%，总经费投入 106.4 亿元，新材料占据了 7.5%；2012 年，"863" 计划又新启动了 202 项主题项目，27 项重大项目，新立项目课题 1 165 项，新材料项目占 5.8%，总经费投入为 109.6 亿元，新材料占据了 10.9%，由此可见新材料产业的经费投入逐年增加。在高财政的支持下，新材料产业的规模不断壮大，2010 年大陆的新材料产业规模超过了 6 500 亿元，关键技术取得了重大的突破，部分生产技术已达到或接近国际先进水平，同时新材料品种不断增加，高端金属材料和高性能复合材料等材料的自给水平逐步提高。

4. 注重鼓励企业创新

创新是新材料产业发展的核心环节，而企业创新是产业发展的重中之重。大陆的财税政策重在强化企业在技术创新中的主体地位，激发和保护企业创新积极性，完善技术创新体系，期望通过原始创新、集成创新和引进消化吸收再创新，突破一批关键核心技术，加快新材料产品开发，来提升新材料产业创新水平。大陆的财税资金基本上都流向了产品的研发环节，政府设立专项资金用来资助新产品的研发，财政补贴的条件即为在重大领域取得突破或取得新的研究成果，税收的优惠基本上都分布在允许企业可在按照规定据实扣除研发费用的基础上，另可按研究开发费用的一定比例加计扣除，按照高于资产金额的一定比例摊销无形资产。在此基础上，政策能够有效地避免企业利用财税资金投机取巧，获得不正当的竞争优势。

5. 鼓励社会资金的引入

由于政府投入资金毕竟有限，且只靠政府一己之力很难保证新材料产业的长久发展，因此，大陆在制定财税政策时非常注重社会资本的引入，制定各种优惠措施使之流向新材料领域。在资金投入方面，采用了多种支持方式，包括贷款贴息、风险投资、偿还性资助等，并设置专项资金进一步撬动社会资本；在企业技术创新方面，对符合税收优惠的企业，减免企业相应所得税，允许企业进行增值税抵扣，对于民营企业也给于一定的优惠政策，以此来引导社会资本的流入。

第二节　台湾财税政策

由于台湾专门针对新材料产业的财税政策较少，而针对高科技的产业政策较多。因此，本节将更多地归纳总结其高科技政策特点，以此来间接反映台湾材料领域的政策制定情况。

一、台湾财税政策

20 世纪 70 年代的石油危机后，西方经济体贸易保护主义的抬头、东南亚经济体拥有着较中国台湾更为廉价的劳动力，加之内部工资的迅速上升，使得工业品的发展陷入困境。这种情形下，台湾开始启动产业结构升级，着重发展知识型与技术密集型产业，优先发展高科技产业。截至 2013 年，几十年的努力使得台湾的高科技产业有了很大的进步。2010 年，美国《研究与开发》杂志公布的"百大科技研发奖"中，中国台湾共获三项奖项，其中两项均与新材料有关，这离不开当局相关主管部门在高新技术产业发展历程中发挥的极其重要的扶持作用。

1978 年、1982 年和 1986 年，台湾召开三次全岛的科技会议，制订了《科学技术发展方案》和《科学技术发展 10 年长程计划》，将信息、自动化、材料、能源、生物技术等 12 项产业作为重点发展的高科技产业。同时，台湾根据经济主管部门提出的"产业关联效果大、市场潜力大、技术密集度高、附加值高、能源密集度低、污染程度低"的原则选取了 100 多项产品作为优先发展的对象。随后的 1986 年和 1987 年，又将生物和材料工业选为策略性工业，与前面的 12 项高科技产业共同形成了台湾完整的科技工业体系。在 1991 年与 1996 年的第四次和第五次的科技会议上，台湾又制订了"六年计划（1991~1996）"，提出要"厚植产业发展潜力"，对产业发展所需的生产资源与措施进行有效配置与供应，投资范围涵盖了 14 大领域、755 项工程，目的就是通过拉动公共投资、扩大内需、发展新兴产业和高技术产业。之后，又制订了《科技发展 12 年计划》和《中期计划》，提出未来重点发展的 10 大新兴产业，其中包括高级器材、半导体、精密仪器与自动化、航空工业等。1995 年又出台了《亚太营运中心计划》，其与 1997 年颁布的相关文件共同提出要在 21 世纪初把台湾变成"科技岛"与"亚太营运中心"，决定集中发展 24 项高科技产业，使台湾的高科技产业跟上业内发展势头，所推动的投资达到 1 422 亿美元[①]。

具体而言，在财税科技服务方面，台湾对高科技产业企业的部分盈利给予免税，于 1960 年公布了专门性的地方奖励投资办法。办法将施行期间划分为三个阶段：1960～1970 年为第一个阶段，奖励的对象以劳动密集型企业为重点，奖励措施则以租税假期、纳税限额等直接支援为主；1971～1980 年为第二个阶段，除了加强鼓励投资与促进外销外，又增加了鼓励中小企业合并、节约能源、防治污染等功能，并缩减了对劳动密集型等落后工业的奖励；1981～1990 年为第三个阶段，此时更加重视对技术密集型、高科技与创新行业的奖励，规定了

---

① 资料来源：韩莉、徐洁：《论台湾地区高新技术产业发展的主要特点和经验》，《北京联合大学学报》2003 年第 2 期：14～20。

从事或投资高科技产业可享有的各项税收优惠，由经济主管部门和各级银行等提供各种优惠贷款，而当局主管部门根据"创业投资事业推动方案"，对高新技术创业公司提供风险资本支持。另外，还对高新技术产业的研究给予组织和经费上的支持：一是成立"中山科学研究院"和"工业技术研究院"，为产业发展提供源源不竭的技术支持，并针对科学园区成立了相关管理机构并制定优惠的投资、税收、土地使用、贷款等政策以优化投资环境，对台湾高新技术产业的发展具有重大的推动作用；二是投入大量研发经费，从 1981 年的 64 亿新台币到 1999 年的 1 905 亿新台币，投入的经费呈每年逐步增加的趋势。

在 1960 年的奖励投资办法即将到期之际，台湾又出台了 1990～2009 年的促进产业升级办法。此办法确定了经济发展策略从原有的依靠奖励投资、外销与储蓄转到产业升级与结构转变上来。由于台湾认为促进产业升级应以岛内公司为主，因此，相对于原有的办法，新出台办法的适用对象发生了较大的变化，主要以股份有限公司为普遍的奖励对象，并将奖励方法进行了简化，取消了直接免税方式，缩小了减免税的使用范围，同时通过扩大投资抵减的适用范围，以加速折旧取代租税假期进行一定弥补。此外，还颁布了大量相关具体的管理办法，如《企业营运总部租税奖励实施办法》《公司配置节约能源和利用新能源及洁净能源设备或技术使用投资抵减办法》等①。

2009 年，为了推动产业的转型升级，台湾当局主管部门又陆续推出了六大新兴产业，包括绿色能源、生物科技、观光旅游、健康护照、精致农业和文化创意产业。其中，绿色能源产业计划引领台湾产业向低碳及高值化发展，5 年至少投入研发经费 200 亿元新台币，未来还将逐步扩增。

2010 年，台湾有关部门颁布产业创新办法。该办法吸收了原有办法的基本精神，在税收、奖励等方面进行了新的调整与安排。首先，在创新办法中，将中小企业享受的营利事业所得税率降低 3 个百分点，降幅达 15%，并增订了中小企业聘用劳工的补助条款，规定多聘用一人，每月将补助一万元新台币，为期 6 个月，若聘用的为高龄失业人员，补助延长至一年；其次，现有的受惠对象不再区分高科技或传统产业，而且也不再受限于工业区厂商，只要符合奖励要求，都可享受 10 年的租税优惠；最后，创新不再受限于研发，而是将其扩展

---

① 资料来源：李文：《台湾地区促进产业升级的税收政策特点》，《涉外税务》2009 年第 6 期：33～36。

到了生产模式、组织模式及产品生产的范畴①。

2011 年，台湾有关部门颁布《产业发展纲领》，规划了台湾产业未来十年的发展策略方向，并指出在提升产业附加值与行业竞争力的同时，未来将向"全球资源整合者""产业技术领导者"以及"软性经济创意者"等方向发展。该纲领中包含农业、工业、服务业三个议题。其中，工业发展的重点策略包括：促进软性资本投资，提升产业软实力优势，建立诱因机制与平台；发展制造服务化，运用研发创新与品牌活动，促进制造业延伸发展具有服务特性的商业模式，发展跨领域整合产品与服务；推动产业绿色化，提高全产业能源与资源利用效率；强化区域整合与全球招商，积极融入区域经济整合，吸引行业先进要素，发挥产业比较利益，提高对外贸易对台湾经济成长与台湾要素报酬的贡献。

2014 年，台湾经济主管部门制定产业升级转型方案，推动产业优化转型，将整体产业附加价值率由 2012 年的 20.3%提升至 2020 年的 28%。方案将以"维新传统产业""巩固主力产业"和"育成新兴产业"为主轴，分别提出提升产品品级和价值、建构完整产业供应链、建立系统解决方案能力和加速新兴产业发展四大策略。现将各办法、方案中有关高科技产业具体的税收政策做一个相关的汇总，如表 5-3 所示。

表 5-3　具体税收优惠政策

税种		具体税收政策	优惠形式
营利事业所得税	投资抵扣	（1）公司投资于自动化设备和科技技术，投资于提升企业数字信息效能之硬件、软件及技术，支出金额在 5%～20%的限度内，自当年度起 5 年内抵减各年度应纳营利事业所得税额。 （2）公司当年研发支出超过前 2 年研发经费平均数，或当年人才培训支出超过前 2 年人才培训经费平均数者，超过部分按 50%抵减。 （3）营利事业或个人原始认购新兴战略性科技产业公司发行的记名股票，持有时间达 3 年以上者自当年起 5 年内抵减各年度应纳营利事业所得税额或综合所得税额。	间接优惠税前扣除

---

① 资料来源：刘启强、何静：《台湾地区产业转型升级中的产业政策演变及启示——以"奖励投资条例"等三大"条例"为例》，《科技管理研究》2013 年第 15 期：33～36。

税种		具体税收政策	优惠形式
营利事业所得税	专项免税	（1）公司用其未分配盈余资金转投资于重要科技事业、重要投资事业及创业投资事业的，若其股东为营利事业者，免予计入当年度营利事业所得额课税。 （2）公司投资于台湾当局认定的创业投资事业的，其投资收益的80%免予计入当年度营利事业所得额课税。	间接优惠税前扣除
	加速折旧	（1）设置于科技研究处（所）、实验处（所）、生产线、专供自行使用或受委托进行研究发展实验用的全新仪器、设备允许按2年加速折旧。 （2）基于调整产业机构、改善经营规模及生产方法的需要，对特定高科技产业允许其机器设备按所得税法规定的固定资产耐用年限表所载年限缩短二分之一计算折旧。	直接优惠税收抵免
营业税		（1）销售给免税出口区内的科学工业园区的园区事业、外销事业、海关管理保税工厂或保税仓库的机器设备、原料、物料、燃料、半成品等适用零税率，免征营业税。 （2）经主管机关核准设立的学术、科技研究机构提供的研究劳务对该销售环节增值额免征加值型营业税。 （3）属科学工业的公司，于2002年1月1日起，自境外输入自用之机器、设备，在境内尚未制造，经经济主管部门项目认定者，免征营业税。	直接优惠税收抵免
关税		（1）属科学工业的公司，于2002年1月1日起，自境外输入自用之机器、设备，在境内尚未制造，经经济主管部门项目认定者，免征进口捐税。 （2）货样、科学研究用品、高新技术产品、工程机械及其他经相关部门核定的类似物品，在进口后1年内原货复运进口的，免征关税。 （3）对特定的高科技生产事业，在特定期间因合并而达到规定的规模或标准的，按合并计划所核定输入的自用高科技机器设备，可予以停征关税。	直接优惠税收抵免
综合所得税		台湾民众以自己的科技创作或发明创新，依法取得的专利权，提供或出售予台湾岛内公司使用，经有关事业主管机关核准者，其提供该公司使用所得的权利金，或售予该公司使用所得的收入，50%免予计入综合所得额课税。	间接优惠税前扣除

税种	具体税收政策	优惠形式
契税	出售科技事业所有的厂矿用土地、厂房,其出售所得价款,全部用于或抵付该企业新购或新置土地、厂房者,免征该事业应课之契税。	直接优惠 税收抵免
印花税	(1)对领受高新技术产品出口而退还税款的收据,免征印花税。(2)出售事业所有的机器、设备,其出售所得价款,全部用于或抵付该合并计划新购机器、设备者,免征印花税。	直接优惠 税收抵免
证券交易税	为活跃债券市场交易,协助高科技企业筹措资金,凡买卖公司债券及金融债券,免征证券交易税。	直接优惠 税收抵免
土地增值税	公司迁厂于科技工业园区、都市计划工业区或原奖励投资办法编定的工业用地,其原有工厂用地出售或转移时,应缴的土地增值税,按其最低级距税率计算征收。	间接优惠 税前扣除

资料来源:杨京钟:《论税收政策与台湾高新技术产业的发展》,《湖南工业大学学报》2010 年第 5 期:105~109。

除了制定相关的产业税收政策外,由于台湾高科技的发展以发展高新技术产业区为主,其中最著名的科学园区当为新竹科学园区,台湾还特别针对产业园区制订了特殊的优惠办法,如科学工业园区设置管理办法等。具体如表 5-4 所示。

表 5-4 新竹工业园区税收政策

项目	具体税收政策	优惠形式
投资优惠	(1)对在园区投资的厂商给予 5 年免纳营利事业所得税。(2)5 年免税期满后,所得税及各项附加税总额,征收不得超过其营业收入总额的 20%。(3)园区厂商自境外输入自用机器设备,免征进口关税、货物税及营业税。(4)园区厂商自境外输入原料、燃料及半产品,免征进口关税、货物税及营业税。(5)园区的产品和劳务供外销的厂商,其营业税为零,并免征货物税。	直接优惠 税收减免

项目	具体税收政策	优惠形式
土地、厂房优惠	园区企业被台湾当局认定对工业发展有特殊贡献者，可减免5年的房屋、土地租金税。	间接优惠 扣除减免
技术研发优惠	（1）企业研究与开发费用可以据实扣抵营利事业所得税。 （2）使用于研究与开发的机器设备可以免征进口税。 （3）捐赠研究与开发设备可以抵扣营利事业所得税。 （4）厂商技术投资允许从应纳税所得额中扣除，免征营利事业所得税。	直接优惠 税收减免
吸引外资优惠	（1）境外投资者可享受100%的股权及与本地投资者相同的优惠条件，免征进口关税、货物税、营业税和综合所得税。 （2）境外资金开办的企业本息均可自由汇出，并免纳营业税。	直接优惠 税收减免

资料来源：杨京钟，《论税收政策与台湾高新技术产业的发展》，《湖南工业大学学报》2010年第5期：105～109。

诸多的财税优惠政策不仅提高了园区内厂商研发的积极性，也使科学园区取得了巨大的成功。2012年，新竹工业园区年产值达10 400亿元新台币，占台湾生产总值的13%，为台湾的产业升级做出了巨大的贡献。

二、台湾财税政策特点

1. 系统性强

中国台湾早在1997年便将复合材料等高科技技术作为重点发展的关键性技术，并借鉴欧美成功经验，选定了尖端技术来引导高科技产业的发展，并同时设置专门的产业升级办法和一系列相互衔接的附属规定，组成了产业升级的相关政策系统。各附属规定对主体规定进行了详细的列示，对某种激励措施的适用范围、使用幅度进行更明确的规定，在涵盖的范围上相互呼应、主次有序、层次分明。

2. 优惠税种多、涵盖范围广

台湾促进产业升级的优惠财税政策包含范围非常广，不仅包括通常的对投资的优惠，还包括对技术创新和人力资本创新的激励，比如对研发设备支出的税收优惠，对出售专利权所得的税收优惠，对跨领域、跨经济体的研究合作给予的优惠，对人才培训支出的优惠等。另外，还有对节能环保的鼓励，比如对购置节能和新能源设备给予的支持，鼓励企业对资源的回收和再利用，购进提高能源使用率的机器设备或技术支持。多种的税收优惠政策和有关规定涵盖了从研发到终端产品产出的每个阶段，保证了新技术的产业转化率。

3. 重视中小企业的研发

台湾高新科技产业之所以能够取得长足进步，是因为中小企业已成为台湾高科技产业的主力军，其地位举足轻重。由于设计高科技领域的中小企业面临着规模小、风险大、收益少的特点，台湾专门制定了促进中小企业科技发展的税收规定，将税收的优惠政策重点放在了投资抵免、提取准备金、相关费用扣除或直接免费上，另外，许多中小企业在各方面都享有比大企业更为优惠的条件，这强有力地激励了民营中小高科技企业的快速发展。

4. 针对性强

台湾十分重视产业园区的规划与发展，设置了专门针对产业园区的有关规定，有针对性地促进了技术的发展。另外，考虑到研发环节的风险较大，又加大了对研发环节的税收激励力度，将研发费用的优惠普及到所有企业上去，当营业收入超过一定的时间或数值时，可以享受大额的所得税减免。同时，由于高新技术的发展中，风险投资是非常重要的支撑，台湾对风险投资也加大了税收支持，促进产业升级办法中对创业投资企业符合一定条件的免予计入当年度营利事业所得额课税，境外企业投资于高技术风险领域的，可按投资额的20%～30%来抵减应税所得。在全面优惠的同时又有相应的侧重点，针对不同环节、不同领域有针对性地加以施行优惠政策。

第三节　两岸财税政策的比较及借鉴

在综合了前两节关于大陆和台湾新材料产业财税政策的内容、特点及发展成果基础上，本节将对两岸财税政策进行对比，同时根据台湾先进的经验，对大陆的财税政策提出了一些改进之处。

一、两岸财税政策对比

1. 财税政策体系的健全性

大陆现行的涉及高技术产业的税收优惠政策多数以行政法规、部门规章等法律层次较低的形式发布，缺乏法律的权威性。各地政府在吸引高技术产业的时候通常是以"先征后退""专项返回"等地方特色手段进行相应扶植，而这些手段经常容易引发不同地方政府之间的恶性竞争，同时也会使得高新技术企业遵守税收优惠政策的成本增加，反而阻碍了其发挥作用。而台湾的税收政策相对大陆来讲更系统、衔接更紧密一些。台湾的相关规定具有连续性，前一个规定的撤销到后一个规定的形成十分连贯，每个阶段的税收政策都有不同侧重点，符合不同时期经济发展的需要，而大陆在这一方面则比较欠缺。

2. 税收优惠政策种类与涵盖范围

大陆的税收优惠方式多数比较单一，更多集中于低税率优惠和税额减免等简单、直接的方式。长期来看，这种税收方式侧重于事后利益的让渡，并容易造成政府财政税收额的减少。而从20世纪80年代开始，台湾就为了促进产业的改造与升级形成了多种税收激励政策。税收方面主要包括：税收豁免，包括免税和减税；税收抵免，总额抵免和增量抵免相结合；加速折旧，对购置的仪器和机器设备，可将折旧年限提前或缩短；计提准备金，对于境外投资，总额20%以内提取投资损失准备金，无损失发生的5年后可转为投资收益；退税等。此外，税收措施还与其他多种措施相结合，例如，建立开发基金，用于产业升级相关事项而民间无力投资或举办者；捐助成立技术辅导机构，提高技术辅导并强化技术的引进与转移；设置工业园区；对符合条件的创业投资给予辅助、协助；对具有重大经济效益的营运总部给予支持等。这些措施与前面的税收激励相辅相成。

3. 针对中小型企业的政策

大陆对高新技术产业的认定标准较严格，刚成立的还未达到规模的中小型企业，由于相应的研发基础较薄弱，在一定程度上无法达到经费支持的标准，而这些企业恰好是最需要扶持的对象。经过30多年的发展，台湾的中小企业已成为科技的主力军。为了更好地促进民间及中小企业的创新，台湾颁布了《中小企业发展办法》(1991)、《鼓励民间事业开发工业新产品办法》(2003)、《产业创新办法》(2010)等。一系列的办法和规定旨在鼓励企业创新，促进材料等高新技术产业的蓬勃发展，形成了以营利税为主、多种税收相辅，直接与间接税收优惠政策相结合并以相应的投资抵减、加速扣除与折旧等间接税收优惠政策为主的政策体系。

4. 税收优惠政策的侧重点不同

台湾非常注重科技开发过程当中的税收优惠，在鼓励企业研发时较多地运用加速折旧，对所得税中的税前扣除项目进行设计，引导企业自主选择企业的研发投入，同时特别注重风险投资的税收优惠。台湾的引进风险投资事业在20世纪末进入成熟期，其主要归功于台湾对创业投资的产业给予多种优惠措施。例如在《促进产业升级办法》中对投资于重要科技事业或创业投资事业的企业给予免除大部分所得额课税的优惠；对于亟待扶持、对经济发展具有重大效益、风险性较高的重要策略性产业，其符合一定条件时可抵减应纳税所得额；对于投资于高新技术风险领域的境外企业，可按投资额的20%～30%抵减应税所得。

相比较而言，大陆的税收优惠政策重点针对科研单位与科研成果。已经获得技术创新的单位就可以获得税收优惠，而鉴于高新技术的特点，相比较而言，那些正在进行中的研发活动才是最需要支持的，特别需要降低相应的研发成本并获得相应的研发支持。因此，大陆现行的优惠政策对正在进行的研发支持与激励明显不足，即使有相应的支持，重点也仅局限于特定的项目，优惠范围太窄。

二、台湾财税政策对大陆的启示

1. 完善税收法律体系

由于大陆高新技术税收政策的法律层次太低，因此，亟须出台更高级别的具体的相关税收政策，尽快完善一个纲领性的产业升级条例，并在该条例下整合现有的各种税收措施，对缺失部分进行补充，发挥法律的权威性、稳定性、连续性，减少因政策因素带来的税收优惠成本的增加。另外，鉴于科技园区在产业升级过程中发挥的重要作用，大陆也应该出台相应的科学园区管理条例等法规政策，更加有针对性地从人才、投资、税收、土地、厂房、研发等方面扶持高新园区的发展。

2. 加大对中小企业的税收支持

大陆应加大对中小企业的税收支持，特别是加大对科技型中小企业的支持力度。中小企业因其活跃性、效率性、成长性，在科技研发中发挥着愈来愈大的作用。根据台湾的经验，应当将税收优惠政策具体到研发过程中的每一个方面，不仅要对科研最后的产品与成果给予税收优惠，还应当对研发过程提供更多的优惠税率。大陆可以借鉴台湾对研发活动采取的一些税前扣除、投资抵减、税收信贷、延迟支付等手段。一方面，要进一步放开高科技项目，让更多的中小企业进入；另一方面，针对中小企业的特点制定专门扶持其发展的税收政策，特别是当民营企业参与此类研发时，可免除这类企业的土地使用税、厂房税，对科技研发给予加计扣除，允许加计 10% 的风险准备金的计提与摊销，加速高科技设备的折旧，对公司稀有人才减免个人所得税等。

3. 丰富税收优惠种类

虽然大陆针对新材料的发展制定了一系列的财税政策，但与台湾相比，大陆税收政策总体不完善、欠具体，直接税收政策较多而间接税收政策较少，没有像台湾那样形成一个完善具体的政策体系。因此，借鉴台湾的成熟经验，大陆应该完善税收政策，创造优良的高新技术投资条件。一方面，将营业税、所得税等直接优惠政策扩大到增值税、营业税、消费税、土地使用税、资源税、耕地税、房产税、印花税、城建税、车辆购置税等税收中，丰富充实现有的税收优惠政策；另一方面，增加成本扣除、再投资退税、税项扣除、加速折旧等间接税收优惠政策，并可适当减少税率优惠等直接税率优惠政策，构建一个以间接税收优惠政策为主的税收政策体系。另外，特别要注重加大研发环节的税收优惠力度，并出台一些促进产学研一体化发展的优惠政策，同时鼓励研究机构、企业、高校合作进行研发活动。

4. 设立针对性强的税收政策

由于大陆不同地区新材料产业发展的不平衡，加之人力、物力资源的相对有限性，不可能全面扶持所有的项目，因此只能从中选取重点园区或项目进行扶持，专门制定针对某几个开发区或创新园区的特殊税收政策；同时，还可以制定相应的政策引导台湾先进技术向大陆的转移，激励两岸在技术领域的深入合作与发展；另外，为了鼓励私人投资者提供创业投资，可以允许私人投资者创立创业投资基金，并借鉴台湾的做法，规定创业投资公司 70% 以上的资金必须投资于高新技术，在税收优惠、资金支持和退出机制三个方面鼓励和引导创业投资公司发挥其重要作用。

5. 丰富财政政策的支持方式

由于大陆制定的财政政策的方式单一，因此应在中央财政的承受能力之内，进一步加大财政政策的支持方式；在地方财政预算安排中，加大地方财政对于战略性新兴产业的支持力度和支撑力量；在财政补贴之外，灵活运用贷款贴息、项目补助、资本金投入、风险投资、阶段参股和政府采购等方式，针对新材料产业的不同发展阶段、新材料企业的不同行业特点，设置和安排丰富的财政政策支持手段。通过上述努力，强化财政政策效果和效力，发挥财政政策的分配机制作用和调节社会经济活动的杠杆作用，给予新材料产业的发展以强大的助推力。

参考文献

[1] 韩莉、徐洁：《论台湾地区高新技术产业发展的主要特点和经验》，《北京联合大学学报》2003 年第 2 期：14～20。

[2] 李文：《台湾地区促进产业升级的税收政策特点》，《科技管理研究》2013 年第 15 期：33～36。

[3] 陈旭东、刘畅：《台湾地区高新技术产业发展的税收政策及启示》，《科学发展·生态文明——天津市社会科学界第九届学术年会优秀论文集（中）》，天津：天津人民出版社，2013。

[4] 刘启强、何静：《台湾地区产业转型升级中的产业政策演变及启示——以"奖励投资条例"等三大"条例"为例》，《科技管理研究》2013 年第 15 期：33～36。

[5] 杨京钟：《论税收政策与台湾高新技术产业的发展》，《湖南工业大学学报》，2010 年第 5 期：105～109。

[6] 浙江行政学院赴台湾地区考察团：《我国台湾地区企业转型升级的政策及其启示》，《当代社科视野》，2012 年第 7～8 期：55～59。

[7] 黄松玲、马恩祥：《海峡两岸产业发展比较》，《天津师大学报（社会科学版）》1999 年第 4 期：1。

[8] 马红丽：《我国新材料产业发展回顾与展望》，《中国科技投资》2011 年第 2 期：35～37。

[9] 杨晓丽：《北京市新材料产业发展现状及展望》，《新材料产业》2014 年第 1 期：4～7。

[10] 罗贞礼、曹磊：《我国新材料产业技术创新方向的选择探讨》，《材料导报》2010 年第 17 期：101～105。

[11] 常婷婷、梁戈夫：《台湾高新技术产业发展对欠发达地区的启示》,《科学管理研究》, 2006 年第 5 期：117～120。

[12] 宗文龙、黄益建：《推动战略性新兴产业发展的财税政策探析》,《税务研究》, 2013 年第 3 期：10～14。

[13] 肖兴志：《中国战略性新兴产业发展的财税政策建议》,《财政研究》2011 年第 12 期：51～54。

[14] 张嵋喆、王俊沣：《培育战略性新兴产业的政策评述》,《科学管理研究》 2010 年第 2 期：15～19。

[15] 王天睿、李孔逸：《新材料产业系列报告之一——旭日东升的新材料产业》, 安信证券行业专题报告, 2010 年 8 月 30 日。

[16] 何涛：《中国促进战略性新兴产业发展的财税政策探讨》,《改革与战略》 2014 年第 2 期：58～61。

[17] 王德花：《火炬计划新材料产业发展回顾》,《新材料产业》, 2009 年第 10 期：56～59。

第六章　两岸新材料产业金融支持比较

经过几十年的发展，大陆的新材料产业从无到有，不断发展壮大，部分关键技术也取得了重大突破。在大陆，虽然新材料产业的起步晚，底子也相对薄弱，但在政策以及人、财、物的通力支持下，其产业发展也有望进入加速上升的通道。自 2008 年国家发改委决定在 7 个城市围绕重点产业发展的需求，建设新材料产业国家高技术产业基地开始，到 2009 年底，大陆区域性新材料产业基地已经达到 88 家，初步形成了相对完整的新材料产业体系。但中国大陆新材料产业总体发展水平仍与发达经济体有较大差距。

国家工业和信息化部在 2012 年发布的《新材料产业"十二五"发展规划》中明确指出："十二五"时期，是大陆材料工业由大变强的关键时期。加快培育和发展新材料产业，对于引领材料工业升级换代、支撑战略性新兴产业发展、保障国家重大工程建设、促进传统产业转型升级、构建国际竞争新优势具有重要的战略意义。国家为此出台了一系列金融支持导向性政策，各地方政府也根据中央导向性政策，因地制宜地制定了具体的金融支持政策来推动本地区新材料产业的稳步发展。金融支持政策主要针对的是新材料企业投融资困难这一突出问题，在这些政策的推动下，新材料企业的投融资环境得到了一定程度的改善，但现实中仍存在着一定程度的融资困难，尤其是中小新材料企业，由于产业风险的特殊性等方面的原因，其融资难的问题尤为突出，金融支持政策应该在此方面进一步加强。

创新是新材料发展的根本所在，台湾岛内自然资源匮乏，但自 20 世纪 70 年代以来，尤其是近 10 年来，一系列鼓励创新的政策的推出，使得台湾的高性能纤维、特种橡胶及制品、化工新材料等新材料产业的发展较为成熟，领先于大陆。台湾与大陆相似，也存在中小新材料企业投融资相对困难的现状，但台湾出台了专门针对解决中小企业融资问题的支持政策，这是值得大陆借鉴的。本章从介绍两岸新材料产业金融支持现状着手，对比分析两岸新材料产业投融资的现状，并重点分析两岸中小新材料企业的融资问题，最后提出解决中小新材料企业融资难的政策建议。

第一节　两岸新材料产业金融支持现状

金融支持政策是政府或当局实施管制性金融剩余动员，并通过银行信贷干预、差别化贷款利率管理等措施，为公有经济部门配置超过市场竞争均衡水平的信贷资金并相应提供金融租金补贴的一系列制度安排[①]。

作为大陆战略性新兴产业之一，新材料产业近年来所受到的关注也越来越多。相比于大陆，台湾新材料产业相关政策较少，故本部分中以高新科技产业相关资料作为替代。两岸出台的相关政策中所包含的金融支持均是导向性政策，抛开政策性的资金支持和税收优惠，新材料产业的融资更倾向于依托市场，通过金融支持政策来影响市场资金更多地流向新材料等高科技产业。

一、金融支持政策概述

1. 金融支持政策的内容

（1）银行的支持作用

政策性银行在经济发展过程中常常站在商业银行的盈利角度避开不愿融资或其资金实力难以达到的领域。这些领域通常包括那些对总体经济发展、社会稳定具有重要意义，投资规模大、周期长，经济效益见效慢，资金回收时间长的项目，如新材料产业之类的高新科技项目。为了扶持这些项目，可以实行各种鼓励措施，各经济体通常采用的办法是设立政策性银行，专门针对新材料项目进行融资，有利于集中资金、支持重大项目的建设。而各商业银行向高新技术企业提供金融支持的出发点应是：以效益为中心，加大信贷投入，健全中介服务机构，建立支持科技进步的多渠道的投融资体系，完善企业内部运行机制，促进科技成果商品化、产业化；改变传统信用抵押担保模式，重视人才资本、知识资本在高科技企业中占有较大份额的客观实际，创新形式多样的贷款担保

---

① 张兴胜：《渐进改革与金融转轨》，北京：中国金融出版社，2007。

方式，满足高科技企业的融资需求。如一些高科技上市公司中，科技人员的个人股份的市值数额较大，所以科技上市公司股权抵押应是一种值得商业银行考虑的科技企业融资的新渠道。要发挥银行的网点优势，可以尝试高新技术企业债券，开辟民间投资资金进入高新技术产业的渠道。

（2）完善风险投资机制

为了实现提高经济竞争力的长远战略目标，调整全社会的融资、投资布局，改善金融结构、机制，应该建立支持高新技术产业发展的风险投资体系，培育和发展促进资本与高新技术相结合的一套新的金融机制和模式。政府或当局可以倡导风险投资的主要投资方向是高新技术产业和新兴产业，注重发掘高效的风险投资主体，保证风险投资的方向不违背支持高新技术发展的初衷，正确发挥自身在风险投资基金建立这一市场行为中的作用。

（3）依托资本市场

资本市场的发展为风险投资建立的退出机制对高新技术企业的发展具有相当重要的意义。尽管风险投资的成功率一般低至10%～15%，但是绝大部分风险投资所投资的创业公司中只要有一两个迅速成长并上市，即可收回全部投资，并获得高额回报。在这个运作机制中，发达的资本市场发挥了关键性的作用。应借鉴发达经济体的经验，鼓励高新技术企业采用发行股票、债券等方式直接融资，或采取金融租赁、商业票据、信托等方式间接融资。政府或当局应该适当放宽高新技术企业的上市条件，适当增加其上市额度，鼓励高新技术企业借壳上市，为高新技术企业进入资本市场提供中介服务。

（4）建立中小企业担保机制

对于一些不愿意出让技术产权和经营管理权的创业者来说，利用担保体系获取资金往往比寻求风险投资更为有利。基于此，应该加强以下几个方面的工作：①发展和完善中小企业信用体系；②政府或当局的担保机构要坚持"政策化资金、法人化管理、市场化运作"的基本原则，避免不合理的干预；③从多渠道筹措担保资金；④鼓励中小企业互助担保组织的建立和发展；⑤努力促进商业性担保机构的扩大和发展；⑥规范担保机构的运作机制，严格规范担保机构的法人治理结构；⑦完善有关各方的责任分担机制；⑧积极探索、建立和完善各种风险分散机制；⑨建立和完善担保机构的资金补偿机制。

2. 金融支持政策的形成

不同经济体金融支持政策的机制和方式主要由其经济体制、政府或当局与市场的关系以及面临的环境和任务的差异所决定。金融支持政策形成和发展的根本动力，在于政府或当局在公有经济部门的传统资本形成渠道迅速萎缩、公共部门赤字扩大的大背景下，期望通过创造和配置金融租金，降低动员居民部门金融剩余的成本，用非货币发行的手段弥补公共部门赤字，顶托公有经济部门的资本形成增长。如日本的政策性金融是其金融体系超前发展战略和政府主导型市场经济体制的支柱与主要体现者；美国是一个高度市场化的经济体，企业无论是从商业银行融资还是从证券市场融资，基本上都是市场选择的过程；而中国大陆的金融支持政策推行的前提是一系列金融管制政策的推行。

首先是金融市场准入管制。市场化改革初期，面对公有经济部门赤字迅速扩大的现状，大陆迅速明确了国有银行在社会信用活动中的经营特许权，在储蓄资金动员及信贷投放中居于主导和统治地位，私人银行的建立及企业间资金拆借行为被明令禁止，外资银行也受到严格的准入限制。在银行主导型金融体系下，储蓄存款占居民金融资产的比重在市场化改革初期一直很高，居民部门的金融剩余绝大多数为国有银行吸纳动员。

其次，政府始终保持着对金融组织体系的控制。一直到改革开放二十多年后的 20 世纪末，政府对 3 家政策性银行及四大国有商业银行的组织体系、业务划分和人事安排，都保持着强有力的控制，国有银行一直是政府推行产业政策的主要依托。由于政府对非银行金融机构的发展也实行了强有力的干预和控制，国有银行始终占据着市场主体地位。

最后，政府对存款利率始终保持强有力的控制，利率标准大多数时期远远低于市场竞争均衡水平，降低了国有金融机构动员居民金融剩余的成本。在这些金融管制政策推行的基础上，政府通过高准备金制度的建立、信贷规模控制及政策性贷款投放等手段，控制了大部分信贷资金，国有银行的信贷活动一直到 20 世纪 90 年代末期仍然按照政府意志进行。在市场化改革中，消费品和劳动力价格控制权以及生产资料的调配权逐步归于市场，政府贯彻产业政策主要依托于控制并配置国有银行的信贷资金，国有银行的信贷资金成为"国家推动发展观"付诸实践的基本手段。对外资金融机构的准入管制及资本流动控制，使得国有银行在社会信用中的主体地位一直延续，为金融支持政策的推行创造了良好的外部环境。金融支持政策的核心目标，是在低成本动员居民部门金融剩余的基础上，为政府重点支持的产业和企业提供低利率融资支持和隐性金融租金补贴。

二、大陆新材料产业金融支持政策

金融作为引导经济与社会资源有效配置的重要机制，是现代经济发展的核心。而在大陆，产业政策是未来经济发展的导向标，经济发展体系的中心，而金融也成为大陆产业结构调整优化和经济发展的核心支持。作为战略性新兴产业的一类，新材料产业的培育与发展是一个包括技术支持、财政支持、金融支持等多方面因素综合作用的系统性工程。金融作为经济与社会资源优化配置的核心机制，在新材料产业的培育和发展过程中起着关键作用。金融支持是新材料产业积极发展壮大的基础，因此，基于金融发展思路，构建良好的金融支持体系，将成为决定新材料产业发展与繁荣程度的重要因素。

各地方政府以《新材料产业"十二五"发展规划》为出发点制定了更适合本地区发展的新材料产业金融支持政策。以北京市新材料产业为例，截至2012年年底，北京市主营新材料生产、加工及服务的企业有900多家，营业收入超过1 400亿元，总资产达到2 100亿元，实现利润总额100亿元，从业人员9万多人[①]。

表6-1　大陆推出的新材料产业扶植计划或政策

时间	计划或政策名称	涉及新材料领域	与资金支持相关内容
2008年	再生节能建筑材料补助资金管理办法	再生节能建筑材料	此管理办法规定补助资金使用范围主要包括：再生节能建筑材料企业扩大产能贷款贴息；再生节能建筑材料推广利用奖励；相关技术标准、规范研究与制定；财政部批准的与再生节能建筑材料生产利用相关的支出
2012年	国家高技术研究发展计划（"863"计划）专项经费管理办法	高效半导体照明关键材料、先进激光材料、典型人体组织器官替代与修复关键材料等	"863"计划领域内设专题和项目，专题下设课题，项目由课题组成；课题经费的开支范围一般包括设备费、材料费、测试化验加工费、燃料动力费、差旅费、会议费、国际合作与交流费、出版/文献/信息传播/知识产权事务费、劳务费、专家咨询费、管理费等

① 数据来源：《北京市新材料产业发展现状及展望》，《新材料产业》2014年第1期：4～7；该数据不包含新材料相关贸易、装备企业的营业收入。

时间	计划或政策名称	涉及新材料领域	与资金支持相关内容
2012 年	新材料产业"十二五"发展规划	特种金属材料、高端金属结构材料、先进高分子材料、新型无机非金属材料、高性能复合材料、前沿新材料	加强政府、企业、科研院所和金融机构合作，逐步形成"政产学研金"支撑推动体系；制定和完善有利于新材料企业发展的风险投资扶持政策，鼓励和支持民间资本投资新材料企业，研究建立新材料企业投资基金，发展创业投资和股权投资基金，支持创新型和成长型新材料企业，加大对符合政策导向和市场前景的项目支持力度；鼓励金融机构创新符合新材料企业发展特点的信贷产品和服务，合理加大信贷支持力度，在国家开发银行等金融机构设立新材料企业开发专项贷款，积极支持符合新材料企业发展规划和政策的企业、项目和企业园区；支持符合条件的新材料企业上市融资、发行企业债券和公司债券
2012 年	高性能膜材料科技发展"十二五"转向规划	高性能膜材料	通过国家和地方的联动、高校院所和企业资源的组合、科技人才与金融资本的衔接，提升企业的技术创新能力和市场开拓能力，培育具有国际竞争力的上市公司和企业集团
2012 年	稀土产业调整升级专项资金管理办法	稀土	此办法包括总则、支持内容、支持方式及标准、申请条件、项目申报审评及资金拨付、监督检查和绩效评价等；其中支持内容包括稀土资源开采监管，稀土采选、冶炼环保技术改造，共性关键技术与标准研发，高端应用技术研发和企业化，公共技术服务平台建设；支持方式采用以奖代补、无偿资助和资本金注入方式
2013 年	新材料产业标准化工作三年行动计划	争取覆盖《新材料产业"十二五"发展规划》中提出的 400 个重点新材料产品	建立健全以政府投入为引导、多渠道筹集经费的标准化保障机制；加大资金支持力度，围绕重点新材料标准需求，组织开展专项标准预研究及研制工作
2013 年	加快推进碳纤维行业发展行动计划	碳纤维材料	加强投融资政策引导；抑制低水平重复建设，规范市场秩序，引导地方、企业和社会资本投资碳纤维优势企业和高端项目；鼓励有条件的地区设立碳纤维企业发展专项资金；支持金融机构在风险可控的前提下，探索金融产品和融资模式创新，加大信贷支持力度；支持符合条件的碳纤维企业上市融资、发行债券

资料来源：根据政府网站公布产业计划内容整理。

北京市新材料产业涉及行业面广，在国家工业和信息化部《新材料产业"十二五"发展规划》中公布的 6 大产业领域中均有涉及。从企业数量上来看，特种金属功能材料、先进高分子材料和新型无机非金属材料是北京市的传统优势产业，具有较好的工业基础，目前分别有 161 家、170 家和 132 家企业，合计占新材料企业总数的 49%；前沿新材料近年在北京发展迅速，已经成立了 155 家企业，占新材料企业总数的 17%；高性能纤维及复合材料有 85 家企业，占 9%；高端金属结构材料受北京的环境条件制约，大部分已经进行了产能转移，目前只剩下以首钢为代表的 16 家企业，企业数约占新材料企业总数的 2%；特别值得关注的是，新材料相关服务业（包括材料检测与技术服务等第三产业）作为北京新材料的特色优势企业，拥有 126 家企业，占新材料企业总数的 14%（见图 6-1）。通过增值的专业化服务体系，新材料相关服务业起到扩散新材料领域最新科研成果、促进传统产业升级、产业结构优化调整和经济增长方式转变的重要作用。

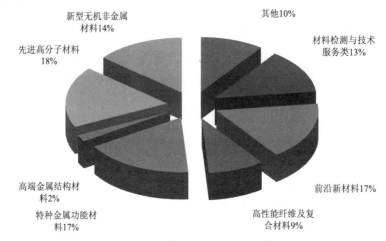

图 6-1　北京市新材料细分行业企业数量占比情况

数据来源：《北京市新材料产业发展现状及展望》，《新材料产业》2014 年第 1 期：4～7。

特种金属功能材料和新型无机非金属材料是北京市的绝对优势产业。前沿新材料和新材料服务业虽然产值较小，但企业数量很多且发展迅速，是北京市新材料最具潜力的产业。前沿新材料依附于首都科技的支撑，是北京市最具有核心竞争力的潜力产业。而根据北京的城市环境要求，高端金属结构材料和先进高分子材料理论上属于将要进行逐步转移输出或者工艺改造升级的产业。

北京新材料企业在享受国家和北京市政府相关优惠税收政策的同时，也得到了北京市在各类科技计划和规划中的重点关注。北京市科学技术委员会自2002年开始组织实施重大科技项目以来，新材料领域一直是其重点支持的七大领域之一，其在纳米材料、磁性材料、电子信息材料、新能源材料、生物医用材料等领域每年都投入一定的科技经费予以重点支持，特别是在重点产业核心技术突破、应用基础研究和前瞻性技术研究等方面。在大陆新材料产业处于快速上升期的阶段，北京新材料产业的机遇与挑战并存，需要坚持创新驱动、坚持市场导向、聚焦重点领域、注重产业延伸、鼓励绿色发展；要完善投融资体制，加强投融资平台建设，鼓励和支持引进外部和民间资本投资新材料产业，特别要加强对科技型中小企业和创新型企业的资金支持；要协调并引导已有的种子基金和担保基金与新材料企业或产业化前景良好的项目进行对接，为符合政策导向和具有广阔市场前景的新材料项目提供灵活和丰富的投融资支持，为其快速发展提供资金保障。

三、台湾地区新材料产业金融支持政策

20世纪80年代以来，台湾开始规划创建区域研发园区，为岛内外企业提供创新研发平台，期望通过研发园区的建立，创造研发的群聚效应。从20世纪70年代开始，台湾制定的科学发展计划，选定了集成电路、通信产业、光电产业、生物科技产业等与新材料产业高度切合的产业作为经济、科技发展的目标，开始了"科学工业园区"的筹设工作。新竹科学园区作为台湾的第一个科学园区，创造出了十分辉煌的业绩，曾获1995年"全球发展最快的十大科学园之一"的荣誉。在此基础之上，台湾提出了"科技岛"的建设计划，南部科学园区、中部科学园应运而生，形成了三个科学园区三足鼎立的布局。2004年台湾又在南部科技工业区设立了"南台湾创新园区"，专区以法人研究机构精英团队进驻并建构开放实验室以吸引厂商进驻共同研发或转型，以达到整合区域科技研发资源、催生相关产业群聚形成的效果。

创新性是新材料发展的根本所在，台湾岛内自然资源相对比较贫乏，新材料产业发展受限。进入知识经济时代，台湾为新材料产业和经济的发展，提高竞争能力，推出一系列的科技创新战略。

1. 引导创设研发中心

台湾为了解决岛内研发人才不足、研发资金投入不足、科学与产业技术关联度低等问题，于 2002 年推出鼓励岛外企业在台设立研发中心的计划，采取了"主动出击"和"全程服务"以及通过补助经费、协助人才引进、单一窗口等新的服务策略和租税优惠等措施，鼓励岛外企业到台湾设立研发中心，以期对岛内产业产生互补作用，并借此引进先进企业科技管理制度，以提升台湾产业科技创新水平。自 2002 年起至 2005 年 3 月止，国际大型企业已在岛内设立 25 家研发中心，进行了 280 项合作研究，投入 196 亿元台币研发资金，投入 3 000 人的研发人力，促成岛内 85 项关键技术转移[①]，不仅提升了台湾产业的技术创新水平，而且带动了台湾产业的全球布局。此外，为使岛内企业能由制造朝向创新、研发及服务等知识含量较高的领域延伸，台湾经济主管部门推出鼓励岛内企业设立研发中心的计划，通过运用补助经费、提供人力以及租税等政策措施，吸引了不少岛内企业设立研发中心。

2. 为创新活动提供资助

为了给予新材料产业更好的经济环境，台湾通过对科技项目补助、租税优惠、金融协助等经济手段鼓励创新。在提供金融协助方面，为协助科技事业资金的筹措，台湾积极协调放宽科技类企业上市上柜的资格规定，由证期会公布实施技术研发成功即可上市上柜；此外还积极推动成立的创投基金优先参与投资研发公司与其衍生公司。

台湾自 1980 年成立新竹科学工业园区以来，由政策主导所设置的不同功用、目的或接受各种不同科研任务的科技型园区已经有数十座，成功地将台湾制造结构由劳动力密集转型为技术与脑力密集型，带动了台湾高科技产业的较快发展。中国台湾由此跃升为全球信息产业位列第四的经济体。目前，新竹科学工业园区已形成强大的半导体产业聚落，南部科学工业园也形成产业链完整的光电聚落，中部科学工业园区则是以形成光电、半导体与精密机械产业结合纳米技术应用的产业为发展方向。这三座科学园区的发展已形成"北半导体、南光电、中纳米"聚落，为台湾高科技产业发展奠定了坚实的基础。

---

① 数据来源：杨德明：《台湾鼓励科技创新的政策效应与启示》，《发展研究》2007 年第 11 期：37～39。

第二节　两岸新材料产业投融资现状对比

相比于大陆，台湾新材料产业融资的相关数据较少，但总体来讲，由于资本市场的建设和融资机制相对比较完善，台湾新材料企业的融资环境优于大陆。大陆的新材料企业起步比台湾晚，但发展势头迅猛，各类扶持政策也多，融资环境也在趋于完善，相信未来大陆和台湾的新材料企业能够在融资机制的改善上多做交流，大陆企业能够在融资过程中充分发挥高科技新兴产业的特质，台湾新材料产业能够在国际经济环境中持续稳定发展。

一、大陆新材料产业融资方式及现状

产业融资决策的主题是对风险和收益的权衡，以此来衡量融资成功的概率，并最终影响融资制度的安排，新材料产业作为高科技产业，相比传统企业具有更高的风险和收益，其融资方式有以下几个特点。

1. 资金的需求量较大

与通常需要投入大量自然资源和人力资本的产业不同，新材料产业对资金投入的要求量较高。从创业期开始到形成一定产业规模，都需要大量科研资金和产业化资金的投入，并且随着产业发展阶段的递进，所需要的资金量是逐渐增大的。

2. 融资风险较高

新材料产业在前期的发展是从少数企业的创新技术开始的。在企业起步时期，这些创新技术在后续发展阶段是否能转化为成熟的技术，并且能够生产出理想的产品具有非常大的不确定性。也就是说，在技术创新开始形成阶段资金只是净投入，后续阶段需要持续的资金投入才会有可能形成能够产业化的产品并获得收益，整个过程具有比较高的投资风险性，但是因为技术的独创性和产品的差异化，成功之后的预期收益也会十分可观，属于高收益高风险的投资。

新材料产业有一定的发展周期，处于种子期和创业初期的新材料企业可以依靠企业自有资金、政府补贴和引导性基金，也可以引入风险资本帮助企业维持运营并尽力做大。成长期的新材料企业可以选择的融资模式增多，除了风险资本，还可以依靠金融机构的贷款，或者通过上市融资、发行企业债券等。成熟期的新材料企业基本不会存在融资困难，融资渠道最为灵活，各种股权融资和债券融资的方式都可使用。

一般情况下新材料企业的融资方式有以下几种。

1. 银行贷款

尽管融资渠道不断丰富，银行业仍在金融体系中居主导地位。由于国家对新材料等战略性新兴产业发展的重视，银行等金融机构也相应进行了信贷结构调整，总体倾向加大对新材料产业的贷款支持力度，但根据科技部的数据来看，大陆商业银行对立项初期的战略性新兴产业支持力度并没有明显的增长，对于科技部新公布的 2010 年至 2012 年的新立项目，银行贷款的数额分别是 162.5亿、205 亿和 192.7 亿，与近十年来的数据相比没有明显的增加。

新材料在六大战略性新兴产业中并不是最热门的，不比生物和制药产业与生活息息相关，亦不比新能源和高效节能产业是时下焦点。但是，新材料的重要性堪比新兴产业发展远景的奠基石，诸如飞机制造、高速列车、电动汽车等重点工程以及电子信息、节能环保等领域，均离不开一系列核心新材料技术的突破。由表 6-2 中数据可知，新材料产业项目在战略性新兴产业新立项目中的数量处于中游，但数量上却是逐年增长的，尤其在 2009 年涨幅较大。作为新技术、新产品发展的基础和先导，新材料的应用领域相当广泛，下游产业涉及电子、通信、汽车、医药、医疗、航天航空、国防军工以及房地产、交通运输、城市建设等诸多领域。而上述领域目前正处在高速发展时期，对新材料的需求巨大。因此，新材料产业将在大陆成为具有技术和商业竞争力的重要产业之一，上升空间十分广阔。

表 6-2　科技部新立高新技术相关项目数（大陆）

新立项目数（单位；项）	2003 年	2004 年	2005 年	2006 年	2007 年	2008 年	2009 年
电子与信息	456	537	424	553	578	621	1 563
生物与制药	208	249	247	262	209	263	468
新材料	172	215	245	239	240	261	839
光机电一体化	199	323	397	475	487	572	1 529
资源与环境	98	84	116	138	118	194	492
新能源与高效节能	63	56	98	114	91	170	398
高技术服务业领域	1	—	25	24	30	29	45

数据来源：科技部根据经济预测系统全球统计数据/分析平台整理。

相对于科技部每年的高科技项目立项数量的增长幅度，银行贷款的支撑却没有明显的增加，自筹资金仍是主要的融资模式，新材料产业领域以中小企业和创业企业为主，呈现"小、散、专"的特征。据不完全统计，至少80%以上的新材料企业都是中小企业，这些企业规模小，具有较高的技术和市场风险，信用级别低，可抵押资产少，所以从金融机构获得贷款的难度较大。因此，中小企业大多依靠自有资金、创业板上市等方式筹集资金。银行贷款的资金支持主要体现在新材料企业发展的成长和成熟期。

表6-3 科技部新立项目主要资金来源（大陆）

当年实际投资额（单位：亿元）	2003年	2004年	2005年	2006年	2007年	2008年	2009年
	536.86	713.13	734.44	933.59	942.06	1 022.16	639.65
政府资金	8.28	15.40	9.05	8.89	7.74	8.92	8.43
银行贷款	163.21	152.21	161.29	186.74	173.56	244.57	138.29
自筹资金	333.03	518.05	551.87	719.08	740.15	757.42	481.49
其他资金	32.34	27.47	12.24	18.89	20.60	11.24	11.45

数据来源：科技部根据经济预测系统全球统计数据/分析平台整理。

值得注意的是，知识产权质押贷款作为银行贷款的一种创新形式，在解决新材料产业等高新技术产业的融资问题方面备受瞩目。知识产权质押贷款是指以合法拥有的专利权、商标权、著作权中的财产经评估后向银行申请融资。此类贷款以专利权等知识产权形式作为贷款质押担保，而知识产权的实施与变现具有一定的特殊性，所以此项金融服务的应用范围还不广阔，但发展潜力不容置疑。大陆商业银行中提供此项服务的有交通银行、北京银行和重庆银行等。

北京中关村率先开展中小科技型企业知识产权质押贷款试点，在实现知识产权的市场转化和推动金融服务创新、缓解中小科技企业融资难等方面取得了良好的效果。截至2015年上半年，中关村新创办科技型企业已达12 652家，然而这些企业中不少属于中小企业，抵押物较少、金融需求更加多样化。渣打银行于2015年8月发布"园区贷"产品，对区内无银行信贷记录的"零信贷"中小企业给予综合授信，并为企业提供审批绿色通道和优惠贷款利率。[1]

----

[1] 中新网：《中关村与渣打银行推"园区贷"》，具体参见 http://www.chinanews.com/fortune/2015/08-22/7482845.shtml.

根据《中国高新技术产业导报》2014年5月16日发布的信息，南京市知识产权局已与北京银行南京分行举行知识产权质押融资战略合作签约会，此后，科技型企业可以完全凭借知识产权向北京银行南京分行申请贷款，以有效解决部分轻资产的创业初创期、成长期科技型企业普遍存在的研发资金紧张、贷款难等问题。这也是南京市首家能单独办理知识产权质押贷款的银行①。截至2014年3月底，南京市已挂牌9家科技银行，累计为227家科技企业发放贷款9.7亿元，其中209家初创期、成长期科技企业获得贷款8.3亿元。但由于知识产权评估难、处置变现难、风险管控难等诸多因素的影响，知识产权质押贷款业务发展始终举步维艰，许多银行仍未涉足这一贷款领域。部分科技银行为科技型企业贷款，也采取知识产权和实体房产组合担保的形式，以降低风险。按照协议，北京银行南京分行将拓展发明专利、实用新型专利、软件著作权、商标权等知识产权质押贷款业务，并探索专利许可权、股权等相关实体资产组合质押等知识产权质押贷款新业务。南京市知识产权局将为此类业务提供知识产权业务指导和政策支持，为企业提供知识产权质押融资过程中的咨询服务。

2. 创业板上市融资

创业板市场，即第二板市场，指专门为暂时无法在主板上市的中小企业和新兴公司提供融资渠道和成长空间的证券交易市场，是对主板市场的重要补充。广义上来讲，它指的是与大型成熟企业的主板市场相对应的中小企业的股票市场。从狭义的角度讲，创业板市场是指协助高成长的新兴创业尤其是高科技企业筹措资金的市场，具有比较强的针对性。创业板市场的存在就是为创业企业和创业资本服务的。它主要有以下几个特点。

（1）上市费用低廉

对于新兴市场而言，过高的上市费用会提高上市门槛，相对于主板市场而言，创业板市场上市费用相对低廉。

（2）严格的市场监管

由于创业板市场上市公司规模小，缺乏固定资产，信用等级较低，企业资产和企业业绩评估难度大，市场易被操纵，所以创业板市场通常需要比主板市场更为严格的管理以降低投资风险、保护投资者的利益。

---

① 《中国高新技术产业导报》，具体参见 http://miit.ccidnet.com/art/38353/20140516/5464257_1.html。

（3）电子化交易

创业板市场基本上采用电脑交易系统以提高效率，省去了交易场地，从而突出效率高而交易费用低的优势，交易的透明度也极高。

（4）前瞻性

创业板市场上的主要上市企业是高科技企业，融资的决定性因素主要是公司的成长空间和发展前景、是否有明确的主题概念和战略性计划，而不公司的历史业绩和企业的资本情况。

（5）高风险性

由于创业板市场的前瞻性，对上市公司的注册资本、赢利条件等硬性指标要求相对较低，上市条件宽松很多，这使创业板市场成为一个高风险的市场。

大陆的创业板市场于 2009 年正式在深交所上市，经过几年的发展，创业板的发展有了长足进步，成为新兴产业融资的重要渠道。截至 2014 年 5 月 12 日，创业板上市公司数目由正式挂牌时的 28 家增长为 379 家，发行总股本达到 840 亿股，上市公司的总市值也达到 16 228.4 亿元，日均交易量得到大幅度提升，交易过程也更加规范，见表 6-4。

表 6-4　深证股票交易所创业板基本指标

指标名称	本日数值	比上日增减	本年最高	最高值日期
上市公司数	379	0	379	2014/5/12
总发行股本（股）	84 043 429 098	267 794 151	84 043 429 098	2014/5/12
总流通股本（股）	51 261 694 986	307 662 755	51 261 694 986	2014/5/12
上市公司市价总值（元）	1 622 842 926 494	26 596 621 784	1 917 025 209 327	2014/2/17
上市公司流通市值（元）	940 072 185 748	19 228 193 133	1 057 192 129 658	2014/2/17
总成交金额（元）	16 031 383 498	946 411 709	57 310 701 576	2014/2/25
总成交股数	920 945 457	68 893 979	2 526 941 800	2014/2/25
总成交笔数	803 714	171	2 393 021	2014/2/25
平均市盈率（倍）	52.17	0.86	65.54	2014/2/17
创业板指—最高	1 281.10	-1.71	1 571.40	2014/2/25
最低	1 250.94	1.38	1 539.21	2014/2/18
收市	1 278.28	19.7	1 558.62	2014/2/17

数据来源：深交所创业板 2014 年 5 月 12 日公布基本指标。

相对于主板市场，创业板市场更有利于中小高科技企业股票的流动性。中小高科技企业的企业规模和融资规模通常较小，即使企业素质较好，在主板市场上也不易吸引投资者的注意，流动性大打折扣。而创业板市场是一个有共同主题的细分市场，有利于形成市场聚焦，提高辨识度，吸引投资者的关注。据英国 AIM[①]统计，与伦敦证券交易所同等市值的公司相比，在 AIM 上市的公司股票流动性要高得多。创业板市场为新材料等战略性新兴企业的可持续发展提供了高效的融资平台。作为直接融资的一种方式，创业板市场将使资金的供求双方都置于市场机制的作用之下，资金供求双方按照市场确定的价格直接进行资金交易，并充分保证资金筹集过程中的透明度，避免暗箱操作和与此相关的高风险、低效率。创业板市场要求上市公司必须接受信用评级机构的资信评级，并及时披露社会关注的内部信息，将企业置于社会监督之中，促使企业合理利用资金，推动资金高效流动，实现新材料企业的顺利发展。

3. "新三板"上市融资

（1）"新三板"的由来

在 2000 年，为解决主板市场退市公司与两个停止交易的法人股市场公司的股份转让问题，由中国证券业协会出面，协调部分证券公司设立了代办股份转让系统，被称为"三板"。由于在"三板"中挂牌的股票品种少，且多数质量较低，要转到主板上市难度也很大，因此很难吸引投资者，多年被冷落。为了改变大陆资本市场这种柜台交易过于落后的局面，同时也为更多的高科技成长型企业提供股份流动的机会，有关方面后来在北京中关村科技园区建立了新的股份转让系统，这就被称为"新三板"。无疑，企业在"新三板"挂牌的要求，要高于"老三板"，同时交易规则也有变化，譬如只允许机构投资者参与等。"新三板"在很多地方确实实现了突破，但客观而言，"新三板"的现状仍难以让人满意，甚至现在很多股市投资者根本就不知道市场体系中还有"新三板"的存在。

2013 年 1 月 16 日，"全国中小企业股份转让系统"的正式挂牌，意味着"新三板"由此前的区域性市场正式向全国统一的场外交易市场转变。场外市场破局是 2013 年资本市场的大事。随着"新三板"正式运行以及一系列基础性制度的落实，在新制度和试点园区扩容的双重推力下，挂牌企业数量激增，交易热

---

① 英国 AIM（直译为"另类投资市场"），创建于 1995 年，由伦敦证券交易所负责监管和运营。AIM 已成为全球瞩目的中小型企业上市地之一。

情也得到激活，大陆多层次资本市场迎来重要一极，资本市场的格局也被调整。

表 6-5　"新三板"、创业板、主板上市条件的区别

项目	"新三板"	创业板	主板
主体资格	非上市股份公司	依法设立且合法存续的股份有限公司	依法设立且合法存续的股份有限公司
经营年限	存续满 2 年	持续经营时间在 3 年以上	持续经营时间在 3 年以上
赢利要求	具有持续经营能力	最近两年连续赢利，最近两年净利润累计不少于 1 000 万元且持续增长（或最近 1 年营业收入不少于 5 000 万元，最近两年营业收入增长率均不低于 30%）	最近三个会计年度净利润均为正数且累计超过 3 000 万元
资产要求	无限制	最近一期末净资产不少于 2 000 万元，且不存在未弥补亏损	最近一期末无形资产（扣除土地使用权和采矿权等后）占净资产的比例不高于 20%
股本要求	无限制	发行后股本总额不少于 3 000 万元	发行前股本总额不少于人民币 3 000 万元
主营业务	主营业务突出	最近 2 年内没有发生重大变化	最近 3 年内没有发生重大变化
实际控制人	无限制	最近 2 年内没有发生重大变化	最近 3 年内没有发生重大变化
董事会及管理层	无限制	最近 2 年内没有发生重大变化	最近 3 年内没有发生重大变化
成长性及创新能力	中关村高新技术企业	"两高五新"企业	无限制
投资人	具备相应风险识别和承受能力的特定投资者	有两年投资经验的投资者	无限制
信息披露之定期报告	年报和半年报	年报、半年报和季报	年报、半年报和季报
备案或审核	备案制	审核制	审核制

资料来源：陈少华：《新三板与创业板、主板的区别比较》，具体参见 http://ipo.qianzhan.com/detail/141210-b4317d05.html。

（2）"新三板"市场对改善创新型中小微企业融资环境的作用

有数据显示，2010 年年末，中小企业约占大陆企业总数的 99.3%，提供超过 80% 的城镇就业岗位。如果进一步统计微型企业对就业的贡献，可以更加证实中小微企业对大陆就业市场的重要程度。数据还显示，中小企业的创新数量是大型企业的 2.5 倍，将创新引入市场的速度较大型企业快 27%，20 世纪大陆 60% 的重大创新来自中小企业[①]。具有核心竞争力的创新型中小企业则是创新之源。据统计，创新型中小企业虽然仅占大陆中小企业总数的 3%，但却贡献了超过 50% 的创新成果，主要涉及新材料、生物医药、新能源、信息技术等高新技术行业。由此可见，为了实现创新推动下的经济结构转型和产业升级，应该大力促进中小微企业，尤其是创新型中小微企业的良性发展。但与大型企业和传统中小微企业相比，新材料产业中的创新型中小微企业面临更为复杂和不确定的成长环境，其风险特征也更为突出。

根据企业生命周期理论，可将创新型中小微企业的成长过程划分为研发、创业、早期成长、加速成长、稳定成长及成熟六个发展阶段。在每个阶段，创新型中小微企业呈现出不同的风险特征，而且融资结构也会发生显著变化。伴随着技术和产品的成熟、市场占有率的提高、生产经营的稳定，创新型中小微企业的融资构成中外部融资，尤其是信贷融资的比重逐渐上升。

虽然创新型中小微企业在融资次序中越来越倾向于信贷融资，但是大陆的创新型中小微企业却普遍面临以信贷约束为主要内容的融资约束。资料显示，中小企业使用的金融资源仅占全社会金融资源总量的 20%，仅占国有银行的贷款比重的 22.5%。2009 年金融支持经济发展的"金融九条"要求贷款向中小企业倾斜，但当年 7.4 亿元的新增信贷中，只有 20% 左右投放至中小企业，其中投向创新型中小微企业的比例则更少。

2013 年，"新三板"市场发展迅速，挂牌企业数量从 2012 年初的不足百家，大幅度增加到 2013 年末的 300 多家，尤其是 2013 年下半年以来，在发展多层次资本市场的政策指引下，"新三板"市场规模扩张速度尤为明显。除规模扩张外，"新三板"公司的行业分布也呈现出明显的创新特征。超过半数的"新三板"挂牌公司是信息技术类公司，其他主要行业分布则集中于现代化工业、医疗保健、材料等方面。"新三板"公司的行业分布与创新型中小微企业的行业分布具

---

① 数据来源：中经网：《深化新三板改善创新型中小微企业融资环境》，具体参见 http://fj.ce.cn/n02/201402/20/t20140220_1359524.shtml。

有较高的契合度。从市场规模扩张和行业分布特征来看，"新三板"市场有条件为创新型中小微企业提供融资支持，来改善其面临的信贷约束困境。

实证研究也表明，与沪深主板市场不同，"新三板"市场的确为小微企业提供了显著的融资支持。此外，从创业板开通对创投的带动效应看，"新三板"的发展也会对创投资金起到积极影响，这也间接地改善了创新型中小微企业早期发展阶段的融资问题。

4. 风险投资基金

风险投资基金又叫创业基金，是当今世界上广泛流行的一种新型投资机构。它以一定的方式吸收机构和个人的资金，投向于那些不具备上市资格的中小企业和新兴企业，尤其是高新技术企业。风险投资基金无须风险企业的资产抵押担保，手续相对简单。它的经营方针是在高风险中追求高收益。风险投资基金多以股份的形式参与投资，其目的就是帮助所投资的企业尽快成熟，取得上市资格，从而使资本增值。一旦公司股票上市，风险投资基金就可以通过证券市场转让股权而收回资金，继续投向其他风险企业。

（1）风险投资基金的特点

风险投资基金的投资对象主要是不具备上市资格的小型的、新兴的，或者是未正式成立的高新科技企业，一般情况下投资基金的投资周期是 2～5 年。风险投资基金的投资目的是在企业发展的初期或者扩充阶段注入资金或技术，以取得部分股权，促进受资公司的发展，使资本增殖、股票上涨而获利，而不是为了控股。

（2）风险投资基金的发行方法

在风险投资较为发达的经济体内，风险投资基金主要有两种发行方法。一种是向社会投资人公开募集并上市流通的风险投资基金，目的是吸引社会公众关注和支持高科技产业的风险投资，既满足其高风险投资的渴望，又给予了高收益的回报。这类基金，相当于产业投资基金，是封闭型的，上市时可以自由转让。另一种是私募的公司风险投资基金。通常由风险投资公司发起，出资 1% 左右，称为普通合伙人，其余的 99% 为企业或金融保险机构等机构投资人出资，这些出资人称为有限合伙人，同股份有限公司股东一样，只承担有限责任。普通合伙人的权利，基本上是这样规定的：一是以其人才全权负责基金的使用、经营和管理；二是每年从基金经营收入中提取相当于基金总额 2% 左右的管理费；三是基本期限一般为 15～20 年，期满解散而收益倍增时，普通合伙人可以从收益中分得 20%，其余出资者分得 80%。

目前世界上的风险投资基金大致可分为欧洲型和亚洲型两类，它们的主要区别在于投资对象的不同。风险投资基金是一种"专家理财、集合投资、风险分散"的现代投资机制。对于风险企业而言，通过风险投资基金融资不仅没有债务负担，还可以得到专家的建议，扩大广告效应，加速上市进程。特别是高新技术产业，风险投资通过专家管理和组合投资，降低了由于投资周期长而带来的行业风险，使诸如新材料产业等高新技术产业的高风险和高收益得到有效的平衡，从而为产业的发展提供足够的稳定的资金供给。此外，作为风险投资基金的投资者，也可以从基金较高的规模经济效益与成功的投资运作中获取丰厚的投资回报。

从西方发达经济体的发展经验来看，产业投资基金作为一种创新型金融工具，极大地丰富了资本市场的投融资方式，最重要的是它能有效促进高新技术的产业化，是解决目前大陆新材料产业发展资金困境的一种组合创新投资方式。新材料产业投资基金能够较好地满足新材料企业在资本支持和经营管理服务上的双重需求，更好地实现金融资本、产业资本与科技创新成果的结合，是补充和完善高科技产业投资体系、支持大陆新材料产业的科技创新和科技成果产业化、促进产业结构升级的一种有效途径。

二、台湾新材料产业融资方式及现状

台湾新材料产业等高科技产业的发展，是以发展科学园区为先导的，在已筹建上文提到过的若干个科学园区的基础上，现又规划了台湾的"新科技园区蓝图"，主要建立三大类型的工业区。科学工业园区：在北部扩建新竹科学工业园区，在南部的台南建立第二个科学园区，使其成为发展生物技术、精密仪器及零件等的专业区。软件工业区：北、中、南各一个，北部在台北市南港，已进入建设阶段，中部在台中，南部在高雄。台湾提出科技工业区的建设和发展应着重在生产上应用实用科技知识。

1997 年年初，台湾就计划建设"科技岛"，1998 年做出到 2010 年台湾科技与科技产业发展方向的具体规划，在其措施中将发展各类科技园区作为建设科技岛的主要骨架：一是继续推动科学工业园区的建设，发展各类卫星园区，研究未来新科学工业园区的措施；二是开发各类智慧型园区，同时鼓励民间开发各类园区。

园区内的高科技产业具有技术创新程度高、技术开发需要长期而庞大的投资、产品生命周期短、市场成熟度低、经营风险高、技术复杂等特点，使得高科技产业在发展初期不易取得一般性金融机构的融资，融资渠道大多依靠资本市场。台湾资本市场对台湾高科技产业的发展做出了巨大贡献。

台湾高科技企业取得外部资金的主要方式有：在负债部分，以贷款及发行公司债为主。如果贷款金额十分庞大，经常以银行财团联贷方式进行；在权益部分，除传统的以现金增资发行新股的方式向大众募集资金外，发行海外存托凭证也是重要的集资渠道。

1. 银行贷款

按照商业银行与高新技术产业的关系和结合程度，高新技术产业与商业银行的关系存在两种模式：一种是商业银行与高新技术产业结合比较松弛的模式，如美国；另一种则是商业银行与高新技术产业结合比较紧密模式，如日本。中国台湾属于第一种模式。高科技产业的发展资金直接来源于银行机构的约占53%，而间接来源于银行机构的约占75%。

虽然台湾新材料产业等高新科技产业的主要融资方式为股权融资，但台湾主要金融机构的放款与投资数额由 1996 年的 130 518 亿元新台币增长到 2012 年的 255 488 亿元新台币，在数额上翻了将近一番，丰富了金融市场上的融资供给，再加上货币供给的乘数作用，为新材料产业的融资提供了便利。

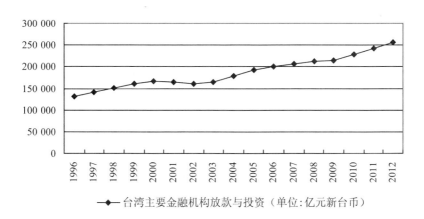

图 6-2 台湾主要金融机构放款与投资（单位：亿元新台币）

数据来源：根据同花顺实时金融终端（iFinD）数据库数据整理。

从实践来看，第一种模式（即商业与高科技企业的关系比较松弛的模式）取得了较大的成功，但一个经济体内的高科技产业发展应采取哪一种模式并没有统一标准，这与其整体科技发展水平、科技发展战略、社会资金集散状况、资本市场发育程度、金融监管力度、制度和规定的健全程度等宏观因素有关，也与高科技企业的组织程度、所处的发展阶段、高科技产业的投入产出效益等微观因素有关，还与商业银行的产业经验和偏好、居民的冒险传统和风险意识等精神因素有较大的关系。商业银行与高新技术产业结合的主要途径包括：以政府或当局的信用为担保，向高新技术企业提供低息贷款；由银行控股成立独立或附属的风险投资机构向高新企业投资；由风险投资公司以债权或股权形式向高新技术企业投资。

总体来看，由于各个经济体的经济金融发展变化的起因、背景和历程不同，银行对风险投资的介入方式和介入程度也不同，但银行资金作为高新技术产业发展的主要融资渠道之一，在各个经济体内却具有普遍性和趋势性的共同特点。

2. 创业投资

创业投资充当了台湾高科技产业的助推器。1983 年 11 月，台湾当局主管部门首次颁布创业投资事业管理规则，并确定了创业投资的主管部门，采取措施大力扶植创业投资事业的发展。主要措施包括：直接提供资金、税收优惠政策和解除投资条件限制。

此外，风险资本对于发展高新技术产业是至关重要的，如果在建立高新技术产业区时，风险资本方面运作不成功，那么这将直接影响高新技术产业的发展。中国台湾是亚洲唯一成功引进风险投资机制的经济体，美国的经验在中国台湾的高新技术产业中得到了较好的应用。当局通过具体政策、规范、制度创新和改善环境，形成了以民间资本为主的风险投资机制，包括完善的风险资金形成、运作和退出机制。因此，台湾公司避免了沉重的债务负担，而这恰恰是亚洲地区高科技公司普遍的一大包袱。

而且，台湾为设立创投基金为高科技产业提供各种融资便利，采取了各种积极措施为高科技产业提供有力的金融服务，如"策略性计划及中小企业升级贷款""外币资金融通"等，用于协助专业银行配合产业升级的资金需要，重新核定第三类科技事业股票上市标准，使高科技产业可以较宽松的标准从资本市场上获取资金。此外，中国台湾还十分重视通过设立创投资金促进高新技术产业发展，将与瑞典合组生物科技创投基金，提高相关产业安全水准。

但台湾高新技术产业发展也有其不足之处。2001 年，台湾经济骤然转变为负增长，为近五十年来首次，这引起了海峡两岸及其他经济体的高度关注与思考。造成这一轮负增长的原因很多，然而其中最重要的原因之一是台湾经济在其高新技术产业发展中自身积累的结构性问题日益突出，这可以看作台湾高新技术发展方面的不足之处。

第三节　两岸中小新材料企业融资难的原因分析

当前，高新技术产业已成为一个经济体拉动经济增长和社会持续发展的重要手段，发展知识密集、技术密集、附加值高的科技产业也是我国海峡两岸经济发展方式转变的必然选择。但是，高新技术企业独特的发展周期也决定了在不同的阶段有不同的资金需求，具有高投入、高风险和高收益的特征，再加上中小企业在创立初期和成长期的信用程度问题，目前融资困境仍然是制约高新技术中小企业发展的瓶颈因素。

事实上，两岸的高新技术企业普遍存在流动资金紧张的问题，而在融资方面出现的问题成为高新技术企业健康发展的瓶颈，尤其是处于创业期的中小或微小型科技企业面临更为窘迫的资金状况。一是资金缺口比较大；二是高新技术企业资金来源较集中，企业融资以间接融资为主，高新技术企业通过股票、债券等直接融资渠道获得资金很少；三是融资覆盖面低。作为高新科技产业中的一个组成部分，两岸的新材料产业在这个方面也不能幸免。

高新技术企业融资难，从企业自身方面来讲，主要基于四个因素。一是企业规模小，实力弱，大多处于创业期及成长期，自有资金不足、自身积累薄弱、资信水平较低、信息不对称、风险与收益不对等、抗风险能力较弱，难以满足商业银行信贷标准的要求。二是相当多的中小型高新技术企业普遍缺乏良好的公司治理结构，财务管理较为混乱，在产权、财务以及管理等方面的不足则制约了其融资能力。三是企业缺乏有效担保抵押物，大部分高新技术企业的土地和厂房都是租用的，固定资产更是不足，抵押能力较弱。四是高新技术企业对融资方式的认知度不高。在调查中，约有一半的企业认为审批程序复杂、手续烦琐是在向金融机构申请贷款时遇到的主要问题，而对于发行债券、引进风险投资和产权交易市场等融资方式，大多企业都表示不甚了解。

当然，现有金融体系不健全，金融制度不完善，在更大程度上加剧了中小型新材料企业等高新技术企业的融资困难。这些外部因素，具体来讲包括以下几个方面。

一、金融机构的保守运行导致其直接融资的难度加大

在金融市场上，商业银行贷款是企业获取资金的重要渠道，但是银行在追逐利润的同时是以规避风险为前提的。因此，长期以来，银行的主要客户对象是国有企业和资本实力雄厚的大型企业。中小高科技企业规模小、失败的风险很大，并且不能有效地提供固定资产做抵押。中小高科技企业的高风险性使得其难以从银行获得贷款。虽然农村信用社、民生银行等一些针对中小高科技企业提供资金的银行在为中小高科技企业获得贷款支持提供便利，但银行贷款依然没有成为中小高科技企业的主要融资渠道。据对北京民营高科技企业的调查发现，企业平均资产负债率为 18.53%（其中资金负债率最高的为 75%，资产负债率为 0 的占 37.6%，资产负债率在 10% 以下的占 18.4%），这一比率远远低于国有企业 84% 的资产负债率水平。

金融机构尤其是各类银行虽然意识到培育发展战略性新兴产业的重要战略意义，但就现阶段来看，少有支持新产业的新措施或新产品。银行的风险防范意识较强，而战略性新兴产业由于产品新颖，市场风险大，技术研发创新投入大，而且成果难以预知，同时中小企业居多，信用难以衡量，可抵押质押品少，这些因素使得银行为保持稳健经营，不敢过多涉足新领域。缺乏银行信贷支持，一旦没有优质项目，再得不到政府或当局的基金支持，企业将难以持续发展。信用担保机构运行机制不合理，导致自身风险积聚，出现了信用危机，在担保体系尚不健全、担保企业调整未及时，其对新材料产业这种战略性新兴产业的支持势必会受到影响，也没有设立行业性的融资担保机构。

此外，商业银行也缺少适合高新技术企业尤其是中小企业的金融产品。商业银行对中小企业信贷产品总体上呈现出同质化特点，没有针对高新技术企业的经营特点创新推出有针对性的融资产品。商业银行贷款抵押品范围也比较狭窄。目前，商业银行的贷款抵押物要求基本倾向于房产等固定抵押物。尽管《物权法》的出台已经为知识产权可以作为向银行申请贷款的质押物提供了法律基础，但在具体操作上还存在"最后一公里"问题。主要原因有如下几项。第一，

缺少专业性的知识产权评估机构、评估标准、操作程序，知识产权的价值难以界定。第二，产权交易市场的建设也不够完善。在知识产权的交易上，大多数企业只是通过交易所来发布信息，而交易则是私下进行，很少通过正规、透明的产权交易所渠道交易，商业银行很难以此为质押物。

二、知识产权质押融资在大陆尚处于起步阶段

知识产权质押贷款对新材料中小企业的融资十分方便，以知识产权质押作为融资方式在欧美等发达经济体中已经十分普遍，在中国大陆仍处于起步阶段，目前尚需完善机制。开展知识产权质押的难点主要集中在以下几点。

1. 知识产权相关政策不完备

如知识产权许可使用权是否属于《担保法》第七十九条规定的可以转让的权利不确定；"专利权"这一术语在《担保法》和《专利法》中是否包括许可使用权不确定；是否能对专利许可使用权进行质押登记不清楚；《著作权实施细则》中也缺乏关于著作权或者著作权的许可使用权的质押登记规定等。

2. 知识产权价值不易确定

知识产权质押最重要的环节是知识产权的评估，但大陆欠缺完善的知识产权评估制度，执业主体因对行政机关依附性强而造成能力缺乏，从业人员因素质不够高影响了评估质量，评估因缺乏统一的标准及规则而影响了评估的结果。同时，其价值评估不仅存在评估方法上的差异，而且还存在对产品市场估计的差异。

3. 知识产权质押融资的风险问题

鉴于知识产权融资存在较大风险，发达经济体内大部分商业银行均采取了谨慎的操作态度，即由专业贷款机构、风险投资者或投资商以取得股权的形式参与知识产权融资业务。大陆尽管在知识产权法律现代化方面进步很大，但对适用于知识产权担保的担保法律制度并未给予足够的重视，现存的法律即使在处理一般动产的担保权益方面都还有欠缺。

4. 银行驾驭知识产权质押的能力不够

大陆一些银行对企业静态资产担保较为重视，但对具有无形资产特征的知识产权担保形式缺乏了解。传统的银行贷款需要借款方提供第三方担保或有形资产担保，但由于知识产权质押并无担保物的可转换性，质押的只是知识产权担保品的未来的现金流入。这让银行感到有较大的不稳定性，认为易产生风险。

因此，大陆金融机构开展知识产权质押贷款的较少，更缺少具体的操作办法。

5. 知识产权变现的可能性不易预测

同传统的担保贷款相比，知识产权的流动性不及不动产，因而处分就相应更加困难。特别是在现阶段，在大陆民众知识产权意识普遍不高、知识产权转让市场小的情况下，知识产权的变现尤显困难。

三、金融市场资源利用的不充分

这里主要指的是民间资本利用的不充分，随着国家金融改革不断深化，民间资本浮出水面，步入阳光化、规范化运行阶段。一些地区也就民间资本规范化运行发布了指导意见，引导民间资本的投向，但考虑到资本的安全性，这类意见中多鼓励民间资本投向基础建设和发展成熟稳定的行业。而民间资本进入金融领域多是投入到小额贷款公司、村镇银行等，由于缺乏经验，上述中小金融机构存在风险控制能力不强、资金使用成本高、缺乏社会大众认知度等问题，目前的运行情况还不够乐观。而且上述中小金融机构往往远离经济开发区、产业聚集区，对新兴产业发展的认识较少，对战略性新兴产业的资金投入非常少。

另外，两岸新材料企业的融资结构也有待完善，两岸的新材料企业都采取以间接融资为主、以直接融资为辅的融资结构，尽管可以在一定程度上可以缓解企业的资金缺口，但从长期来看，这种融资结构限制了新材料企业的做大做强。以银行贷款为主要来源的间接融资模式对新材料企业的要求较高，需要企业具有稳定的现金流，提供必要的担保手段，拥有房地产、大宗原材料等用于抵押贷款的固定资产或实物资产，对企业融资的限制条件较多，不利于企业资金的灵活运作。同时，企业过度依赖间接融资也会增加银行系统的贷款风险，降低资本资源的配置效率。此外，大陆新材料企业通过资本市场发行股票、企业债等方式进行融资的机制虽然在不断地完善和进步，但通过这些渠道所得到的资金数量相对来讲依然较少，使得资本市场对实体经济的支持作用不能充分发挥，这一点需要从台湾的金融市场借鉴有益的经验。

四、大陆风险投资发展缓慢

风险投资，又称创业投资。广义的风险投资泛指一切具有高风险、高潜在收益的投资；狭义的风险投资是指以高新技术为基础，生产与经营技术密集型产品的投资。根据美国全美风险投资协会的定义，风险投资是由职业金融家投入到新兴的、迅速发展的、具有巨大竞争潜力的企业中一种权益资本。

大陆第一个风险投资公司是在 1985 年成立的中国新技术创业投资公司,之后的发展一直是"雷声大雨点小",无实际进展,结果该投资公司已经于 2004 年倒闭。这个案例表明,大陆风险投资在投资规模、渠道来源、产权自由交易制度、中介服务机构建设以及创业资本退出渠道等方面还不成熟,发展速度比较缓慢,与发达经济体相比还有很大差距。再加上大陆会计师事务所、律师事务所、资产评估机构等中介机构发展还不完善,造成风险投资总量严重不足,不能适应战略性新兴产业发展需要。

而台湾的风险投资业的发展只比大陆早 2～3 年,却成为风险投资发展最成功的地区之一。台湾在 1983 年颁布了全球第一部风险投资行业规定,标志着台湾风险投资业进入发展新时期。1986 年台湾开始实施科技发展十年规划,并颁布促进产业升级办法,加速了风险投资业的发展,使之进入成长期。20 世纪 90 年代(尤其是 1996 年以后),台湾风险投资经历了高速发展期。由于得当的政策与良好的科技新环境,中国台湾的风险投资业得到了飞速的发展,超过了日本、韩国、新加坡等经济体。

目前,全球风险投资业最具特色并产生最好效果的经济体就是中国台湾。岛内的风险投资业在短短的十几年的时间里能够取得如此大的成就,必定有其值得借鉴的宝贵经验。但是,学者一提到风险投资经验借鉴,首先就会想到美国。事实上,美国现在风险投资业所处的金融环境、风险投资运作模式、科技经济水平、相关的法律乃至于创业投资本身存在的目的和意义都与中国大陆有很大的区别。相比之下台湾和大陆的风险投资业在起步之初都是官方主导型的,目的是为促进高科技产业发展,而且起步期也大致相近。台湾的风险投资业的发展应对大陆更有借鉴意义。

1982 年中国台湾从美国引进风险投资机制,借鉴美国风险投资模式发展岛内风险投资业。虽然与美国相比,存有一些不足之处,但是其结合岛内实际情况,在组织形式、退出机制等方面已探索出一条有自己独特风格的发展模式,成为全球风险投资发展经验借鉴学习的对象。其风险投资发展成功经验主要有以下几点。

1. 主管部门对风险投资业良好的大力的扶持

台湾风险投资业之所以能够蓬勃发展,取得如此惊人的成就,与相关主管部门的大力扶持是分不开的。这些主管部门为了风险投资能够健康快速发展，为其创造良好的制度环境，不断学习和探索适合本岛的风险投资之道。台湾鼓励风险投资业发展的两个主要工具是租税减免和资金融通。

在租税减免方面，台湾在《创业投资事业管理规则》之外，每年根据台湾产业发展情况出台一个《创业投资事业适用标准》，对 70%以上资产投资于适用标准的风险投资基金予以税收减免。投资风险投资公司的股东持股达 2 年以上者，可根据所投资金额的 20%抵减所得税。当年度不足抵减时，可在以后 4 年之内抵减，且抵减金额以不超过实际投资科技事业金额占该创投实收资本额比例为限。股东因风险投资事业未分配盈余转增资金取得的股票，免计入该股东当年度综合所得额或营利事业所得额课税。此外，营利事业投资于风险投资事业，其投资收益的 80%免予计入当年度营利事业所得额课税。最后，风险投资公司进行岛外投资时，按岛外投资总额的 20%，计提岛外投资损失准备金。

除了税收优惠外，在资金融通方面，相关部门还提供专项贷款和补助金。台湾曾先后于 1984 年、1986 年、1990 年和 2001 年由当局主管部门开发基金和银行共同筹设了四个风险投资政策性引导基金，金额分别为新台币 8 亿元、16 亿元、20 亿元和 300 亿元，并明确规定引导基金参与设立风险投资公司实收资本总额不超过 49%，即不控股。此外，还特别规定当局引导基金参股设立的风险投资公司，必须主要投资于当局鼓励的科技项目。而且台湾当局主管部门还允许保险公司的资金可投资风险投资事业，扩大了风险投资事业的资金来源。此外，台湾还放宽了资金汇出入的规定种子基金限制，目前岛外投资的本金及利润可以自由汇出入，鼓励双向技术投资及交流。

2. 独特的风险投资组织管理模式

中国台湾借鉴美国先进的风险投资发展模式，并没有一味照搬。在组织管理模式方面，根据自身环境的特征大胆创新，探索出了一套适合本地发展风险投资的组织管理模式。

虽然美国风险投资业普遍采用有限合伙制，但是中国台湾并不承认有限合伙的法人资格，其合伙制所承认的不是完全的有限合伙关系，而是部分有限合伙制（仅隐名合伙人可负有限合伙责任）。而且合伙组织也不符合风险投资事业的设立标准，无法享受风险投资业的权利，所以台湾的风险投资采用股份有限公司形式,其原因是这种形式可以享受产业升级办法中所规定的税收优惠政策。台湾巧妙地用税收优惠政策消除了双重纳税的问题,因而股份有限公司形式在台湾得到了很好的发展。台湾的风险投资组织管理模式共分为三种:一是委托其他风险投资公司管理,2002年这方面的管理金额占风险资本总额的2%;二是风险投资公司自行管理,2002年管理的金额占总额风险资本的13%;三是基金委托管理,占风险资本总额的85%,这是台湾风险投资业主要采用的管理模式。这种委托管理模式治理结构的科学性和有效性主要表现在:专门制定特别规定,详细规定委托人和代理人的权利和义务,巧妙地借鉴了有限合伙制的激励约束,有效避免了道德风险,降低了代理成本,调动了委托代理双方的积极性。

3. 商业银行雄厚的科技实力为风险投资的发展创造条件

1979年,中国台湾借鉴美国硅谷的发展经验,设立新竹高科技工业园,采取各种优惠政策,鼓励和扶植新兴产业的发展,尤其是高科技产业的发展。同时,20世纪70年代末期正值美国经济衰退,大批留学专业人士返回中国台湾,带回成熟的技术和先进的管理方法,而且当时的新竹和硅谷一样,周围专业人才聚集,科研实力雄厚。这些产学研方面的条件形成合力,促进了技术产业化的发展,从而进一步强化了对风险投资的需求。风险投资与高技术产业两者互为因果关系又相互促进。投资多,发展就快,企业就能不失时机地占领市场,而风险投资公司也将获得丰厚的回报。1996年台湾《商业周刊》所做的500家大服务业调查中,汉通创业投资公司以税前净利率72%名列"获利率"榜首。国际创业投资公司等4家风险投资公司也名列前10名。这样高的利润率,对风险投资公司是一个极大的激励,也增强了它们对园区投资的信心。另外,新竹科技园对风险投资家和风险企业家的培养和锻炼,为风险投资的发展储备了宝贵的人力资本。

4. 灵活高效的风险投资退出机制

台湾的风险投资之所以取得巨大成功,在很大程度上也归功于其有一套灵活高效的风险资金退出机制。台湾资本市场包括台湾证券交易所和证券柜台买卖中心。其中,又以证券柜台买卖中心的柜台买卖第二类股票市场最为突出,不仅大大调动了风险资本投入高科技企业的积极性,而且培养了一批又一批高科技、高成长型的企业。中国台湾的二类股市场是以新兴科技产业为市场定位、以中小型高科技企业为服务对象的发行市场，它吸纳了美国纳斯达克市场、日本新兴企业市场和中国香港创业板市场的某些特点。其目标是成为本地中小高科技企业的摇篮。其主要表现是"上柜从宽，管理从严"。

"上柜从宽"指第二类股票对申请资格的限制较为宽松。具体条件有四个：一是公司成立满一个会计年度，并经主管机构出具其属于科技事业且产品开发成功具有市场性的意见书；二是拥有资本额3 000万元以上，或净值在20亿以上；三是对企业过去是否赢利不做要求，但最近一个会计年度应无累积亏损；四是持有1 000股以上的股东达300人以上。此外，在上柜的审查程序上，台湾证券柜台买卖中心仅进行书面审查，实质性审查由承销商负责（其职责包括审核评估、推荐和包销一部分的股票）。这些条件比上市、一般上柜条件的要求低得多。其目的在于鼓励更多的具有技术创新的前景看好的科技公司能及早进入资本市场，运用充沛的社会资金加速企业的发展。

所谓"管理从严"，主要涉及承销商、上柜公司和投资人三个层面。就承销商而言，第二类股票制度规定承销商除了负有法律刑事责任、民事责任以及行政处分的责任外，还负有损益责任。就申请上柜公司而言，则要求公司的董监事等大股东必须拿出50%的股份公司股票强制集保（期限为4年，以免一些大股东在股票上柜后马上将股票出脱），从而增加金融体系的安全性。就交易方式而言，不采取传统的融资融券的交易方式，而是以现款现券的方式买卖。台湾二类股市场作为一种低门槛、低成本的筹资渠道，对促进高科技产业的发展产生了极大的促进作用。

由于总体经济环境的限制，大陆的金融市场还没有发展成熟，中小企业尤其是高新科技产业中的中小企业融资限制格外多，新材料企业的规模越小，信用等级越低，取得一般银行贷款越难，上市或者发债的限制越多，各种金融创新服务或者产品也没有为中小企业的融资创造出太多实质性的贡献。台湾的中小型高科技企业的融资也受到一定的限制，甚至这也成为台湾新材料产业发展的一大瓶颈，但台湾的风险投资的成功值得大陆学习，这将对大陆新材料产业融资问题的解决起到很大帮助。

第四节　解决两岸中小新材料企业融资难的政策建议

本节中这些政策建议是目前两岸新材料产业和金融市场正在为之努力的缩影，两岸新材料产业发展的最好状态是摆脱官方的扶持，依靠自身力量就能够实现持续性的融资，并能在瞬息万变的市场中站稳脚跟。台湾新材料产业的发展先于大陆一步。两岸的新材料产业的未来趋势是合作，现已有不少台湾新材料企业来大陆寻求合作，也有大陆企业对台湾新材料产业进行投资，两岸的交流使我国的新材料产业发展前景更为明朗。而随着新材料产业的发展，金融市场的融资机制也会有所完善。

一、新材料产业投融资体制改革尚需进一步深化

投融资模式是对于某类具有共同特征的投资项目进行投资融资时可供效仿和重复运用的方案。新材料产业投融资模式包括三个基本要素：新材料产业投融资主体、新材料产业投融资渠道和新材料产业投融资方式。新材料产业虽然有了一定的发展，但始终在小范围、小规模、自然增长的态势中发展。当然，自然增长的态势不一定是坏事，但要适应国际大环境要求，就必须要加快发展新材料产业这种高新科技产业。新材料产业项目的投资方式和融资渠道比较单一，尤其缺少在国际资本市场上的融资能力，中小型企业甚至没有在国际资本市场上融资的能力。在大陆新材料产业领域，长期以来实行的是政府审批、政府投资、银行贷款的投融资模式，投融资渠道单一，缺乏更加有效的融资渠道。目前大陆新材料企业获得资金的主要途径依然是自筹资金和银行贷款，融资结构和债务结构的不合理，直接导致了持续性的融资难以实现，进而难以满足新材料产业持续发展的需要。

要打破这种僵局，拓宽企业融资渠道需要灵活运用多种融资模式：第一要积极借助政府资金促进新材料产业发展，鼓励企业积极争取中央和地方政府的财政支持，充分运用政府杠杆拓宽企业的融资渠道；第二要优化企业资本结构，适度运用债权融资，适时通过股权上市转让、被投资企业回购等途径退出，而鉴于新材料产业技术和市场风险较高，债权融资比例要控制在适度范围内，以

有效规避企业的财务风险；第三要灵活运用股权融资，借助风险投资、上市融资等股权融资手段满足处于成长期的新材料企业的融资需求，特别是对中小新材料企业而言，要充分运用创业板上市、中小企业板以及场外的股份代办转让系统等新兴融资方式拓宽中小企业的融资渠道。

构建多层次的资本市场，优化企业融资结构对投融资体系的改革也至关重要。一方面，要不断完善资本市场，挖掘不同层次资本市场的融资功能，推动各层级资本市场的相互协作，共同为新材料企业搭建融资平台；推进债券市场的发展，建立区域性债券发行市场，降低新材料企业的市场进入门槛和融资成本，增加新材料企业的融资机会，注重发展银行间债券市场，推出短期融资债券、中期票据、中小企业集合票据等产品，为中小企业发行债务融资工具提供便利；完善股票市场建设，特别是创业板市场的制度建设，鼓励符合条件的新材料企业上市融资，支持优势明显的新材料企业通过上市扩大融资规模或者进行并购重组，提高企业竞争力；积极发展租赁、产权交易、典当、拍卖等其他资本市场，鼓励企业根据实际情况选择合适的融资模式，促进新材料企业的快速成长。另一方面，要大力拓展不同类型的融资方式，鼓励银行、信托、担保、融资租赁、创投等机构加强合作，开发适应新材料企业特点的新融资模式，完善债权、股权相结合的产业融资模式，为新材料企业提供更多融资选择，优化企业的融资结构。

积极探索知识产权质押贷款。要结合高新技术企业自主创新意识强、研发方向大多符合国家产业政策的特点，积极探索知识产权质押贷款模式。要推进知识产权评估和交易市场的建设，促使其为知识产权质押物的处置提供保障。要设立专业评估机构，制定相应评估标准。只有经权威专业评估机构制定行业评估标准，知识产权经评估后其价值才能够被广泛认可，才可以实现质押。要研究推动对拥有自主知识产权并经国家相关部门评估的科技创新型中小企业办理无形资产质押贷款品种，探索各种推动知识产权质押融资的创新模式。金融机构要积极防范在促进企业自主创新时产生的信贷风险，建立符合无形资产质押贷款的信贷管理机制，准确评估风险，选好项目，对自主创新企业提供差别化的金融支持。

作为战略性新兴产业融资的资金保证体系，信用担保机构可以有效化解融资带来的潜在风险，尽快实现战略性新兴产业的跨越式发展。在现阶段要健全社会信用体系，首先要努力培养社会诚信氛围，并充分发挥政府在培养社会诚信氛围中的重要作用。其次要大力发展信用中介行业。目前大陆约90%的信用担保机构都是由地方经贸委同财政部等共同组建的，商业化运作的信用担保机构严重不足。因此，亟须建立一批具有高独立性、中立性和公信力的信用中介机构，以推动社会信用体系的建设和完善。

二、建立金融支持与财政政策相配合的产业激励机制

作为一类特殊的产业形态，新材料产业等战略性新兴产业是一个复杂的集合体，其培育与发展必须集中各种优势资源，充分发挥金融体系的支持保障作用。

1. 建立金融与财政的协调配合机制

两岸新材料产业的培育不能只靠单方面的支持，必须建立金融与财政的协调配合机制。这是因为，虽然政府财政可以在战略性新兴产业发展中起到资金导向作用，但同时也可能产生"政府失灵现象"，难以对产业发展形成有效的市场约束；另一方面，金融系统虽然能够充分发挥市场调节作用，但出于金融机构个体利润最大化的目标机制以及审慎经营的理念原则，又很难保证资金对战略性新兴产业发展的有力扶持。因此，只有建立并充分发挥两者的协调机制，才能完善战略性新兴产业的资金支持体系。

2. 构建多层次的金融支持体系

当前，构建多层次的金融支持体系至少应从以下几方面着手：首先引导银行根据战略性新兴产业的特点，以及自身风险承受能力"量体裁衣"，满足不同行业、不同阶段的战略性新兴产业融资要求；其次，加大直接融资体系的资金支持力度，一方面为战略性新兴产业通过三板以及创业板上市融资创造条件，另一方面充分发挥专业风险投资机构在战略性新兴产业培育中的经验移植、管理监督、辅助上市等重要作用；最后，创新保险业的风险分担功能，通过为战略性新兴产业提供各类保险，以提高其市场竞争力。

3. 优化金融支持体系的配套环境

（1）完善金融支持法律

为优化配套环境，应加快制定有助于新材料产业发展和解决其融资约束的一系列法律制度，以法律形式规范政府、金融机构、企业等各方的权利和义务，使战略性新兴产业的融资需要得到有效保证。

（2）建立信息服务体系

新材料产业融资中存在"信息不对称"的问题，政府除了要建立严格的信息披露制度外，还应致力于组织建立起高效、便捷、畅通的信息网络，充分利用现有的信息情报资源，为资金供给者和需求者提供各方面信息。

三、政府应加大对新材料企业的支持力度

从政府层面看，大陆对战略性新兴产业在投融资配套的政策扶持力度还远远不够。企业扩大直接融资比重，无论是采取上市融资的方式，还是采取发债融资的方式，都有较高的门槛。新材料企业发展的最大瓶颈在于企业创业期和成长期缺乏大量必要的资金，这两个时期由于企业面临很大的技术风险和市场风险，发展前景尚不明朗，而国际上的经验主要是依靠风险投资进入。另外，在完善担保体系和发挥资本市场作用方面还需要加强力度，切实发挥政府的政策导向和资金扶持功能。高新技术产业资金需求量大、风险高的特点使得一般投资者不愿介入，这就需要发挥政府主导作用，在高新技术产业融资体系的构建中予以政策导向和资金支持。要增加政府对科技产业的投入，对符合产业发展方向、发挥资源优势、促进区域产业技术升级和经济结构调整的项目给予扶持。地方财政要出资建立企业自主创新的贷款风险补偿基金，对高新技术企业贷款增幅较大的金融机构给予相应的风险补偿。要建立高新技术企业的培育机制，加大地方科技计划项目立项支持力度，进一步激发企业开展自主创新活动的积极性，生产更多的高新技术产品。要建立鼓励自主创新的机制，提高企业自主创新能力，开发具有自主知识产权的核心技术，完善鼓励创新的政策体系。

参考文献

[1] 中国人民共和国人民政府网:《新材料产业"十二五"发展规划》,http://www.gov.cn/jrzg/2012-02-22/content_2074215.htm，2012 年 2 月 22 日。

[2] 张兴胜:《渐进改革与金融转轨》,北京：中国金融出版社，2007。

[3] 史及伟:《中国高新技术产业发展规律研究》,北京：中国人民出版社，2007。

[4] 《北京市新材料产业发展现状及展望》,《新材料产业》2014 年第 1 期：4～7。

[5] 杨德明:《台湾鼓励科技创新的政策效应与启示》,《发展研究》2007 年第 11 期：37～39。

[6]　王立杰:《发展我国新材料产业投资基金的思路与对策》,《科技进步与对策》2004 年第 3 期:23~25。

[7]　韩莉、徐洁:《论台湾地区高新技术产业发展的主要特点和经验》,《北京联合大学学报》,2003 年第 6 期:14~20.

[8]　张丰、金智:《台湾地区风险投资运作的经验借鉴及其启示》,《价值工程》2006 年第 1 期:20~23。

[9]　孙菲、李文玉:《高新技术产业发展与金融支持》,《金融时报》2013 年 3 月 25 日,第 B03 版。

第七章 两岸新材料产业科技政策比较

在经济全球化的大背景下，国际竞争正逐渐向科技竞争转化，而科技政策对科技竞争具有重要的战略指导意义。一项科技政策能够反映一个经济体对某一产业发展的战略规划，是该产业能否占领技术制高点的关键，因此，科技政策在产业发展过程中发挥着举足轻重的作用，对于高科技产业的发展尤为重要。作为大陆重点支持发展的七大战略性新兴产业之一，新材料产业实现快速发展同样离不开相关科技政策的积极引导。系统对比分析两岸新材料产业的科技政策，充分挖掘台湾科技政策的参考价值，取其精华，有助于推进大陆相关科技政策的制定与进一步完善，积极发挥科技创新的主导作用与配置科技资源的调节作用，进而促进大陆新材料产业蓬勃发展。

本章系统剖析了大陆和台湾新材料产业的科技政策。首先，对科技政策的内涵和工具进行简要阐述，为下文介绍大陆和台湾新材料产业的科技政策做好铺垫；其次，本章详细介绍了大陆科技体制改革与科技政策动态演变的历史进程，并系统梳理了大陆一些有代表性的地区新材料产业在发展过程中所实施的科技政策；接着，本章对台湾20世纪五六十年代以来高技术产业的科技政策及其特点进行详细论述；最后，对大陆和台湾新材料产业的科技政策进行对比分析。

第一节 科技政策概述

本节首先阐述科技政策的定义、科技政策的主要工具及其作用，肯定科技政策在新材料产业发展过程中的重要性。其次，由于科技政策与产业政策是两个密切联系而又有所区别的概念，因此本节将二者进行对比研究，以便更好地理解和把握科技政策的内涵与外延，以及科技政策与产业政策之间的关系。

一、科技政策的定义

对科技政策进行有效界定是进行海峡两岸新材料产业科技政策比较研究的理论基础与重要环节。关于科技政策的定义，学术界众说纷纭，没有定论，其中比较有代表性的定义有以下几个①。

（1）科技政策是政府为促进科技有效发展，以实现其整体建设目标而实行的各种重要制度及施政方针。

（2）科技政策是国家为了对科技活动的投入、运作、产出、转化各环节进行调控而建立的有计划、有组织地推进知识生产的科技方针和实现科技方针的体系。

（3）科技政策是国家对其科学技术活动的投资、体制结构、创造力和成果利用施加影响而采取的意见、方针、措施和限制。

（4）科技政策是政府部门利用政策手段激励科技工作，调整科技资源，使科学研究更好地为国家、地方和部门的整体利益服务。

（5）科技政策专指一个国家或地区，乃至一个部门研究所，在一定的历史时期和战略目标下，为发展科学技术和协调科技发展中的各种关系而制定的指导原则和规则。

综合上述定义，可以将科技政策理解为一个国家或地区在特定的历史时期，基于某种政治、经济以及社会目的，在科学技术领域所采取的相关行动指导方针及行为准则，在这些方针、准则的基础上，针对科学技术制定的法律法规、条例、战略、规划、措施等所形成的体系。

二、科技政策工具

科技政策工具主要包括科技计划和战略规划、科技财税政策、科技金融政策、人力资本存量、知识产权保护以及其他支撑性制度。主要政策工具内容如表7-1所示。

---

① 成良斌：《论科技政策的本质和目的》，《科技管理研究》2002年第4期：1~4。

表 7-1　科技政策工具

科技政策工具	具体政策内容或手段
科技计划	研究开发类项目，科技成果转化及产业化类计划，科技能力与环境建设类计划
战略计划	《中共中央、国务院关于实施科技规划纲要增强自主创新能力的决定》《国家中长期科学和技术发展规划纲要（2006～2020 年）》等
财政政策	政府出资与多个特定研究机构或者企业展开合作研究，对符合资格要求的研究机构或企业研发项目进行财政补助，为促进某项技术的普及而对该项技术产品实行优先采购或价格补贴资金配套
税收政策	享受优惠税制，主要通过定期减免及税率优惠实现；除提取开发金等费用外，诸如加速折旧、延期纳税等间接税收手段很少体现
金融政策	银行贷款、各种技术基金、风险资本、低息融资、信用担保
人力资本存量	《国家中长期新材料人才发展规划（2010～2020 年）》
知识产权保护	主要指知识产权保护法律体系
其他支撑性制度	科技成果奖励制度、资格认定和国家专业资格考试等

资料来源：沈旺、张旭、李贺：《科技政策与产业政策比较分析及配套对策研究》，《工业技术经济》2013 年第 1 期：127～133。

各类科技政策工具的作用体现在以下几个方面。

1. 科技战略规划是科技发展和产业政策制定的总体方针

科技资源的有限性对科技产出及科技创新能力构成了很强的束缚性，只有突破该束缚才能实现真正的科技发展。因此需要根据本地区的科技资源状况规划合理的科技战略，保证具有优势的高新技术优先发展，这样才能合理地投入战略资源，科学地组织协调与实施，实现以科技政策、金融、税收和人才培养等政策导向为依托，明确优先发展领域，优化整体科技资源配置。

2. 科技计划是技术发展趋势，指导产业内部发展

科技计划是产业内部具体的财政、金融、税收政策制定的依据。例如，在对新材料产业进行财政扶持之前，应该首先明确哪些属于新材料产业，新材料产业技术中哪些技术是未来发展的方向，应该为哪些新材料企业提供政策性补贴等。

3. 科技财政政策与科技计划和战略政策导向一致，政府对科技直接投入，配合产业政策工具推动新兴产业发展

财政政策通过财政支出与税收进行需求调节，因此科技财政政策作为科技政策工具也应具备满足需求调节的两方面内容：政府对科技的直接投入，政府对研究与开发的税收政策。政府的财政投入对产业，特别是公用事业具有非常重要的作用，如果某个相关区域具有积极的科技财政政策，该区域的产业研发活动往往较为活跃，实现区域产业密集化发展。

4. 科技税收政策促进产业技术研发，配合产业政策推动产业持续发展

科技税收政策是面向企业的，是政府期望提高区域和整体产业研发水平、推动科技进步的必经之路。企业作为一个产业的创新主体，基于产业研发活动，不断谋求市场利益最大化。因此，科技税收政策一定要适应企业生产，形成有效的激励机制，引导企业积极从事研发活动，进而促进整个产业的科技创新。

5. 科技金融政策推进产业研发深化，加强科研成果转化，配合产业政策，提升产业发展水平

科技金融政策是财政政策的补充政策，其核心及基础是形成多层次资本市场，以及实现市场的自主创新。该政策能够有效地推进产业研发深度以及提升科研成果转化效率，是实现科技研发成果市场化的强大动力。

三、科技政策与产业政策比较分析

将科技政策和产业政策进行对比研究，有利于更好地理解和把握科技政策的实质，以及科技政策与产业政策之间的区别和关系。下面主要从内容和功能两方面对科技政策与产业政策进行比较分析。

1. 科技政策与产业政策内容比较

产业政策是指政府基于一定的社会和经济目标，介入产业的形成及发展所采取的一系列政策。将科技政策与产业政策的定义相比较可以看出，科技政策的目标是从科学技术角度推动科技与社会的进步与发展，而产业政策的目标则是从产业形成和发展的角度推动整个社会和经济的发展[①]。科技政策作用的对象是科技人员、企业，产业政策作用的对象是产业组织、产业结构、产业布局。与科技政策相比，产业政策能更加深入地影响社会经济运行的内部结构，直接

---

① 高志前：《产业技术政策的内涵与功能》，《中国科技论坛》2008 年第 3 期：48～51。

干预产业之间以及产业内部的资源配置。科技政策的核心是推动产业技术进步，产业政策的核心是促进产业结构优化升级，加快实现产业结构的高级化。科技政策和产业政策的最终目标都是增强整体综合实力与国际竞争力。具体内容如表7-2所示。

表7-2　科技政策与产业政策内容比较

内容	科技政策	产业政策
作用客体	科技人员、企业	产业组织、产业结构、产业布局
关注内容	科学发展、技术进步	产业形成及发展
核心	推动科技进步、社会发展	促进经济结构转换
干预对象	科技资源配置	产业间及产业内部资源配置
目标	实现科技快速发展	产业结构合理化

资料来源：沈旺、张旭、李贺：《科技政策与产业政策比较分析及配套对策研究》，《工业技术经济》2013年第1期：127～133。

2. 科技政策与产业政策功能比较

科技政策具有导向功能、协调功能以及控制功能。其中，导向功能是指规定科技发展目标，确定科技发展方向。协调功能是指对科技活动过程进行计划、组织、调节，使人、财、物等各项资源得以合理分布、有序流动以及有效利用；协调基础、应用、试验开发三类研究的比例，促进科研和生产相结合，使科研成果迅速转化为现实生产力。控制功能是指合理配置科技资源，实现科技资源的优化配置。科技政策对科技活动的控制又可细分为四个阶段——投入控制、生产控制、产出控制与转化控制。

产业政策的功能主要有：扶持保护幼稚产业、弥补市场失灵、实现资源优化配置等。具体而言，扶持保护幼稚产业是指运用倾斜性的产业政策保护和促进民族产业、新兴产业发展；弥补市场失灵是指运用产业政策有效限制垄断，防止过度竞争，提高资源使用效率，保护资源环境，促进产业健康发展；实现资源优化配置包括促进资源在产业之间的合理分配与有效利用、资源在产业内部企业之间的合理分配与有效利用。

通过比较分析可以发现，科技政策与产业政策功能可以协同配合，具体表现在以下几个方面。

（1）科技政策的导向功能与产业政策的保护幼稚产业功能相配合

科技政策导向功能最基本的体现便是能够为科技事业发展树立明确的目标和发展方向。对于新材料产业等新兴产业而言，产业的引导和推动配合产业政策的保护幼稚产业功能，能够更好地引导新材料科技的发展方向与新材料产业的发展方向。

（2）科技政策的协调功能与产业政策的弥补市场失灵功能相配合

科技政策的协调对象是科学技术和客观环境，其中客观环境可以进一步划分为社会环境和自然环境。科技政策的协调功能体现在促进科学技术与客观环境的良性循环方面，针对科技活动的计划性、组织性以及可调节性等特点，保证科技活动能够正常开展，从而将人、财、物等各项资源进行合理分配、积极运转以及有效利用。科技政策的协调功能与产业政策的弥补市场失灵功能相配合，可以有效地避免产业内部出现垄断或者过度竞争现象，提高各项资源利用效率，保证产业科学健康发展。

（3）科技政策的控制功能与产业政策的实现资源优化配置功能相配合

科技活动的生命周期一般可划分为投入期、生产期、产出期以及转化期四个阶段。科技政策对科技活动的控制功能也可以通过投入控制、生产控制、产出控制以及转化控制等四个控制阶段进一步体现。换句话说，科技政策的控制功能便是对上述四个控制阶段的总体控制，从而实现资源的合理配置。而产业政策由于官方的介入，具有明确的社会性和目的性，对资源的利用可以根据科学的预见进行事前控制和调节，这样便可以进一步避免资源浪费，保证资源的利用效率。也就是说，产业政策的根本任务便是实现资源合理优化配置。由此可见，科技政策的控制功能与产业政策的实现资源优化配置功能具有异曲同工之妙。

四、科技政策与产业政策之间的关系

科技政策和产业政策之间存在着紧密的关系：科技政策服务于产业政策，产业政策引导科技政策，科技政策与产业政策共同支持一个经济体的整体发展战略。

1. 科技政策服务于产业政策

政府对科技活动的介入主要通过科技政策的颁布与实施，科技政策作为政府介入科技活动的主要工具和手段，其目的具有经济性和社会性两方面：其经济性主要体现在政府职能优势，行使政府职能能够深刻影响某些技术的产生以及产业的运行；其社会性主要体现在社会效益方面，政府对科技活动应追求扬长避短、趋利避害的基本原则，引导节能、环保等具有显著社会效益的高新技术发展，阻止高能耗、高污染等具有社会危害性的技术发展。

科技政策的有效实施，不仅对新技术的开发以及产业技术能力产生明显的促进作用，对新产业的形成、传统产业革命更是具有不可估量的作用。科技政策的经济性，使科技政策的导向逐渐发生转变，科技政策从一味地适应科学技术发展规律正逐步发展成为综合考虑经济发展及竞争能力等多元化政策，从而更好地服务于本区域的经济发展。

2. 产业政策引导科技政策

社会经济发展及需求的多元化，能够促使某一产业高速发展。为了协调整个产业的产出规模，提升市场竞争力，企业作为创新主体必须努力提升自身形象，提高产品及服务质量。多元化的需求促使企业进行多元化投入，一般企业都会加大技术研发投入，对现有技术进行重组，对工艺流程进行改造，促进固定资产更新和再投资，为科技政策创新提供广阔空间。与此同时，若某一产业比较落后，则该产业的科技政策会选择运用新技术、新工艺、新方法对这些产业进行重组和改造，这样便会促进科技创新，通过产业结构调整与转型，积极推进科技创新与技术进步，更好地引导科技政策。

3. 科技政策与产业政策共同支持整体发展战略

科技政策和产业政策共同支撑社会经济的发展。科技政策要以加大自主创新投入、突破制约经济发展的关键性技术为重点，以产业发展为依托，以企业为主体、市场为导向，以产学研相结合的方式构建科技创新体系。产业政策和科技政策相辅相成，促进科技成果向现实生产力转化，从优化科技资源配置角度，优化产业结构，进一步改变经济增长方式。

第二节　大陆新材料产业的科技政策

本节首先纵向梳理了大陆科技体制改革与科技政策动态演变的历程与轨迹。在此基础上，挑选新材料产业发展具有代表性的地区，对其新材料产业相关科技政策进行系统阐述。

一、大陆科技体制改革与政策演变

大陆科技政策六十多年来的演变始终与国家科技整体建设目标紧密联系在一起。由于在不同时期科技体制改革的主要方向和特点不同，科技政策的发展演变也表现出不同特点。如果将 1985 年 3 月出台的《中共中央关于科学技术体制改革的决定》这份文件作为科技体制改革正式启动的标志，大体上可以把大陆科技政策六十多年来的演变历程分为四个时期。

1. 科技政策起步时期：1949 年至 1978 年

1978 年以前，中国大陆仿照苏联的科技发展体系，实行计划式的科技体系，实施赶超发展的战略，采用的科技体系是企业、科研院所、高校、国防科研相互独立的结构，以国家计划来推动科技项目和任务，带动技术的转移，相应的组织结构按照功能和行政隶属关系严格分工，政府是科技资源的投入主体。这一时期科技政策的基本特点表现为运用行政力量来推进科学技术体系的建立，推动科学技术事业的发展，运用计划的方式来部署科技活动，配置科技资源。

2. 科技政策体系重建与充实时期：1978 年至 1984 年

以 1978 年 3 月全国科学大会为标志，大陆的科技发展进入了一个全新的时期，同时也是非常重要的制度法规建设时期。除了恢复和重建在"文化大革命"中损失殆尽的科技系统外，大陆的科技方针政策演变方面主要体现在以下几点：第一，确立"科学技术是第一生产力"的指导思想；第二，提出"尊重知识，尊重人才"的政策，中组部印发《关于落实党的知识分子政策的几点意见》；第三，通过《1978～1985 年全国科学技术发展规划纲要（草案）》，提出科学技术工作 8 年奋斗目标是，部分重要的科学技术领域接近或达到 20 世纪 70 年代的世界先进水平，专业科学研究人员达到 80 万人，拥有一批现代化的科学实验基地；建成全国科学技术研究体系；第四，调整科技政策发展的战略方针。1981年 4 月，面对世界新产业革命的挑战，国家科委在《关于我国科学技术发展方针的汇报提纲》中提出"科学技术必须为经济建设服务，科技与经济、社会协调发展"的科技发展新方针。为了更好地贯彻这一方针，1982 年中国科学院设立自然科学基金。同年，第一个国家科技发展计划——由国家计委、国家科委牵头的"科技攻关计划"开始实施，科技体制随即进入了"竞争与市场"阶段。

3. 科技政策体系初步确立时期：1985 年至 1998 年

1985 年，《中共中央关于科学技术体制改革的决定》颁布，科技体制改革正式启动，在此背景下，大陆科技政策进入蓬勃兴旺的发展时期。纵观这一时期，因科技体制改革侧重点的不同，大陆科技政策的发展演变又可分为两个阶段。

（1）引入竞争与市场机制阶段：1985 年至 1991 年

在这一阶段，科技发展的方针是"面向"和"依靠"，即经济建设要依靠科学技术，科学技术要面向经济建设。进入 20 世纪 90 年代大陆开始实施"攀登计划"，提出"攀登科学技术高峰"。这一阶段科技政策的主要特点为"引入市场与竞争机制"。可以说，这一阶段整个科技政策制定的思路都是围绕解放科研人员，引入竞争机制，依靠市场调节来进行的，这一阶段为推进科技体制改革制定的科技政策整体而言是积极的。

（2）科学政策的调整与创新阶段：1992 年至 1998 年

在这一阶段，大陆科技政策的特征可以概括为"调整与创新"。

其一，科技政策的调整。1992 年国家科委制定《关于分流人才，调整结构，进一步深化科技体制改革的若干意见》，提出分流调整的基本方针是"稳住一头，放开一片"。开始了以结构调整、人才分流、机制转变为重点的系统改革试点工作。1993 年 7 月，全国人大通过了第一部科学技术基本法——《中华人民共和国科技进步法》。1994 年，国家科委和国家体改委联合发布《适应社会主义市场经济发展，深化科技体制改革实施要点》，明确改革重点是转变传统科研机构重叠、科技力量分散和科技工作低水平重复建设的状况，实现科技资源的合理优化配置。1995 年，中共中央、国务院再一次对科技体制改革和科技政策进行了顶层设计，颁布了《中共中央、国务院关于加速科学技术进步的决定》。为了优化和调整科技力量宏观布局，国务院 1996 年颁布了《关于"九五"期间深化科学技术体制改革的决定》，提出在"九五"期间初步建立适应社会主义市场经济体制和科技自身发展规律的科技体制，建立以企业为主体，产学研相结合的技术开发体系和以科研机构、高等学校为主体的科学研究体系以及社会化的科技服务体系。

其二，科技政策的试点创新。1993 年国家教委在高等教育系统开始实施"211 工程"，1996 年国家开始实施的针对企业的"技术创新工程"，在数家大型企业建立研究与开发中心，被资助的企业包括海尔、长虹等，1998 年开始在中国科学院试点"知识创新工程"。这三大工程的实施，标志着大陆创新系统格局初步形成。另外，为配合这些科技创新工程、计划的实施，国家设立了一批重大人才专项，例如：1998年教育部启动了"长江学者计划"，这些专项已经成为人才引进、培养的重要平台，相继培养了一大批学术带头人和领军人才。总结这一时期，大陆明显调整了计划资助的方式，从单纯的以项目为核心的方式，变为支持项目和支持科研基地并重的方式，支持方式也越来越多元化。

4. 政策创新发展时期：1999年至今

根据这一时期体制改革着眼重点和深入程度的不同，可以将这一时期科技政策的发展划分为以下两个不同阶段。

（1）实施科教兴国战略阶段：1999年至2005年

科教兴国战略早在1995年5月中共中央、国务院发布《关于加速科学技术进步的决定》时就已确立了，但这一战略真正实施则是在1998年之后。1999年，由国务院办公厅转发的科技部等七部委《关于促进科技成果转化的若干规定》《关于深化转制科研机构产权制度改革的若干意见》《关于进一步加强原始创新能力的若干意见》《关于建立风险投资机制的若干意见》《关于加强技术创新，发展高科技，实现产业化的决定》等政策的发布，以及科技型中小企业创新基金的设立，使科技政策体系进一步完善，并极大调动了科技人员的积极性，推进了科技成果转化。

（2）实施自主创新战略阶段：2006年至今

2006年2月，国务院发布了《国家中长期科学和技术发展规划纲要（2006～2020年）》。该规划纲要是市场经济体制基本建立及加入世贸组织后的首个国家科技规划。为配合其顺利实施，2006年2月国务院印发《实施〈国家中长期科学和技术发展规划纲要（2006～2020年）〉若干配套政策》，从增加科技投入、加强税收激励和金融支持、利用政府采购扶持自主创新、支持引进消化吸收再创新、创造和保护知识产权、加快创新人才队伍培养和建设、发挥教育与科普对创新的促进作用、建设科技创新基地与平台、加强统筹协调等方面提出了创新政策框架，共60条基本政策措施。同时中共中央和国务院做出了《关于实施科技规划纲要、增强自主创新能力的决定》，明确提出之后十五年科技工作的指导方针，即"自主创新、重点跨越、支撑发展、引领未来"。

2006年9月，财政部联合科技部发布了《关于改进和加强中央财政科技经费管理的若干意见》，旨在全面贯彻落实规划纲要及其配套政策，在确保财政科技投入稳定增长的同时，进一步规范财政科技经费管理，提高经费使用效益。2007 年 12 月，十届全国人大常委会第三十一次会议审议通过修订后的《中华人民共和国科学技术进步法》。该法修订后把新时期国家发展科学技术的目标、方针、战略上升为法律，为实施《国家中长期科学和技术发展规划纲要（2006～2020）年》、提高自主创新能力、建设创新型国家提供了重要的法律保障。2008 年 12 月，为加快推进自主创新成果产业化，提高产业核心竞争力，促进高新技术产业的发展，国家发改委、科技部等九部委联合制定了《关于促进自主创新成果产业化的若干政策》。2009 年，为转变经济发展方式，进一步促进中小企业的健康发展，国务院颁布和实施《关于进一步促进中小企业发展的若干意见》。同时，为抢占新一轮经济和科技发展制高点，2010 年，国务院又发布实施《关于加快培育和发展战略性新兴产业的决定》，提出按照科学发展观的要求，抓住机遇，明确方向，突出重点，加快培育和发展战略性新兴产业。

2012 年 9 月，中共中央、国务院印发了《关于深化科技体制改革、加快国家创新体系建设的意见》，该意见的突出思想可以概括为"企业主体，协同创新"。同时指出，现阶段科技发展要通过全面落实《国家中长期科学和技术发展规划纲要（2006～2020 年）》，以提高自主创新能力为核心，以促进科技与经济社会发展紧密结合为重点，进一步深化科技体制改革，着力解决制约科技创新的突出问题，充分发挥科技在转变经济发展方式和调整经济结构中的支撑引领作用，加快建设中国特色国家创新体系，为 2020 年进入创新型国家行列、全面建成小康社会和新中国成立 100 周年时成为世界科技强国奠定坚实基础。

二、不同地区新材料产业科技政策

本节选取大陆具有代表性的 14 个地区的新材料产业，对其科技政策进行详细阐述。

1. 北京市

根据《2009～2012 北京市新材料产业规划》，北京市加大政府资源配置和公共服务向自主创新型新材料企业倾斜。其新材料产业科技政策主要涵盖以下几个方面。

（1）支持自主创新型中小企业获得创业资本资助，科技研发资金对创业投资实行匹配投入；建立北京市新材料产业发展专项资金，用于鼓励和扶持新材料企业技术研发、关键技术、表彰和奖励等；实施专利优势企业培育工程，推动优势产品和优势产业的专利防御布局，加大对新材料企业专利申报、维护和权益保护的支持力度，对新材料企业和个人申报发明专利和国际专利的，给予申报费和维护费补助。

（2）进一步增加大中型新材料企业技术开发经费来源中政府投入比重，构建以企业为主体的自主创新体系。通过支持龙头企业的技术开发机构，鼓励企业有组织的技术创新活动；通过支持以企业为龙头的产学研新型合作，来促进创新资源向企业的集聚，提高企业的核心竞争力；通过支持重大装备的消化吸收，提升企业再创新和集成创新的能力；通过支持通用技术和涉及提高新材料产业技术标准的开发活动，促进新材料产业技术水平的整体提升；通过支持产业创新联盟、工程中心、科技服务机构等来促进技术创新系统的基础平台和服务体系建设。

（3）鼓励新材料企业积极引进高端人才，加大研发投入，对科研成果的专利收入采取较低税率，鼓励科技人员进行创新；促进人才合理流动，在手续上适当简化户籍和档案等高技术人才流动情况相关的配套制度，吸引优秀人才参与新材料专业的学习和应用；加强高校、科研院所与企业之间的联系，建立高校毕业生实习基地，鼓励毕业生早日了解新材料企业的需求和市场运作模式；加大材料学科中高层次人才培养比例，注重增加硕士博士的培养比重，注重提高质量，培养高水平科技人才；扩大技术交流与培训，鼓励科技人员开展专业技能培训和专业技术交流，不定期举办一些关于新材料产业标准和前沿技术等问题的讲座和论坛，以促进区域内行为主体间的对话与合作；构建多种人才培养模式，如大学、科研机构与企业合作培养，创建博士后科研工作站等，形成产学研相结合的培养模式；政府提供科技经费保障，积极开展科技创新和攻关，注重研发能力培养，为新材料科技人才提供施展才能的平台。

2. 天津市

根据《天津市新能源新材料产业发展"十二五"规划》，天津市新材料产业科技政策主要涵盖以下几个方面。

（1）鼓励高校和职业技术院校加强对新材料专业人才的培养，支持企业、科研院所和社会力量开展各种新材料产业相关技术培训；鼓励企业采取多种措施加强对高水平研发人才、高技能生产人才和高层次管理人才的培养，全面提升各类人才的素质和能力；支持企业加大对各类高层次人才的引进力度，采取团队引进、核心人才引进、项目引进、共建研发机构等方式吸引海内外高技术人才，为新材料产业发展提供支撑。

（2）建立新材料产业创新联盟，开展核心技术研究，加强技术跟踪，提升新材料技术创新能力；依托现有高校重点实验室、有关研究院所等研究机构，建立公共服务平台；充分发挥行业协会、产业联盟组织及产学研用创新联盟组织的作用，加快新材料产业内部信息交流，为产业发展提供保障服务。

（3）加强京津冀区域科技经济合作，实现优势互补、错位发展、互利共赢；充分利用北京等地雄厚的科技研发资源，加快京津冀企业、高校及研究机构间科技合作，增强技术研发能力，提高科技创新水平；建设高水平的新材料成果转化基地，积极引入已具备产业化条件的科技成果，来津实现成果转化；加快建设跨区域公共技术平台、产业信息交流平台、政府间合作平台等公共平台，促进地区间新材料产业资源共享。

3. 上海市

2012年7月上海市经济和信息化委员会发布《上海市新材料产业"十二五"发展规划》，其中新材料产业科技政策主要涵盖以下几个方面。

（1）加大对研发创新的支持力度和投入，围绕重点投资项目、重点科技创新项目、重点配套攻关项目和重点消化吸收项目，制定有针对性的资金支持计划；鼓励企业建立研发中心、培养研发团队，重点支持拥有自主知识产权和自主品牌的技术创新，瞄准国际高端技术，着手研发前瞻性的技术和产品，加快新材料产品更新换代，推动传统材料工业企业的产品转型升级，将技术创新作为产业健康发展的动力。

（2）完善产、学、研、用的合作机制，以资金为纽带、政策为保证，组建新材料产、学、研、用的合作平台，统筹关键共性技术的攻关和产品开发；建立以市场为引导、企业为主体、高校和研究院所为技术后盾的长效合作机制；充分利用产、学、研、用等各方面资源，建立包括技术服务、法律服务等在内的公共服务平台，如新材料检测中心、开放实验室等，促进中小企业加快研究成果转化的步伐，并朝"专、精、特、新"方向发展。

（3）加大知识产权保护力度，激励科技人员创新动力，维护企业合法权益，完善并推进新材料产业知识产权预警机制的建立与实施；加强对行业及企业知识产权管理的指导，完善行业知识产权服务；结合国家科技中长期发展规划，继续加强重点领域的标准化研究工作，采取各种优惠政策和改革措施，鼓励企业参与标准制定、标准研究，加快重点领域的标准化进程以适应其发展；积极参与国际组织的重要学术活动，推进国内企业和机构参与国际标准的研究和制定，提高参与国际标准的话语权；认真做好与欧、美等新材料产业发达地区的交流与合作，开展有关政策、产业和技术发展的研讨交流活动，增加沟通和了解，积极促进对外交流与合作。

4. 山东省

根据《山东省关于加快新材料产业发展的指导意见》，山东省关于新材料产业的科技政策主要涵盖以下几个方面。

（1）建立新材料产业发展技术创新平台。围绕新材料行业关键和共性技术的研发，充分发挥行业技术中心的作用，为新材料产业发展提供公共技术平台；以提高新材料企业自主研发能力为目标，加快企业技术中心、工程技术研究中心建设，重点培育30家省级以上企业技术中心和20家省级以上工程技术研究中心，构建新材料产业发展的企业创新平台；大力推动产学研联合，充分发挥高校和科研院所人才、技术、信息聚集优势和企业接近市场、资金雄厚的优势，建立起风险共担、利益共享、权责明确、合作紧密的产业技术创新联盟，构建新材料科技成果转化平台，针对新材料领域发展中的关键技术问题，开展联合攻关，缩短成果转化周期，促进产业化进程；加强技术市场、生产力促进中心、高新技术孵化器、科技成果推广中心、行业协会等机构建设，构建新材料产业发展中介服务平台；加快建立企业与大学合作培养人才的共建机制，针对企业需求设置相关新材料专业，完善科技人才向企业流动机制，鼓励企业开展创新人才的国际交流，鼓励企业实行多种形式的激励机制，促进科技人才向企业聚集，推进新材料领域"泰山学者"岗位建设，构建新材料产业发展人才支撑平台。

（2）积极实施知识产权和标准化战略。制订新材料产业核心技术自主知识产权的保护措施，优先支持具有自主知识产权的专利成果产业化；通过各种渠道形成合力，资助新材料技术发明专利申请，维护知识产权人的合法权益；建立完善区域知识产权保护协调机制和行业自律机制，加大知识产权保护力度；面对新材料产品标准出现全球化趋势，实施技术标准战略，加强对新材料国际标准化总体发展动态和大陆标准化战略研究，积极将自主知识产权的科技成果及时转化为标准，靠标准占领产业链的高端，形成先导型的地方标准体系，开发一批具有自主知识产权的新材料产品。

5. 江苏省

根据《江苏省新材料产业发展规划纲要（2009～2012年）》，江苏省关于新材料产业的科技政策主要涵盖以下几个方面。

（1）构建企业创新支撑平台。以企业为主体，围绕新材料产业的攻关技术，建设100家国家和省重点实验室、工程中心、工程技术研究中心、企业技术中心和产学研合作基地等，重点打造10家国际知名、国内一流的创新研发平台；制定相应的优惠政策，鼓励建立系列管理制度，构建100家新材料创新平台的战略联盟，更好地发挥其服务作用，提升企业综合竞争力。

（2）建立产业创新公共服务体系。充分发挥扬州光电产品检测重点实验室和江苏法尔胜材料分析测试中心等国家级新材料检测中心的作用，制定激励政策，建立全省新材料检测和测试公共服务平台网络体系，提高其社会化服务功能，为新材料企业提供分析检测和知识产权服务等。

（3）搭建人才团队培育平台。鉴于目前新材料技术发展快、涉足新材料的研发人才面广量多、产品开发风险大等特点，积极做好培育人才团队顶层设计，制定切实可行的政策，率先在生物基材料、无机膜材料、纳米材料、光电子材料、微电子材料和新型显示等领域建设"企业家+专家"的人才团队，探索和建立人才团队培育机制、小额风险投资资金机制等，通过示范，进一步推进在新材料产业其他领域建立"企业家+专家"的人才团队培育机制。

6. 浙江省

根据《浙江省新材料产业发展规划（2010～2015年）》，浙江省关于新材料产业发展的科技政策主要涵盖以下几个方面。

（1）通过政府引导和企业运作相结合，在新材料重点骨干企业中建立国家或省级企业技术中心，提高新材料产业的核心技术和核心产品的研发能力；推进企业以合作开发、技术咨询、技术承包或转让等多种形式，加强产学研联合开发，推动企业加大对技术开发的投入，增强企业的国际竞争力；促进企业制定有利于集聚人才、发挥人才作用的分配机制和产权制度，采取培养、引进和使用并进的方针，积极吸引国内外优秀人才，充分发挥浙江省现有人才的作用。

（2）制定新材料产业核心技术自主知识产权的保护措施，优先支持具有自主知识产权的专利成果产业化；通过各种渠道，形成合力资助新材料技术发明专利申请，维护知识产权人的合法权益；建立完善区域知识产权保护协调机制和行业自律机制，加大知识产权保护力度；面对新材料产品标准出现全球化趋势，实施技术标准战略，加强对新材料国际标准化总体发展动态和国家标准化战略研究，积极参与新材料国际标准、国内标准和行业标准的制定；支持、鼓励新材料企业提高采用国际先进标准的比例，形成先导型的地方标准体系，开发一批具有自主知识产权的新材料产品。

7. 河南省

根据《河南省新材料产业2012年行动计划》，河南省新材料产业科技政策主要涵盖以下四个方面。

（1）完善科技创新体系。深化政府、企业、高校合作，探索建立全方位、多层次的创新机制；在重点科技攻关和技术创新领域，着力引进国家级或省部级科研机构，推动企业建立产学研相结合的技术创新体系。强化企业在科技创新中的主体地位，落实新材料产业优惠政策，鼓励和引导企业加大研发投入。

（2）推进技术创新和产业化。拟定一批重大科技专项，选择一批关键核心技术，制定研发计划，组织联合攻关。支持企业自主创新成果的应用，重视科技成果的产业化，形成科技创新与产业化的良性循环。鼓励在新材料产业领域组建研发合作产业联盟、产业链合作产业联盟、技术标准产业联盟等，积极推进关键技术创新和产业化。

（3）完善创新公共服务体系。加快科技创新平台建设，完善新材料产业集群的科技创新公共服务体系，打造区域创新品牌。建立科技中介服务体系，为新材料企业提供科技信息、技术开发、技术咨询、成果推广、产品检测、人才培训等服务。

（4）加大高层次人才引进与培养力度。有计划地引进一批新材料产业高端人才和研发人才，支持新材料企业建立博士后工作站，在落实大学生创业实训工程、实习基地建设等政策时向新材料产业倾斜，定期选派新材料企业骨干人员进行专业技能培训。

8. 湖南省

根据《发展新材料产业，助推新型工业化——湖南省新材料产业发展调研报告》，湖南省关于新材料产业发展的科技政策主要涵盖以下几个方面。

（1）政府引导建立一批新材料研发实验平台，加快技术成果转化，通过技术创新来突破关键技术、降低成本，提高新材料应用经济价值和新材料产品的市场竞争力。大力支持技术创新平台建设，通过引进消化吸收再创新，并梯次集成和部分原始创新，使湖南省整体创新能力迈入全国前三名的位置；大力支持共性检测平台建设，根据技术创新平台建设的总体布局，在先进储能材料等五大重点领域配套建设面向产业自身且服务社会的共性检测平台；大力支持产业战略联盟建设，鼓励新材料企业与装备制造企业建立产业技术创新战略联盟，依托入盟企业开展新材料及其应用关键技术的联合攻关，推动新材料产业与装备制造业的融合发展。

（2）建立新材料产业发展专项资金。按照"存量调整、增量增加"的原则，省财政每年安排一定资金支持新材料产业发展，并视财力逐步增加。同时，从省级加速推进新型工业化专项引导资金、企业技术改造资金、信息产业专项资金、省科技专项资金、产学研结合专项资金等相关资金中按一定比例安排资金，支持新材料产业发展。同时，加大对新材料科研的支持力度。对新材料研发具有一定规模且研发成果转化效果较好的项目予以支持。建立由政府主导的新材料中试成果转化产业基地，对于已取得的技术研究成果，采取政府和企业共同投资的形式进行中试研究。

（3）落实技术创新成果转化政策、知识产权保护政策、技术创新人才激励政策等，允许科技人员按照有关规定分享创新收益，对做出突出贡献的科技人员按照规定实施期权、技术入股和股权奖励等形式的股权激励。

9. 广东省

根据《广东省新材料产业发展"十二五"专项规划》，广东省关于新材料产业发展的科技政策主要涵盖以下几个方面。

（1）围绕新材料行业关键和共性技术的研发，加快重点实验室、企业技术中心、工程技术中心、国家级检验检测平台等建设。

（2）大力推进省部、省院产学研合作，鼓励省、市、企之间开展科技合作与技术联合攻关。

（3）加强科技园、科技成果孵化器和中试基地建设，促进新材料科技成果转化。

（4）积极搭建新材料生产企业和下游应用企业之间的交流平台，支持新材料企业与装备制造企业之间相互参股或组建产业技术创新战略联盟。

（5）引导新材料科研机构及专家与新材料企业对接，帮助企业解决技术上和发展中的难题。

（6）加大新材料人才引进和培养力度，对领军人才、创新团队和高级管理人才按广东省人才政策给予优先支持。

（7）引导和扶持各高等院校、职业技术院校加强新材料学科专业建设，加大培养适应新材料产业发展所需要的专业人才。

（8）建立完善新材料技术标准体系，鼓励支持企事业单位主导或参与制修订新材料地方标准、行业标准和国家标准。

（9）实施优势企业专利培育工程，加大对新材料企业专利申报、维护和权益保护的支持力度。

（10）大力推进新材料科技合作与交流，切实推动企业跨省、跨国经营。

（11）立足广东省新材料产业重点发展领域，面向国内外重点院校、科研院所，有针对性地引进产业链关键和共性技术。

（12）积极引导国际公司、大型央企和知名民企将新材料产业化项目落户广东，鼓励境内外创业投资机构投资广东新材料创业项目，吸引境内外新材料领域的优秀领军人才、创新团队在广东创业。

10. 广西壮族自治区

根据《广西新材料产业发展规划》，广西壮族自治区关于新材料产业发展的科技政策主要涵盖以下几个方面。

（1）以技术创新为主线，加快新材料产业与国际接轨。

（2）加快发展技术密集型、资金密集型的新材料产业，提高全行业的工艺技术水平和产品开发能力，进一步构建和完善企业技术创新体系，促进产业链延伸和产业综合竞争力的提高。

（3）全面提升产业国际化水平，实施大项目引进战略，主动迎接国际新材料产业转移，争取国际资本与技术更多地向广西集聚发展。

（4）依托现有工业基础，积极培育自治区新材料产业创新体系及应用体系。

（5）建立功能各异、重点突出和各具特色的新材料产业园区或新材料产业基地，发挥其孵化、集聚和辐射带动效应。

（6）在全区建设铟、铝、锡、锌、锑、锰、镍等七个以企业为主体的国家级或自治区级新材料工程技术研究中心和企业技术中心，培养一批新材料产业技术创新团队和领军人物，提高企业自主创新能力和市场竞争力。

11. 陕西省

根据《陕西新材料产业发展规划（2011～2015）》，陕西省关于新材料产业发展的科技政策主要涵盖以下几个方面。

（1）加强产业自主创新基础能力建设，重点支持西北工业大学、西安交通大学、西安理工大学等高校和西北有色金属研究院等科研院所，建设和完善一批国家和省级科研平台，为产业发展提供基础研究和原创技术。

（2）采取政府资助，高校、科研院所和企业共建的原则，加强国家和省级工程研究中心建设，进一步提高产业整体技术水平。

（3）充分发挥企业在创新体系建设中的主体作用，引导和鼓励龙头企业建立国家和省级企业技术中心，强化科研开发，提高企业的可持续发展能力。

（4）支持相关企业参与国际标准的制定，制定重大产业技术路线图。

（5）支持各类产业园区加强孵化器、实验开发、测试等公共服务平台建设，为产业发展提供良好的支撑。

（6）积极培养新材料专业技术人才，依托西北工业大学、西安交通大学、西安理工大学等省内大专院校，根据产业发展调整学科设置，培养不同层次的专业技术人才。鼓励高等院校、科研机构和大型企业等面向海内外招聘具有跨学科知识、跨行业经验和广阔视野的新材料产业领军式人才。加强技能型人才培训，依托中等职校和新材料产业公共服务平台，加强新材料产业发展紧缺技能人才的培训。

12. 黑龙江省

根据《黑龙江省新材料产业发展规划》，黑龙江省关于新材料产业的科技政策主要涵盖以下几个方面。

（1）整合新材料领域资源，建立富有活力的创新发展体系。扶持相关新材料研发和生产企业建立健全相关标准，通过股份制、捆绑式项目开发等组织模式，进一步深化和完善产学研创新环节的联合与合作，实现科研单位和企业之间风险共担、利益共享、加快发展的良好机制。加强科技资源的整合和公共研发、服务平台建设。充分发挥技术创新战略联盟作用，统筹现有创新资源和新材料研发平台，组建工程研究中心、工程实验室，为新材料领域技术研发、技术转移、成果推广、项目转化等提供全方位服务。

（2）加强军用民用新材料产业领域合作，加快科技研发与产业发展。加大对军用民用结合产业的政策支持力度。筛选一批科技含量高、市场潜力大、经济效益明显的军转民项目，依托省政府相关专项资金，支持军用民用结合科技创新和产业化发展，建立军用民用结合科技创新体系。加快建立军用民用科技管理协调机制和科技项目联合攻关机制，形成军用民用协同配合与资源共享的创新平台。实施军用民用结合产品的特色品牌战略。以轻合金、复合材料等高新技术产业为核心，打造一批具有黑龙江省特色和优势的军用民用结合知名品牌。

（3）加强新材料人才队伍建设，为产业发展提供长期智力支撑。通过多种教育模式，培养各类专业人才，支持组织和建设产学研联合研发团队，支持新材料聚才计划，制定吸引省外、境外优秀人才和团队的优惠政策。

13. 吉林省

根据《吉林省新材料产业跃升计划》，吉林省关于新材料产业的科技政策主要涵盖以下几个方面。

（1）科技创新和成果转化等省级专项资金向新材料产业倾斜，重点支持新材料研发、科技成果转化、技术创新体系构建和重大项目建设；在组织向国家申报各类专项资金时，要优先安排新材料项目；凡是新材料企业产品符合《高新技术企业认定管理办法》要求的，相关部门要优先给予认定，享受高新技术企业的有关扶持政策。鼓励科研单位整合科技资源，以直接投资、参股、技术入股等多种形式，大办新材料类科技企业；鼓励科研院所及科研人员带成果领办创办新材料企业；对新创办的年主营业务收入 50 万元以下的企业，3 年内免收和暂停收取管理类、登记类和证照类等有关行政事业性收费；对创业初期的投资贷款，省级有关专项资金给予重点支持。

（2）支持有条件的企业参与国家、行业和地方标准的制定或修订工作；在企业标准基础上，推动制定地方标准，积极推荐条件成熟的上升为行业或国家标准。支持企业、科研院所和大专院校将自主研发的技术、产品和成果及时申报专利或专有技术，相关部门要开辟绿色通道加快审批和注册登记。

（3）鼓励重点新材料企业依托大专院校和科研院所，联合建立新材料产业公共技术创新中心；重点建设高分子材料、金属材料、无机非金属材料和光电材料等领域产业公共技术创新中心；支持新材料骨干企业建立企业技术中心和工程中心。

14. 深圳市

根据《深圳新材料产业振兴发展规划（2011～2015 年）》，深圳市新材料产业科技政策主要涵盖以下几个方面。

（1）围绕绿色低碳发展理念，增强电子信息材料、新能源材料、生物材料的配套支撑作用，保持新型功能材料、结构功能一体化材料等的优势地位，拓展超导材料、新型环保节能材料、新型工程塑料、高性能纤维及其复合材料等新兴领域，促进产业发展，推动产业优化升级，提升产业发展的水平和质量。大力培育和引进新材料企业总部，扶持重点企业做大做强，支持中小企业创新发展，打造具有国际竞争力的高技术含量、高附加值、高效益、低能耗、低排放的新材料产业集群。

（2）结合体制创新和技术创新，建立新材料技术创新的新机制。着力建设和完善一批新材料产业学科、重点实验室、工程实验室、工程（技术）研究中心、企业技术中心、公共技术服务平台，开展新材料技术应用基础研究和共性、关键及核心技术攻关；加强知识产权创造、运用、保护和管理工作，鼓励参与技术标准和技术规范的制定；完善创新成果转化平台和产业化支撑平台，加快建立产、学、研、资相结合的一体化战略联盟，着力提升技术创新能力和科技成果转化水平。

（3）发挥人才在创新能力提升中的核心作用，通过推进新材料学科建设、规划建设重点实验室、工程实验室、工程（技术）研究中心等，促进基础研究、人才培养和核心技术研发；通过建设公共研究服务平台和学术交流平台、设立新材料产业联盟等，整合创新资源，完善服务体系；通过大力提升企业创新能力、实施知识产权与标准化战略，突出企业主体作用，完善创新成果转化和保护体系。

第三节　台湾新材料产业的科技政策

有关台湾新材料产业科技政策的文献资料较少。本节主要介绍台湾科技政策的形成机制以及台湾科技政策的发展过程，重点介绍台湾在高技术产业各个发展阶段的科技政策及其特点，从而间接说明科技政策对新材料产业发展的重要作用。最后总结了台湾科技政策的基本特点。

一、台湾科技政策的形成机制

台湾科技政策在制定和发展的过程中主要遵循整体规划、分工执行的原则。台湾科技政策先由为推动台湾科技发展而每四年召开一次的科学技术会议进行研究讨论，在得到一致的科技发展规划后，再由台湾当局主管部门进行考核才能由相关部门推动，并且在推动的过程中还需要科技顾问组定期评估该政策的效果，需要经过科技顾问会议、产业科技策略会议及科技会议对中、短期科技政策研拟成具体政策，然后交由科技相关部门和执行机构去具体落实，并定期对科技政策的执行绩效进行评估与考核。

二、台湾科技政策的发展过程

20 世纪五六十年代以来，台湾的科技发展一直受到足够的重视，在经济发展的各个阶段，台湾都非常重视实用性科学技术，并将其作为高技术产业发展的关键。在不同的时期，台湾制定了不同的科技发展规划。

1. 技术引进和改造相结合：20 世纪五六十年代

20 世纪 50 年代，台湾虽然科技能力比较低，但是已经开始重视科技政策对本地区发展的推动作用。台湾从 20 世纪 50 年代后半期开始实行自由化的市场经济体制，引进一些传统工业技术。在 1959 年，台湾当局主管部门制定了《长期科学发展计划纲领》，于 1959 年到 1968 年执行，重点加强基础研究、推动科技教育，为科学技术和新材料产业的发展奠定了基础。1959 年，台湾当局主管部门设立了"长期发展科技委员会"，即"长科会"，主要负责台湾基础科学和教育的发展，也标志着台湾开始进入有计划地发展科学技术的时期。

20 世纪 60 年代，台湾先后制定了奖励投资办法和技术合作办法。奖励投资办法的目的是给投资者各种优惠、方便和保护，改善岛内的投资环境从而吸引岛外投资。技术合作办法为岛内引进科学技术和进行技术合作提供了便利。台湾于 1967 年设立了"科学发展指导委员会"，并于 1968 年制定了《十二年科学发展计划》，标志着台湾开始重视应用科学的研究，力图加强台湾对于引进科学技术的消化吸收能力。台湾在 1969 年设立了"科学技术发展基金"，增加了科技研发资金，吸引人才，并设立了"工业技术研究院"和"能源研究所"等一批重点研究机构以促进科学技术的发展，推动了台湾工业、新材料产业、交通、医药等部门的发展。

2. 自主研发和吸收引进并重：20 世纪七八十年代

20 世纪 70 年代，台湾经济受到世界性能源危机的影响，这场危机让台湾感受到了本地区经济的脆弱性。为了加强台湾经济和科学技术发展的实力，台湾提出以"科技升级"作为 20 世纪 80 年代科技发展的目标和经济发展的手段。1978 年，台湾召开了"第一次科学技术大会"，这次会议主要是为了推动社会经济体系的发展，将科学技术因素纳入整体政策，使科技发展成为台湾经济建设的原动力。本次会议还公布了《科学技术方案》，把能源科技、材料科技、信息科技、生产自动化技术、生物技术、肝炎防治技术、光电科技、食品科技等"八大科技"作为重点来发展，该次会议成为将科技发展作为整体政策的里程碑。

进入 20 世纪 80 年代后，台湾首先于 1980 年在台北市西南的新竹县正式设立了新竹科学工业园区，该园区是台湾第一个高新技术产业区，经过三十多年的发展，新竹科学工业园区已经发展成为台湾科技工业重镇、全球四大半导体生产基地之一。同时，中国台湾成为世界第三大电子资讯产品生产地。新竹工业园区聚集了集成电路、电脑及周边产业、光电、精密机械、通信、生物科技等六大高科技产业。它的建立极大地促进了台湾经济的发展，创造了台湾经济发展的奇迹。1982 年，台湾召开了"第二次科学技术大会"，将生物技术、光电、肝炎防治和食品科技作为科技发展的重点。本次会议颁布了《关于加强培训和征聘高水平技术人员的计划》，并建立了"台湾清华大学材料科学研究中心"，同时，采用税收、金融等手段鼓励民间进行科技研发，加快了台湾科技能力的发展速度。从 1981 年到 1985 年，台湾主要依据《科学技术发展方案》来发展科学技术，在此阶段内，台湾将科技政策制度化，从整体角度对科技发展进行规划。该阶段主要强调基础科学、应用科学和科技研发，从而加快经济建设的步伐。20 世纪 80 年代中后期，台湾更加重视科学技术，在 1986 年召开了"第三次科学技术大会"。本次会议提出"四大结合""五项原则"和"六大主要战略"。同时，会议制定了《科学技术发展十年长程计划（1986~1995）》，增添了几个新的关键领域：灾难预防、同步辐射、海洋科学和技术、环境科学和技术。"第三次科学技术大会"力图使台湾地区走上国际化的科技发展道路。20世纪 80 年代末，台湾又先后制定几项政策：《重点科技计划》《科技发展四年计划》《鼓励民间企业从事研究发展》等，极大地促进了台湾科学技术的发展。

3. 强调发展高技术产业：20 世纪 90 年代

进入 20 世纪 90 年代后，台湾科技政策主要强调发展高技术产业，以促进台湾科学技术产业快速发展，使高技术产业成为本地区主要的支柱产业。全球信息和科学技术的快速发展推动了科学技术革命的浪潮，台湾在这种背景下也积极发展科学技术，并且在科学技术发展上逐步做到了规范化和系统化，加强了研发的强度，改善了研发的环境。在这一阶段的科技目标上，台湾进一步提出以"提高科技水平促进经济发展，提高人民生活水平和建设自主防务能力"

为科技发展总目标。台湾为发展高科技产业先后确立了"西太平洋高科技重镇"远景和"绿色矽（即硅，两岸用语不同）岛"远景，力图以科学园区和科技园区带动台湾高科技产业的发展，最终发展成为科技网络，提高台湾的科技竞争力。在1990年，台湾制定了《六年建设计划（1991～1996）》，目的是扩大公共投资，促进产业结构优化调整。1991年，台湾召开"第四次科学技术大会"，颁布了《六年中期科学与技术发展计划》和《科技发展十二年长期计划》，为科学技术的发展制定了详细的规划。台湾还确定了重点发展的"十大新兴工业"及"八项关键工业技术"，即光电技术、软件技术、工业自动化技术、材料应用技术、高级感测技术、生物技术、信息开发技术和能源节约技术，并且研究确定了支持这些工业发展的八项关键性的工业科学技术，推动了科技工业园区和智能工业园区的发展。1995年1月，台湾当局主管部门通过《发展台湾成为亚太营运中心计划》，该计划试图建立六大功能中心：高附加值的制造与研究中心、海运运转中心、航空运转中心、电信中心、媒体中心和金融中心，推动台湾吸引资本和科技管理人才，利用各类资金和先进的技术推动台湾产业和经济的发展，促使台湾经济更加国际化，从而最终增强台湾的科技实力。1995年，台湾当局主管部门完成了《加强运用高级科技人才方案》，方案适用于具有优良成就的资深专业人才和具有一定的经验的博士。该方案提出了七大策略：强化民间企业、公立和财团法人及公营事业研究机构的研发工作；具适当经验的博士，可用博士后研究员聘请方式，建立人才库；配合区域及整体发展，增设研发机构；利用财税及补助措施，鼓励企业增设研究单位，加强研发投资，提高其运用高级人才的意愿；落实科技研发成果的管理及利用，加速技术的扩散及高级人才的移转与运用；加强产、学、研合作研究，建立上中下游研究人才的流通渠道；设立产业研发基金，加强整体研究资源的投入及高级科技人才的延聘。1995年7月，台湾开始实施"亚太营运中心"第一期计划。1996年，台湾召开"第五次科学技术大会"，确立了三项中心议题：科技资源之规划与有效运用、高科技发展体系之建立、以科技引导现代化。会议的主要结论如下：出版综合性的科技报告汇编，将台湾科技政策、方向、重要措施等汇集于其中，作为未来科技发展的依据；建议成立"重点尖端科学研究"及重点科技计划；要鼓励支持产业研发，并依照"市场潜力大、产业关联性大、附加价值高、技术层次高、污染程度低、能源依存度低"的原则进行；明确提出到2000年台湾科技投资应占岛内生产总值的2.5%。1996年，台湾相关部门提出设立科技计划并拟定科技计划推动要点。该科技计划使台湾在世界范围内的高科技革命中能够发挥自身优势，利用机遇推动台湾地区发展。1997 年，台湾相关部门考虑到台湾南北地区经济和科技发展的不平衡，提出在台南县的新市乡建立台南科学园区，目标是将其建成继新竹科学园区之后的台湾第二大科技重镇，使台南科学园区成为带动南部科技产业发展的重要科技基地，力图推动台湾南部科学技术和高科技事业的发展。1997 年，台湾推出《跨世纪建设计划》，该计划使台湾在世界科技竞争越来越激烈的大背景下，增强自身的竞争力。1997 年 6 月，台湾当局主管部门通过了相关部门审议的科技报告汇编，提出科技发展的六大策略：加强人力资源的培训；充实科技研发经费，有效运用现有科技资源；重视学术研究，发展具有特色之世界级研究领域；加强科技创新，建构产业发展适合的环境；促进科技与社会、环境互动发展，增进民生福祉与环境品质；强化防务科技体系、促进军民通用科技发展。1997 年的科技报告汇编推动了以建立"亚太研究重镇""亚太高科技制造中心"和"科技化社会"为基础架构的构想，最终促进了台湾科学技术产业的发展。从 1998 年开始，台湾先后批准建立十个科技计划，到 2013 年为止台湾推动的计划主要包括防灾计划、电信计划、网络通信计划、农业生物技术计划、制药与生物技术计划、基因组医学计划、数学档案计划、数学学习计划、数字典藏与数字化学习计划、系统芯片计划、纳米计划、能源计划。1998 年 8 月，台湾相关部门在第一次委员会议中，明确提出科技发展的总目标是，以优势科技能力，提升竞争力，迎接以科技发展带动经济成长的时代。1999 年，台湾公布了《科学技术基本规定》，规定自 2001 年起，台湾每两年制订一次"科学技术发展的远景、策略及现况说明"，并分别收录在当年出版的科学技术报告汇编和《科学技术发展计划》中。为鼓励台湾积极发展科学技术，《科学技术基本规定》制定了详细的策略措施，包括设置科学技术发展基金、改善工作条件等，从而大大推动了台湾科学技术和高科技产业的发展。

4. 完善科技政策：21 世纪以来

2001 年 9 月，台湾核定了由相关部门拟定的《知识经济发展方案》，该方案提出六大措施：一是建立蓬勃的创新与创业机制、扶植创新企业；二是建构网际网络应用的基础环境；三是扩展信息科技及网络在生产和生活上的应用；四是检讨教育体系，积极培养人才以适应知识经济发展需求；五是建立顾客导向服务型当局；六是规划预防措施，避免经济转型产生的社会问题。《知识经济发展方案》提出要在五年内全力发展知识密集型产业，建构一个适应知识经济和居民共享福祉的新社会。2001 年 11 月，台湾提出《鼓励产业创新研发》的政策建议，计划在五年内发展成为亚太地区的产业创新研发中心。除此之外，台湾提出《六年发展重点计划（2002～2007）》，该计划的主要内容是：培育"E时代"人才、发展文化创意产业、建设国际创新研发基地、产业高值化、观光客倍增、数字台湾建设、营运总部建设、全岛运输骨干建设、水与绿建设、新故乡社区营造。该计划规定在 2007 年六年计划完成时，要达到 7 个目标：至少有 15 项产品居世界第一、经济增长率超过 5%、研究发展经费达到生产总值的 2.62%、宽频到家的普及率超过 600 万户、观光旅客由 262 万人次增至 500 万人次、创造 70 万个就业机会、失业率由 5%下降到 4%以下。2002 年，台湾批准了"系统芯片""纳米""数字化学习" 3 个计划。2003 年，台湾的科学技术报告汇编（2003～2006）提出，到 2010 年台湾科技发展要达到世界发达水平，在新修订的《科学技术报告汇编（2007～2010）》中提出，2015 年使台湾科技创新能力与民众生活质量达到发达水平的远景目标。2005 年，作为"第七次科学技术大会"的总结报告，台湾当局主管部门通过《科学技术发展计划（2005～2008）》，它是台湾此后四年科学技术发展的依据。《科学技术发展计划（2005～2008）》提出六项发展战略：健全科技政策体系，加强资源有效应用；加强人才规制应用，坚实科技人力资源；提升学术研究水准，发展特色研究领域；促成知识创新，突破产业发展；促进科技民生应用，强化社会互动发展；强化防务科技体系，促进防务军备发展。针对不同的发展战略，台湾提出不同的发展措施，使该计划成为台湾 2005 年到 2008 年间科学技术发展的蓝本。2009 年 1 月，台湾召开了"第八次科学技术大会"，会议主题是创新科技研发，再造经济提升。此次会议拟定了《科学技术发展计划（2009～2012）》，在原有科技发展的基础上健全科技发展，带动台湾新一轮的经济繁荣。2009 年 1 月，在台湾经济相关部门的支持下，"工研院"召开"两岸中草药合作及技术交流会"，签署《科研技术合作研发》合作意向书，展开了第一波产业搭桥活动。2009 年 3 月，《台湾生技起飞钻石行动方案》加速推动了台湾生技产业的发展。2009 年 9 月，台湾"工研院"发表全球手机内建全球微波互联接入（即通常所说的 WiMAX）镜片与安卓作为平台的个人行动上网装置（英文为 Personal Internet Device，简称 PID），将提供更高效率的行动娱乐及影音整合解决方案。2009 年 10 月，"工研院"的"高安全性锂电池 STOBA 材料"获得 2009 年百大科技奖，并且"工研院"与应用材料公司携手合作，共同开发三维集成电路核心制程，缩减半导体开发时程。2009 年 10 月，台湾举行"生技产业策略咨议委员会议"，会议主题是跃动生技产业，建立优质产业发展环境，提出卓越产业化推手、推动区域生技产业合作——以两岸中（草）药产业交流为例、复合产业发展至药物审查流程三大讨论议题，推动了台湾产业的发展。2009 年 11 月，当局主管部门召开第 29 次科技顾问会议。2011 年 7 月，相关部门实施《科学技术研究发展成果归属及运用办法》。2012 年 3 月，台湾成功找出控制"光场"（Optical Light Field）的方法，于光频率范围复制当前微波或无线电波以便制造多种形状电磁波的技术。2012 年 4 月，中国台湾举办"全球科技高峰会议"，邀请来自美、加、德、法、日等 29 个经济体的 37 位科技领袖及 43 位科技官员参与。2012 年 8 月，"工研院"与台湾本地多家厂商合作，发展出"智慧电动车新科技"，完成台湾第一座大众低碳运输的充电站建制，并且与知名产品安全标准制定与认证机构保险商实验室（英文为 Underwriters Laboratories，简称 UL）合作，共同发展电动车电力系统安全设计技术与规范。

总之，从 20 世纪 50 年代开始，台湾的科技政策从无到有、从不完善到完善，极大地促进了台湾经济和科技实力的发展，台湾经济实力的迅速腾飞很大程度上依赖于其科技政策。根据《世界经济论坛》每年公布的《全球竞争力报告》，中国台湾 2011 年人均生产总值是 20 101 美元，处于创新驱动的发展阶段，同日本、新加坡、中国香港、韩国等经济体同列为创新驱动经发展阶段。根据《2012～2013 年全球竞争力发展报告》，台湾在 144 个经济体中排名维持第 13（5.28 分，满分为 7 分）。排名如表 7-3 所示。

表 7-3　《世界经济论坛》全球竞争力排名（2012～2013 年）

评比项目	瑞士	新加坡	芬兰	德国	美国	英国	日本	中国台湾	中国大陆
全球竞争力指数	1	2	3	6	7	8	10	13	29
基本需要	2	1	4	11	33	24	29	17	31
效率提升	5	1	9	10	2	4	11	12	30
创新与成熟因素	1	11	3	4	7	9	14	17	34

资料来源：http://yearbook.stpi.org.tw/pdf/2012/15.PDF，第二章 科技发展总体绩效，第三节 总体绩效评量，（六）全球竞争力表现中表 1-2-10 WEF 全球竞争力排名（2012～2013 年）。

三、台湾科技政策的基本特点

1. 台湾的科技发展重视技术引进和技术合作

20 世纪 50 年代，台湾自身经济实力和科技实力较弱，而且台湾本地区市场容量小，单独依靠自主研发，无法增强自身实力，只有通过技术引进和技术合作，才能使台湾走出困境，并且在此后的历次科技政策的调整中，台湾都采用技术引进和技术合作的策略，只是内容和方式不同。台湾为了提高本地区科技实力，积极致力于调整科技政策、改善投资环境、吸引外资和人才、开展技术合作，有效提高了台湾的科技进步水平。

2. 台湾强调科学技术的实用性

台湾的科技政策偏向于实用型科技政策。比如，在台湾财力有限的情况下，其研究经费主要分配给技术开发领域，其次是应用研究领域，而在基础研究领域，研发经费支出比较少，从台湾的这种"倾斜政策"可以看出台湾更加重视实用型科技。

3. 台湾重视科学技术对产业发展的带动作用

虽然台湾的科学技术发展比较快，但是台湾科学技术发展的起步比较晚，从而台湾的科技研发水平也不高。因此台湾重视科学技术的发展和科学技术进步对台湾产业发展的带动作用，从而使科学技术和产业同步发展。

4. 重视人才培养和科技创新

随着经济和高科技产业的发展，创新对于台湾变得越来越重要，因此台湾也更加需要人才和智力群体，并积极引进外部科技人才，建构优质的环境吸引人才并留住人才。

第四节　两岸科技政策比较和借鉴

本节首先对海峡两岸科技政策进行对比分析，在此基础上，重点总结台湾成功的科技政策的特点，挖掘其对大陆科技政策制定与实施的参考价值，并提出大陆在实行科技政策过程中的建议和对策。

一、两岸新材料产业科技政策的比较

本节主要从科技政策目标、重大科学技术与重大科技计划等三个方面进行对比分析。

1. 科技政策目标

大陆科技政策为发展高科技产业提供有利的法律和政策环境，着力推动企业成为技术创新的主体，高度重视人才的培养，营造良好的投资环境；台湾着力创造产业的竞争优势，提高居民生活品质和本地区的永续发展。

2. 重大科技计划

大陆的科技计划有"十五计划""星火计划""火炬计划"和"863"计划；台湾有"六年发展计划""绿色矽（硅）岛计划""生物科技计划""纳米计划""晶片系统计划"。

3. 重大科学技术

大陆的重点技术包括新型电子元器件和电子技术、信息材料技术、行动通信、光通信和网络技术、音频视频和多媒体技术、信息安全技术等；台湾的重大技术主要包括电子与信息技术、光电技术、通信技术、机械技术、生物技术、跨领域技术。

二、台湾科技政策对大陆科技政策的启示

台湾新材料产业能够实现快速发展，很大程度上取决于其科技政策的制定与实施。因此，在了解台湾如何制定和实施科技政策的基础上，取长补短，结合大陆新材料产业发展特征，制定适合新材料产业发展的科技政策及配套实施细则，推动大陆新材料产业发展以及科技水平的整体提升。

1. 重视科技发展战略

当前大陆经济得到快速发展，政府和企业都越来越重视技术创新能力，特别是企业的自主创新能力，由此，政府应该制定怎样的科技政策，使大陆的科技发展规划得以顺利实施成为一个重要的话题。科技政策在具有前瞻性和先导性，并且与现实的经济需求相一致的情况下才能成为经济发展的助推力，而台湾科技政策能够推动台湾高科技产业快速发展主要得益于此。面对大陆自主创新能力低的现状，大陆的科技政策应该积极借鉴台湾科技政策的发展战略，强调实用性，在经济发展的不同阶段以及企业自主创新活动的不同阶段制订不同的发展计划，并且适时调整科技计划和科技政策，有重点、有先后地引导科技型企业开展自主创新活动，以推动经济的繁荣发展。

2. 引领中小企业技术创新

在台湾经济发展、社会稳定和人民生活水平提升的过程中，中小企业的组织形态发挥着至关重要的作用。台湾重视中小企业在科技创新中的作用，在强化市场功能的基础上，又不断从技术、金融、管理等方面给中小企业以直接辅导，并给予中小企业减税和融资的奖励，从而构建有利于中小企业发展的产业辅导体系，以产业群聚效应和垂直整合赢得产业发展优势。大陆在新材料产业科技政策方面，应该以市场为导向，遵循产业发展的经济规律，在此基础之上制定出相应的新材料产业发展科技政策，引导企业优化产业结构，提升整个中小企业的产业竞争力。政府应该充分发挥经济杠杆的作用，制定合适的科技政策，并利用财政政策和税收政策激励企业的创新行为，并通过完善技术创新的基础设施，为企业自主创新提供条件。

3. 重视科技投入和人才培养

科研投入直接关系到新材料产业科技创新和技术进步，因此要加强科技投入的力度。在科研经费方面，20世纪80年代以来，台湾高技术产业的快速发展和台湾不断加大科技投入是紧密相关的。据统计，在1984年到1992年间，台湾科研经费以每年17%的速度增长。1997年到2006年间，台湾研发支出占生产总值百分比分别为：1997年为1.82%，2000年为1.97%，2003年为2.35%，2004年为2.44%，2005年为2.52%，2006年为2.58%。2008年，台湾为推动科技研发，经费达到818.5亿元新台币。2012年，台湾为推动科技活动和人才培训，科研经费达到907亿元新台币，比2008年增长了10.8%。同时，台湾鼓励民间企业增加研发投入，如开放当局科技项目计划，建立开放实验室制度、实验工厂或孵化中心，或者扶助工业区成立研究发展专业区，协助企业研发。因此，民间投资比例不断提高。在人才培养方面，台湾一直以来重视加强当地人才培养和高等教育的质量。同时，台湾制定了优惠的政策吸引并吸收人才，主要的政策有1983年的《加强培育及延揽高科技人才方案》和1995年的《加强运用高级科技人才方案》。除此之外，台湾还建立了专门的"海外学人档案"，成立"杰出人才基金会"等机构，招聘具有国际水准的学术人才到台长期参加研究工作。2012年，中国台湾相关部门与加拿大卫生研究院基因研究所签署《暑期研究生研习合作备忘录》。2012年11月，"新兴智慧技术研究中心"揭牌，以搭建技术创新走廊，加速产业创新发展，整合科技研发资源，培育地区人才。

由于科技进步和高技术产业已经成为经济发展和国际竞争力的关键因素，而大陆新材料产业发展和产业升级的一大瓶颈就是高级人才不足、科研投入没有得到有效利用。为了提高科研能力，推动新材料产业的发展，有必要制定相应的策略激励企业加强科研投入，鼓励人才培养，提高研发效率，努力建造一支高水平的人才队伍，为建设创新型国家打下人才基础。

参考文献：

[1] 黄梅：《台湾科技政策的基本特点及实施》，《学术论坛》2014 年第 1 期：99～102。

[2] 李：《台湾"加强运用高级科技人才方案"》，《海峡科技与产业》1996 年第 2 期：15。

[3] 李正风：《台湾科技政策的发展及其新趋向》，《清华大学学报（哲学社会科学版）》2000 年第 2 期：40～45。

[4] 李非、熊俊莉：《台湾科技产业发展的有效机制》，《亚太经济》2009 年第 1 期：108～112。

[5] 蒋华林：《台湾地区科技政策绩效、特点及启示》，《中国科技论坛》2012 年第 9 期：48～52。

[6] 沈旺、张旭、李贺：《科技政策与产业政策比较分析及配套对策研究》，《工业技术经济》2013 年第 1 期：127～133。

[7] 成良斌：《论科技政策的本质和目的》，《科技管理研究》2002 年第 4 期：1～4。

[8] 高志前：《产业技术政策的内涵与功能》，《中国科技论坛》2008 年第 3 期：48～51。

[9] 巢宏、方华婵、谢华：《我国科技体制改革进程及政策演变研究》，《中国集体经济》2013 年第 24 期：28～30。

[10] 程德理：《海峡两岸产业科技政策比较研究》，《管理观察》2009 年第 14 期：187～188。

[11] 陈舒、张明火：《台湾科技政策的演替及对建设海峡西岸经济区的启示》，《台湾农业探索》2007 年第 4 期：121～15。

[12] 杜强：《台湾科技政策形成机制、效应与启示》，《海峡科技与产业》2011 年第 2 期：52～54。